Durm/Kremer/Lenhoff/Ramb/Sager

Prüfungstraining zum Diplom-Finanzwirt Laufbahnprüfung 2019

Steuern und Finanzen in Ausbildung und Praxis
Band 12

3. Auflage

2019
HDS-Verlag
Weil im Schönbuch

HDS Verlag

Bibliografische Information der Deutschen Nationalbibliothek
Die Deutsche Nationalbibliothek verzeichnet diese Publikation
in der Deutschen Nationalbibliografie; detaillierte bibliografische Daten
sind im Internet über http://dnb.de abrufbar.

Gedruckt auf säure- und chlorfreiem, alterungsbeständigem Papier

ISBN: 978-3-95554-500-0

© 2019 HDS-Verlag
www.hds-verlag.de
info@hds-verlag.de

Einbandgestaltung: Constantin Burkhardt-Ene
Layout: Peter Marwitz – etherial.de
Druck und Bindung: Books on Demand GmbH

Printed in Germany
2019

HDS-Verlag Weil im Schönbuch

Die Autoren

Martin Durm, Dipl.-Finanzwirt, ist seit 1998 Dozent an der Landesfinanzschule bzw. Hochschule für Finanzen Rheinland-Pfalz in Edenkoben und unterrichtet schwerpunktmäßig Bilanzsteuerrecht. Er ist Autor für das DATEV-Onlinelexikon im Bereich Abgabenordnung und Bilanzsteuerrecht und Referent für Fortbildungsveranstaltungen der Steuerakademie des Steuerberaterverbands Hessen.

Thomas Kremer, Dipl.-Finanzwirt, ist Dozent an der Hochschule für Finanzen Rheinland-Pfalz in Edenkoben und unterrichtet schwerpunktmäßig in den Fächern Steuern vom Einkommen und Ertrag sowie Umsatzsteuer. Außerdem führt er Seminare und Prüfungstrainings zur Vorbereitung auf das Steuerberaterexamen durch und ist Autor verschiedener steuerrechtlicher Fachbeiträge.

Gerhard Lenhoff, Dipl.-Finanzwirt ist langjähriger Dozent an der Hochschule für Finanzen Rheinland-Pfalz in Edenkoben. Seine fachlichen Schwerpunkte liegen in den Bereichen Besteuerung der Gesellschaften, Bilanzsteuerrecht und Körperschaftsteuer.

Jörg Ramb, Dipl.-Finanzwirt, ist seit Juli 2001 Dozent an der Hochschule für Finanzen Rheinland-Pfalz in Edenkoben und als Autor im Bereich Bewertungsrecht/Erbrecht/Erbschaftsteuerrecht und Umsatzsteuerrecht tätig.

Silke Sager, Juristin und Dozentin an der Fachhochschule für Finanzen in Edenkoben. Sie ist Autorin verschiedener steuerrechtlicher Fachbeiträge.

Vorwort zur 3. Auflage

Das Lösen von Klausuren zur Vorbereitung auf die Laufbahnprüfung des gehobenen Dienstes der Finanzverwaltung ist ein effektives und wertvolles Training. Dieser Band ist bestens geeignet, den Finanzanwärter auf seine Laufbahnprüfung vorzubereiten.

Die Ausbildung der Steuerbeamten ist grundsätzlich im Steuerbeamten-Ausbildungsgesetz (StBAG) geregelt. Einzelregelungen zu Ausbildung und Prüfung enthält die Ausbildungs- und Prüfungsordnung für die Steuerbeamten (StBAPO). Während des Hauptstudiums ist aus jedem Gebiet der schriftlichen Laufbahnprüfung mindestens eine fünfstündige Aufsichtsarbeit zu fertigen (§ 18 Abs. 7 StBAPO). Nach § 33 Abs. 3 Satz 2 StBAPO besteht die Laufbahnprüfung aus einem schriftlichen und einem mündlichen Teil. Die schriftliche Prüfung umfasst Aufgaben aus folgenden Gebieten (§ 38 Abs. 1 Nr. 3 StBAPO):

a) Abgabenrecht,
b) Steuern vom Einkommen und Ertrag,
c) Umsatzsteuer,
d) Bilanzsteuerrecht, Betriebliches Rechnungswesen und Außenprüfung sowie
e) Besteuerung der Gesellschaften.

Im Hauptstudium und insbesondere in der schriftlichen Laufbahnprüfung ist das Anfertigen von Klausuren wesentlicher Bestandteil der Erfolgskontrolle. Teil A des Bandes enthält ausgewählte fünfstündige Klausuren, die als Übungs- bzw. Prüfungsklausuren zur effektiven Prüfungsvorbereitung unerlässlich sind. Durch das Üben der Klausuren soll ein Zeitgefühl vermittelt werden, da jede Klausur unter einer Zeitbegrenzung gelöst werden muss. Sie sollten daher versuchen, die Klausuren innerhalb der vorgegebenen Zeit und nur mit den vorgegebenen Hilfsmitteln zu lösen.

Den Abschluss der Laufbahnprüfung bildet die mündliche Prüfung (§ 44 StBAPO). In Teil B wurden deshalb Prüfungsgespräche der wichtigsten Prüfungsfächer in Form von Protokollen aufgenommen.

Alle Klausuren und Prüfungsfragen entsprechen dem neuesten Rechtsstand.

Die 3. Auflage wurde komplett überarbeitet.

In der Hoffnung, dass dieser Band eine wertvolle Hilfe für Sie darstellt, wünschen wir Ihnen für Ihre Laufbahnprüfung viel Erfolg. Für Anregungen und Kritik ist der Verlag jederzeit dankbar (E-Mail: info@hds-verlag.de).

Edenkoben, im Februar 2019   **Die Autoren**

Inhaltsverzeichnis

Bearbeiterübersicht

Teil A.

Fall 1–2	Kremer
Fall 3–4	Durm
Fall 5–6	Sager
Fall 7–8	Ramb
Fall 9–10	Lenhoff

Teil B.

I.	Kremer
II.	Durm
III.	Sager
IV.	Ramb
V.	Lenhoff

Abkürzungsverzeichnis

Abs.	Absatz
AB	Anfangsbestand
A.	Abschnitt
a.E.	am Ende
AfA	Absetzung für Abnutzung
AG	Aktiengesellschaft
AK	Anschaffungskosten
ANK	Anschaffungsnebenkosten
AO	Abgabenordnung
Art.	Artikel
ARAP	Aktiver Rechnungsabgrenzungsposten
AV	Anlagevermögen
AVP	Aufwandsverteilungsposten
BA	Betriebsausgabe
BewG	Bewertungsgesetz
BFH	Bundesfinanzhof
BFH/NV	Nicht amtlich veröffentlichte Entscheidungen des BFH (Zeitschrift)
BGB	Bürgerliches Gesetzbuch
BMF	Bundesministerium der Finanzen
BMG	Bemessungsgrundlage
BStBl	Bundessteuerblatt
Buchst.	Buchstabe
Bucht.	Buchtechnische
BV	Betriebsvermögen
BW	Buchwert
BZSt	Bundeszentralamt für Steuern
BVO	Betriebsvorrichtung
DBA	Doppelbesteuerungsabkommen
d.h.	das heißt
EB	Endbestand
EFG	Entscheidungen der Finanzgerichte (Zeitschrift)
EStDV	Einkommensteuer-Durchführungsverordnung
ESt	Einkommensteuer
EStG	Einkommensteuergesetz
EStH	Einkommensteuer-Hinweise
EStR	Einkommensteuer-Richtlinien
EU	Europäische Union
EuGH	Europäischer Gerichtshof
FA	Finanzamt
ff.	fortfolgende
FG	Finanzgericht

GbR	Gesellschaft bürgerlichen Rechts
GdE	Gesamtbetrag der Einkünfte
GG	Grundgesetz
gem.	gemäß
GF	Geschäftsführer
GmbH	Gesellschaft mit beschränkter Haftung
GmbHG	Gesetz betreffend die Gesellschaften mit beschränkter Haftung
GuV	Gewinn- und Verlustrechnung
GewSt	Gewerbesteuer
GrESt	Grunderwerbsteuer
GruBo	Grund und Boden
GWG	Geringwertige Wirtschaftsgüter
H	Hinweis
HB	Handelsbilanz
HGB	Handelsgesetzbuch
HK	Herstellungskosten
HS	Halbsatz
i.d.R.	in der Regel
i.H.d.	in Höhe der/des
i.H.v.	in Höhe von
i.S.d.	im Sinne des
i.S.v.	im Sinne von
i.V.m.	in Verbindung mit
IAB	Investitionsabzugsbetrag
InsO	Insolvenzordnung
IStR	Internationales Steuerrecht (Zeitschrift)
KapESt	Kapitalertragsteuer
KG	Kommanditgesellschaft
KiSt	Kirchensteuer
Kj.	Kalenderjahr
KSt	Körperschaftsteuer
KStG	Körperschaftsteuergesetz
LStDV	Lohnsteuer-Durchführungsverordnung
LStR	Lohnsteuer-Richtlinie
lt.	laut
Mio.	Million
MwSt	Mehrwertsteuer
MwStSystRL	Mehrwertsteuersystemrichtlinie
ND	Nutzungsdauer
o.ä.	oder Ähnliches
OFD	Oberfinanzdirektion

OHG	Offene Handelsgesellschaft
PV	Privatvermögen
R	Richtlinie
RAP	Rechnungsabgrenzungsposten
Rn.	Randnummer
Rz.	Randziffer
s./S.	siehe/Satz
s.a.	siehe auch
s.o.	siehe oben
SGB	Sozialgesetzbuch
SoBA	Sonderbetriebsausgabe
SoBE	Sonderbetriebseinnahme
SoBV	Sonderbetriebsvermögen
sog.	sogenannte/r
SolZ	Solidaritätszuschlag
stb	steuerbar
StBAPO	Ausbildungs- und Prüfungsordnung für die Steuerbeamten
StGB	Strafgesetzbuch
stpfl.	steuerpflichtig
Stpfl.	Steuerpflichtiger
TW	Teilwert
TWA	Teilwertabschreibung
Tz.	Text-/Teilziffer
u.a.	unter anderem
UmwStG	Umwandlungssteuergesetz
UR	Umsatzsteuer-Rundschau (Zeitschrift)
UStAE	Erlass zur Anwendung des UStG
UStDV	Umsatzsteuer-Durchführungsverordnung
UStG	Umsatzsteuergesetz
USt-IdNr.	Umsatzsteuer-Identifikationsnummer
UStR	Umsatzsteuer-Richtlinien
UV	Umlaufvermögen
VA	Verwaltungsakt
VAZ	Voranmeldungszeitraum
VdVgM	Verschaffung der Verfügungsmacht
vGA	verdeckte Gewinnausschüttung
vgl.	vergleiche
VollzA	Vollziehungsanweisung
VSt	Vorsteuer
VZ	Veranlagungszeitraum
WG	Wirtschaftsgut

ZM	Zusammenfassende Meldung
ZPO	Zivilprozessordnung
zvE	zu versteuerndes Einkommen
ZVG	Gesetz über die Zwangsversteigerung und die Zwangsverwaltung
zzgl.	zuzüglich

A. Klausuren

Fall 1

Übungsklausur aus dem Gebiet Steuern vom Einkommen und Ertrag

Bearbeitungszeit: 5 Stunden
Hilfsmittel:
Beck'sche Bände

- Steuergesetze
- Steuerrichtlinien
- Steuererlasse

A.   Sachverhalt

I.   Persönliche Verhältnisse des Kevin Klein

Kevin Klein (K) aus Saarbrücken (geb. am 15.05.1969) ist geschieden und wohnt in einer eigenen Stadt-villa in Saarbrücken. Er gehört keiner hebeberechtigten Religionsgemeinschaft an.

II.   Steuerlich relevante Verhältnisse des K

1.   Gewerblicher Einzelhändler und Grundstücksverkauf

K war bis zur Veräußerung seines Betriebs im Jahr 2013 als gewerblicher Einzelhändler tätig. Aus der damaligen Betriebsveräußerung erzielte er einen Veräußerungsgewinn in Höhe von 2.000.000 €. Im damaligen gewillkürten Betriebsvermögen des Einzelhandelsbetriebs befand sich ein unbebautes Grund-stück, das K nicht mitveräußerte, sondern zeitnah zu der Betriebsveräußerung im Kalenderjahr 2013 in sein Privatvermögen überführte. Das Grundstück hatte K im Jahr 2006 für 95.000 € erworben. Bei der Betriebsveräußerung im Jahr 2013 betrug der Buchwert = Teilwert 95.000 €, der gemeine Wert dagegen 115.000 €.

  Im Januar 2018 – Datum des Kaufvertrages: 15.01.2018 – veräußerte K das unbebaute Grundstück für insgesamt 100.000 € an Paul Peter (P). Übergang von Besitz, Nutzen, Lasten und Gefahren war laut Vertrag der 01.03.2018. Die Veräußerungskosten übernahm der Erwerber P.

2.   GmbH-Beteiligungen

2.1   Die A-, B- und C-GmbH

Auch nach der Betriebsveräußerung im Jahr 2013 ist K weiterhin unternehmerisch tätig, da er an ver-schiedenen GmbHs beteiligt war.

  Durch Notarvertrag vom 02.06.2018 überträgt K im Rahmen der vorweggenommenen Erbfolge sämt-liche Anteile an der A-, der B- und der C-GmbH mit Wirkung zum 01.07.2018 auf seinen Sohn Henry (H). H verpflichtet sich in den notariellen Verträgen, seinem Vater eine monatliche Leibrente i.H.v. insgesamt 1.500 € zu zahlen. Auch die Kosten im Zusammenhang mit den Anteilsübertragungen übernimmt H.

  Die monatliche Rente von 1.500 € entfällt anteilig auf die jeweiligen GmbH-Beteiligungen nach dem Verhältnis ihrer gemeinen Werte.

a) Zum 01.07.2013 gründete K die A-GmbH. Das Stammkapital beträgt 50.000 € und ist voll eingezahlt. Der gemeine Wert der übertragenen GmbH-Beteiligung beträgt 75.000 €. Die ausschüttungsfähigen §17 Gewinne der GmbH betragen durchschnittlich 15.000 € im Wirtschaftsjahr.

   K war Allein-Gesellschafter der A-GmbH und gleichzeitig deren Geschäftsführer. Nach der Übertra-gung übernimmt H die Geschäftsführung.

   Für die Dividendenzahlungen der A-GmbH an H hat dieser ab dem Veranlagungszeitraum 2018 einen Antrag nach § 32d Abs. 2 Satz 1 Nr. 3 EStG gestellt.

b) Ab dem 01.09.2013 beteiligte sich K mit 180.000 € an der B-GmbH.

K ist zu 40 % am Stammkapital beteiligt. Gesellschafter-Geschäftsführer ist K's Sohn H, der zu 60 % am Stammkapital der B-GmbH beteiligt ist. Der gemeine Wert der von K auf H übertragenen Anteile beträgt insgesamt 250.000 €.

c) Seit dem 02.11.2008 ist K an der C-GmbH beteiligt.

K ist zu 0,8 % am Stammkapital beteiligt. Das Stammkapital der C-GmbH beträgt insgesamt 25.000 €. Gesellschafter-Geschäftsführer ist H, der zu 52,2 % am Stammkapital beteiligt ist. Mit 47 % beteiligt ist Leon Schneider. Der gemeine Wert der von K auf H übertragenen GmbH-Anteile beträgt 20.000 €.

2.2 Die D-GmbH

Die am 01.07.2013 gegründete D-GmbH mit Sitz und Geschäftsleitung in Homburg/Saar hat ein Stammkapital von 500.000 €. Die Gesellschaft ist vorwiegend mit dem Vertrieb und der Installation von Elektrogeräten befasst. Das Wirtschaftsjahr der GmbH ist das Kalenderjahr.

An der Gesellschaft ist K mit 49 %, Silvio Stein (S) mit 31 % und die Stein AG mit 20 % beteiligt.

Alleinvertretungsberechtigter und von den Beschränkungen des § 181 BGB befreiter Geschäftsführer ist K. In der Gesellschafterversammlung wird nach Geschäftsanteilen abgestimmt.

Verkürzte Bilanz zum 31.12.2018 (eine Steuerbilanz wurde nicht erstellt):

Aktiva		Passiva	
Anlagevermögen	1.240.000 €	Stammkapital	500.000 €
Umlaufvermögen	640.000 €	Gewinnrücklagen	580.000 €
		Bilanzgewinn	310.000 €
		Rückstellungen	55.000 €
		Verbindlichkeiten	435.000 €
	1.880.000 €		**1.880.000 €**

Gewinn- und Verlustrechnung für den Zeitraum 01.01.2018 bis 31.12.2018:

Umsatzerlöse		1.459.000 €
Wareneinsatz	./.	803.500 €
Rohertrag		**655.500 €**
Löhne und Gehälter	./.	339.900 €
Abschreibungen	./.	103.000 €
Mietaufwendungen (2.500 € × 12)	./.	30.000 €
Grundstückskosten (375 € × 12)	./.	4.500 €
Beteiligungserträge	+	31.560 €
Mieterträge unbebautes Grundstück	+	6.400 €
Zinserträge	+	2.500 €
Zinsaufwendungen	./.	14.500 €
Körperschaftsteuer-Vorauszahlung	./.	44.500 €
Solidaritätszuschlag-Vorauszahlung	./.	2.448 €
Jahresüberschuss		**157.112 €**
Gewinnvortrag	+	152.888 €
Bilanzgewinn		**310.000 €**

Auf die Gewerbesteuer ist nicht einzugehen.

Neben den Angaben in der Bilanz und der GuV sind noch folgende Sachverhalte zu beurteilen:

1. Mit Ausschüttungsbeschluss vom 15.07.2018 schüttete die D-GmbH aus dem Jahresergebnis 2017 einen Betrag von insgesamt 10.000 € (brutto) an die Gesellschafter aus (nicht im oben genannten Jahresergebnis enthalten).

2. In der Handelsbilanz wurde ein der GmbH gehörendes vermietetes unbebautes Grundstück ausgewiesen. Der daraus erzielte Überschuss ist im Jahresergebnis mit 6.400 € enthalten.

3. Die D-GmbH hielt 50 % Anteile an der E-GmbH. Am 01.04.2018 hat die D-GmbH die Anteile an der E-GmbH für 35.000 € veräußert. An Inserats- und Notarkosten entstanden der D-GmbH Aufwendungen von 3.000 €. Der Buchwert der Beteiligung betrug 25.000 €. Dieser Vorgang wurde in der GuV versehentlich nicht berücksichtigt.

4. Gesellschafter K (Darlehensnehmer) schloss im Januar 2018 mit der D-GmbH (Darlehensgeberin) einen Darlehensvertrag über 50.000 € zu einem jährlichen Zins von 5 %. Marktüblich wären 7 % gewesen. Das Darlehen verwendete K zur Finanzierung der Barabfindung des Vaters für das an die D-GmbH vermietete Bürogebäude, das er im Dezember 2017 erworben hatte (siehe Sachverhalt zu Nr. 9). Die Darlehenszinsen wurden vereinbarungsgemäß gezahlt und sind in der Gewinn- und Verlustrechnung enthalten.

5. Die gutgeschriebene Ausschüttung i.H.v. 31.560 € (siehe Beteiligungserträge in der GuV-Rechnung) beruhte auf einem Ausschüttungsbeschluss der P-GmbH vom 02.03.2018 für das Wirtschaftsjahr = Kalenderjahr 2017.

   An der P-GmbH ist die D-GmbH mit 30 % beteiligt. Die Bank schrieb den ausgeschütteten Betrag zum 05.03.2018 gut. Kapitalertragsteuer und Solidaritätszuschlag waren von der P-GmbH einbehalten und an das Finanzamt abgeführt worden. Allerdings wurden diese beiden Beträge nicht in der Buchführung der D-GmbH erfasst. Eine Steuerbescheinigung hinsichtlich der Ausschüttung liegt vor.

6. Mit notariellem Vertrag vom 30.06.2018 (Übergang Besitz, Nutzen und Lasten 01.07.2018) verkaufte K der D-GmbH zum Preis von 180.000 € ein im Kalenderjahr 2010 für 50.000 € erworbenes Grundstück mit aufstehender, zum 01.01.2013 fertig gestellter Lagerhalle. Die Lagerhalle (unstreitig Privatvermögen) hatte K für umgerechnet 60.000 € errichten lassen, sie wurde seit ihrer Fertigstellung an wechselnde Mieter vermietet. Der gemeine Wert des bebauten Grundstücks lag zum Zeitpunkt des Verkaufs bei 150.000 € (Grund- und Bodenanteil ⅓). Grundstück und Gebäude wurden in der Bilanz der D-GmbH mit den Anschaffungskosten aktiviert. Die Gebäude-AfA wurde von diesen aktivierten Anschaffungskosten vorgenommen. Vom 01.07. bis 31.12.2018 konnte das Grundstück von der GmbH vorübergehend nicht vermietet werden. Ab 01.01.2019 ist das Grundstück wieder vermietet.

7. Die D-GmbH hat eine Betriebsstätte in Taiwan, mit diesem Staat besteht gem. BMF-Schreiben vom 17.01.2018, BStBl I 2018, 239 kein DBA. Die in diesem Zusammenhang angefallenen ausländischen Einkünfte betrugen in 2018 umgerechnet 15.000 €. Die darauf entfallende, in Taiwan zu zahlende, der ESt/KSt vergleichbare Steuer beträgt umgerechnet 3.800 €. Dieser Vorgang wurde in der Gewinnermittlung noch nicht berücksichtigt.

8. Die D-GmbH hält darüber hinaus eine Beteiligung von 100 % an der Mercurio SA. Die SA (vergleichbar einer inländischen AG) hat Geschäftsleitung und Sitz in Lima (Peru). Mit Peru besteht ebenfalls kein Doppelbesteuerungsabkommen (BMF-Schreiben vom 17.01.2018, BStBl I 2018, 239). Gewinnermittlungszeitraum der Mercurio SA ist das Kalenderjahr. Die SA erwirtschaftet in 2018 einen steuerpflichtigen Gewinn von (umgerechnet) 380.000 €, den sie in voller Höhe thesauriert.

9. Außerdem hat K der D-GmbH seit Januar 2018 ein in seinem Eigentum stehendes Bürogebäude zu einem angemessenen Preis von monatlich 2.500 € vermietet. Der Mietzins ist von der D-GmbH im Voraus – jeweils zum Monatsanfang – zu entrichten und auch stets pünktlich gezahlt worden.

   Die Errichtung dieses Gebäudes (Bauantrag am 02.11.2016) wurde vom Vater (geb. 14.04.1948) des K in Auftrag gegeben und zum 01.12.2017 abgeschlossen. Die Herstellungskosten des Gebäudes betrugen 800.000 €, der Grund und Boden hatte 200.000 € gekostet. Dies entsprach auch dem Wert am Ende des Jahres 2017, sodass der Verkehrswert des Grundstücks zu diesem Zeitpunkt insgesamt 1 Million € betrug. Im unmittelbaren Anschluss an die Fertigstellung, d.h. noch im Dezember 2017, übertrug der Vater das Grundstück auf K. Als Gegenleistung hatte K – neben einer Barabfindung von 70.000 € – die auf dem Grundstück lastenden Verbindlichkeiten in Höhe von 157.957 € zu übernehmen und seinem Vater ab 01.01.2018 lebenslänglich regelmäßig wiederkehrende monatliche Leistungen in Höhe von 1.000 € zu zahlen. Außerdem muss K an seine 58 Jahre alte Schwester insgesamt 150.000 € zahlen. K und seine Schwester vereinbaren jährliche Ratenzahlungen i.H.v. 18.750 €, die jeweils zu Beginn des Jahres – erstmals am 01.01.2018 – fällig sind und auch stets termingerecht entrichtet werden.

Da das Gebäude zum Teil fremd finanziert ist, entstanden K im Jahr 2018 für die entsprechenden Darlehen Zinsaufwendungen in Höhe von insgesamt 12.000 € (darin enthalten 2.500 €, die K an die D-GmbH entrichtet, s. oben unter 4.), die auch bis zum 31.12.2018 beglichen worden sind.

Die auf das Grundstück entfallenden jährlichen Nebenkosten (außer AfA und Schuldzinsen) i.H.v. 5.000 € wurden von K im Kalenderjahr 2018 jeweils pünktlich gezahlt. Von diesen Nebenkosten hat K der GmbH insgesamt 4.500 € (monatlich jeweils 375 €) zu Recht in Rechnung gestellt und zusammen mit der Kaltmiete von monatlich 2.500 € auch monatlich erhalten.

Aufgaben:

1. Nehmen Sie Stellung zur Grundstücksveräußerung des K im Januar 2018.
2. Nehmen Sie Stellung zu den Übertragungen der GmbH-Beteiligungen (A-, B- und C-GmbH).
3. Nehmen Sie zur D-GmbH Stellung. Gehen Sie folgendermaßen vor:
   a) Prüfen Sie die persönliche und sachliche Steuerpflicht der D-GmbH für den Ermittlungszeitraum 2018, der auch für alle weiteren Fragen der maßgebende Zeitraum ist.
   b) Ermitteln Sie für die D-GmbH die Körperschaftsteuer-Abschlusszahlung 2018.
4. Erläutern Sie die weiteren ertragsteuerlichen Auswirkungen auf die Einkünfte des Gesellschafters K, die sich aus dessen gesellschaftsrechtlichen Beziehungen und den Geschäftskontakten zur D-GmbH ergeben, und ermitteln Sie die sich daraus ergebenden Einkünfte.
5. Ermitteln Sie die Summe der Einkünfte des K für den Veranlagungszeitraum 2018.
   Auf die persönliche Steuerpflicht sowie auf die Veranlagungsform des K ist nicht einzugehen.

Alle erforderlichen Anträge – außerhalb der Abgeltungsteuer – gelten als gestellt.

Ein eventuell erforderlicher Antrag i.S.d. § 32d Abs. 2 Satz 1 Nr. 3 EStG wurde von K nicht gestellt. Einen Freistellungsauftrag hat K nicht erteilt.

Bitte begründen Sie Ihre Ausführungen unter Hinweis auf die einschlägigen gesetzlichen Vorschriften und Verwaltungsanweisungen.

> **Hinweis!** Für steuerpflichtige Kapitalerträge aus verdeckten Gewinnausschüttungen wurde keine Kapitalertragsteuer einbehalten.

B.   Lösungen

I.   Grundstücksverkauf

Da das Grundstück im Veräußerungszeitpunkt zum Privatvermögen gehört, sind die Voraussetzungen des § 23 Abs. 1 Satz 1 Nr. 1 EStG zu prüfen. Das Grundstück wurde im Jahr 2006 für 95.000 € angeschafft und zulässigerweise als gewillkürtes Betriebsvermögen behandelt.

Als Anschaffung gilt nach § 23 Abs. 1 Satz 2 EStG auch die Überführung eines Grundstücks in das Privatvermögen durch Entnahme oder Betriebsaufgabe im Jahr 2013. Da die Veräußerung im Jahr 2018 innerhalb der Veräußerungsfrist von 10 Jahren erfolgt und kein Ausnahmetatbestand vorliegt, führt das private Veräußerungsgeschäft zu Einkünften i.S.d. § 22 Nr. 2 i.V.m. § 23 Abs. 1 Satz 1 Nr. 1 EStG.

Veräußerungsgewinn nach § 23 Abs. 3 EStG ist der Unterschied zwischen dem Veräußerungserlös	100.000 €
und dem Entnahmewert (§ 23 Abs. 3 Satz 3 EStG). Als Entnahmewert ist nach § 16 Abs. 3 Satz 7 EStG der gemeine Wert anzusetzen	./. 115.000 €
Veräußerungsverlust 2018	**./. 15.000 €**

Der Veräußerungsverlust darf nicht beliebig mit positiven anderen Einkünften ausgeglichen werden, sondern ausschließlich mit Veräußerungsgewinnen aus anderen privaten Veräußerungsgeschäften, § 23 Abs. 3 Satz 7 EStG (siehe unter III. 3.).

II.   GmbH-Beteiligungen

1.   100 %-Beteiligung an der A-GmbH

Die Summe der gemeinen Werte der übertragenen drei GmbH-Beteiligungen beträgt insgesamt 345.000 € (75.000 € + 250.000 € + 20.000 €), davon entfallen 75.000 € bzw. 21,74 % auf die A-GmbH.

Die Übertragung der 100 %igen GmbH-Beteiligung an der A-GmbH, die im Privatvermögen gehalten wird, ist keine Teilbetriebsveräußerung i.S.d. § 16 Abs. 1 Satz 1 Nr. 1 Satz 2 EStG, da dafür die gesamte Beteiligung zum Betriebsvermögen gehören muss (R 16 Abs. 3 Satz 6 EStR).

Es handelt sich vielmehr um die Übertragung von Privatvermögen gegen wiederkehrende Leistungen unter Angehörigen. Bei einer Vermögensübertragung unter Angehörigen wird grundsätzlich vermutet, dass Leistung und Gegenleistung nicht kaufmännisch abgewogen sind (BMF-Schreiben vom 11.03.2010, BStBl I 2010, 227, Rz. 5). Unter den folgenden Voraussetzungen der Rz. 2–64 des BMF-Schreibens vom 11.03.2010 liegen Versorgungsleistungen i.S.d. § 10 Abs. 1a Nr. 2 EStG vor:

- Bei der Übertragung einer 100 %-igen GmbH-Beteiligung handelt es sich grundsätzlich um eine begünstigte Wirtschaftseinheit i.S.d. § 10 Abs. 1a Nr. 2 Buchst. c EStG (BMF-Schreiben vom 11.03.2010, Rz. 7 und 15 ff.). Eine Vermögensübergabe gegen Versorgungsleistungen ist allerdings nur möglich, wenn eine ausreichend ertragbringende Wirtschaftseinheit übergeht (Rz. 26). Im Falle der Übertragung einer GmbH-Beteiligung gilt grundsätzlich die Beweiserleichterung, dass die Beteiligungserträge ausreichen, um die wiederkehrenden Leistungen zu erbringen (Rz. 29). Da aber im Rahmen einer einheitlichen Vermögensübertragung neben begünstigtem Vermögen i.S.d. § 10 Abs. 1a Nr. 2 Satz 2 EStG weiteres nicht begünstigtes Vermögen in Form der anderen GmbH-Beteiligungen übertragen wird, greift die Beweiserleichterung nicht, sodass die tatsächlichen Erträge der GmbH zugrunde zu legen sind (Rz. 30). Dabei ist auf die ausschüttungsfähigen Gewinne abzustellen, die lt. Sachverhalt jährlich 15.000 € betragen (Rz. 32 letzter Satz). Da die auf die Übertragung der Beteiligung an der A-GmbH entfallenden wiederkehrenden Leistungen (1.500 € × 12 × 21,74 % =) 3.913 € betragen, können diese problemlos aus den Erträgen der GmbH bestritten werden.

Die weiteren Voraussetzungen, nämlich:

- Übernahme der Geschäftsführung durch H,
- wiederkehrende Leistungen auf die Lebenszeit des Empfängers K (Rz. 56),
- H als Empfänger des Vermögens ist ein Abkömmling des K (Rz. 4),
- Empfänger der Versorgungsleistungen ist der Übergeber K (Rz. 50) und
- der Versorgungsvertrag ist steuerlich anzuerkennen (Rz. 59 ff.)

liegen allesamt vor, sodass Versorgungsleistungen vorliegen. Diese stellen weder Anschaffungskosten noch Veräußerungsentgelt dar (Rz. 3 letzter Satz), sodass insoweit eine unentgeltliche Vermögensübertragung vorliegt (vgl. auch BMF-Schreiben vom 13.01.1993, BStBl I 1993, 80, Rz. 4).

Die Versorgungsleistungen stellen bei Sohn H Sonderausgaben dar (§ 10 Abs. 1a Nr. 2 Buchst. c EStG, BMF-Schreiben vom 11.03.2010, Rz. 1), sofern sie nicht mit Einkünften in wirtschaftlichem Zusammenhang stehen, die bei der Veranlagung außer Betracht bleiben. Die Einkünfte aus der Beteiligung (Dividenden) unterliegen grundsätzlich der Abgeltungswirkung nach § 43 Abs. 5 EStG, werden jedoch auf Antrag in die Veranlagung einbezogen (§ 32d Abs. 2 Satz 1 Nr. 3 EStG), wobei die Vorschrift des § 3 Nr. 40 Satz 2

EStG gem. § 32d Abs. 2 Satz 1 Nr. 3 Satz 2 EStG keine Anwendung findet. Folglich sind die Dividenden bei der Veranlagung nach dem Teileinkünfteverfahren lediglich zu 60 % anzusetzen (§ 3 Nr. 40 Satz 1 Buchst. d EStG ist anzuwenden). Allerdings stehen weder § 3 Nr. 40 noch § 32d EStG der Abziehbarkeit der Versorgungsleistungen entgegen (BMF-Schreiben vom 11.03.2010, Rz. 49). H kann somit im Veranlagungszeitraum 2018 den Sonderausgabenabzug wie folgt in Anspruch nehmen:

- Monatliche Rente 1.500 € × 6 = 9.000 € × 21,74 % anteilig auf die 100 %ige GmbH-Beteiligung = Sonderausgaben i.H.v. 1.956 €.
- Korrespondierend dazu hat K sonstige Einkünfte nach § 22 Nr. 1a EStG i.H.v. **1.956 €**, von denen der Werbungskosten-Pauschbetrag nach § 9a Satz 1 Nr. 3 EStG i.H.v. 102 € abgezogen werden kann (BMF-Schreiben vom 11.03.2010, Rz. 52 letzter Satz).

2. 40 %-Beteiligung an der B-GmbH

Auf die B-GmbH entfällt ein Anteil von 250.000/345.000 = 72,46 %.

Eine unentgeltliche Übertragung gegen Versorgungsleistungen scheidet aus, da es sich nicht um eine begünstigte Wirtschaftseinheit i.S.d. § 10 Abs. 1a Nr. 2 Buchst. c EStG handelt. K war weder zu mindestens 50 % an der B-GmbH beteiligt noch als deren Geschäftsführer tätig. Es handelt sich somit um eine (teil-)entgeltliche Vermögensübertragung gegen wiederkehrende Leistungen auf Lebenszeit (BMF-Schreiben vom 11.03.2010, Rz. 65 ff.).

Die Veräußerung der 40 %-igen GmbH-Beteiligung stellt Einkünfte aus Gewerbebetrieb i.S.d. § 17 Abs. 1 EStG dar, da die Mindestbeteiligungsgrenze von 1 % erfüllt ist. Für Beteiligungsveräußerungen gegen eine Leibrente gilt gem. R 17 Abs. 7 Satz 2 EStR die Regelung in R 16 Abs. 11 EStR entsprechend, sodass ein Wahlrecht zwischen Sofort- und Zuflussbesteuerung besteht (BMF-Schreiben vom 11.03.2010, Rz. 74).

a) Sofortbesteuerung

aa) Der Barwert der Rente stellt den Veräußerungserlös dar (BMF-Schreiben vom 11.03.2010, Rz. 73 i.V.m. Rz. 69). Jahreswert (1.500 € × 12 × 72,46 % =)
13.042 € × VV 15,106 lt. BMF-Schreiben vom 04.11.2016, BStBl I 2016, 1166 i.V.m.
BMF-Schreiben vom 28.11.2017, BStBl I 2017, 1526

(K hat das 49. Lebensjahr vollendet) =	197.012 €
Verkehrswert der übertragenen Anteile	250.000 €

Somit liegt zu 78,80 % eine voll entgeltliche Anteilsübertragung (§ 17 Abs. 1 Satz 1 EStG) und zu 21,20 % eine voll unentgeltliche Anteilsübertragung vor (H 17 (4) [Teilentgeltliche Übertragung] EStH sowie BMF-Schreiben vom 11.03.2010, Rz. 66 Satz 4).

Veräußerungserlös		197.012 €
abzüglich Veräußerungskosten	./.	0 €
Anschaffungskosten 78,80 % von 180.000 €	./.	141.840 €
Veräußerungsgewinn nach § 17 Abs. 2 Satz 1 EStG		**55.172 €**
davon sind nach § 3 Nr. 40 Buchst. c) i.V.m. § 3c Abs. 2 EStG		
60 % steuerpflichtig =		**33.103 €**

Der veräußerte Anteil an der Kapitalgesellschaft beträgt 78,80 % von 40 % = 31,52 %.
Der Freibetrag nach § 17 Abs. 3 EStG beträgt somit 9.060 € × 31,52 % = 2.856 €

unschädlicher Anteil: 31,52 % von 36.100 € =	./. 11.378 €
schädlicher Anteil	**21.725 €**

Somit ist kein Freibetrag zu gewähren.

bb) Die in den Rentenzahlungen enthaltenen Ertragsanteile stellen aus der Sicht des K sonstige Einkünfte i.S.d. § 22 Nr. 1 Satz 3 Buchst. a) Doppelbuchst. bb) EStG dar. Der Ertragsanteil beträgt laut Tabelle 31 % (BMF-Schreiben vom 11.03.2010, Rz. 75 und 71).

Rente ab 01.07.2018: 1.500 € × 6 Monate = 9000 € × 72,46 % =   6.521 €

Ertragsanteil § 22 Nr. 1 Satz 3 Buchst. a Doppelbuchst. bb) EStG 31 %	2.021 €
abzüglich Pauschbetrag nach § 9a Satz 1 Nr. 3 EStG	./. 102 €
Einkünfte	**1.919 €**

b) Zuflussbesteuerung

Es gelten die Grundsätze der Tz. 1.2 des BMF-Schreibens vom 03.08.2004 (BStBl I 2004, 1187; s.a. BMF-Schreiben vom 11.03.2010, Rz. 74). Zur Versteuerung des Zinsanteils s.o. unter bb).

Der Tilgungsanteil beträgt im Kalenderjahr 2018:

Rente (72,46 % von 9.000 €)	6.521 €	
abzüglich Ertragsanteil nach § 22 Nr. 1 Satz 3 Buchst. a) Doppelbuchst. bb) EStG	./. 2.021 €	
verbleiben als Tilgungsanteil	**4.500 €**	
davon 60 % (§ 3 Nr. 40 Buchst. c EStG) =		2.700 €
Verrechnung mit 60 % der Anschaffungskosten (§ 3c Abs. 2 EStG) von 141.840 € (78,80 % von 180.000 €) =		85.104 €
verbleiben		**82.404 €**

Im Kalenderjahr 2018 ist somit kein Tilgungsanteil zu versteuern, sodass die Zuflussbesteuerung für K günstiger ist als die Sofortbesteuerung.

3.   0,8 %-Beteiligung an der C-GmbH

Auf die C-GmbH entfällt ein Anteil von 20.000/345.000 = 5,80 %.

Da die Mindestbeteiligungsquote von 1 % i.S.d. § 17 Abs. 1 Satz 1 EStG nicht erreicht ist, handelt es sich nicht um eine Veräußerung i.S.d. § 17 EStG.

Ein privates Veräußerungsgeschäft i.S.d. § 23 Abs. 1 Satz 1 Nr. 2 Satz 1 EStG liegt ebenfalls nicht vor, da der Zeitraum zwischen Anschaffung und Veräußerung mehr als 1 Jahr beträgt.

Auch § 20 Abs. 2 Satz 1 Nr. 1 EStG ist nicht anzuwenden, da diese Vorschrift nur für Veräußerungen von Anteilen gilt, die nach dem 31.12.2008 erworben wurden (§ 52 Abs. 28 Satz 11 EStG).

Somit ist der auf die Beteiligung an der C-GmbH entfallende Veräußerungspreis in Höhe des anteiligen Barwerts der Rente nicht steuerbar.

Unabhängig davon ist der Zinsanteil nach § 22 Nr. 1 Satz 3 Buchst. a) Doppelbuchst. bb) EStG zu versteuern (BMF-Schreiben vom 11.03.2010, BStBl I 2010, 227, Rz. 75).

Rente ab 01.07.2018: 1.500 € × 6 Monate = 9.000 € × 5,80 % =	522 €
Ertragsanteil gem. § 22 Nr. 1 Satz 3 Buchst. a) Doppelbuchst. bb) EStG: 31 %	161 €
Der Werbungskosten-Pauschbetrag nach § 9a Satz 1 Nr. 3 EStG wurde bereits unter 1. berücksichtigt	./. 0 €
Einkünfte	**161 €**

4.   D-GmbH

Die D-GmbH ist gem. § 1 Abs. 1 Nr. 1 KStG unbeschränkt steuerpflichtig, weil sie ihre Geschäftsleitung (§ 10 AO) und ihren Sitz (§ 11 AO) in Homburg und folglich im Inland hat. Sie ist nach § 238 Abs. 1, § 6 HGB, § 13 Abs. 3 GmbHG zur Buchführung verpflichtet. Sämtliche Einkünfte sind solche aus Gewerbebetrieb gem. § 8 Abs. 2 KStG. Gem. § 7 Abs. 1 KStG bemisst sich die Körperschaftsteuer nach dem zu versteuernden Einkommen. Was als Einkommen gilt und wie es zu ermitteln ist, bestimmt sich nach den Vorschriften des EStG und KStG (§ 8 Abs. 1 KStG).

Ausgangsbetrag ist der Handelsbilanzgewinn	310.000 €
./. Gewinnvortrag	./. 152.888 €
Jahresüberschuss	**157.112 €**

KSt	+ 44.500 €
und Soli dürfen gem. § 10 Nr. 2 KStG den Gewinn nicht mindern	+ 2.448 €

1. Ausschüttungen dürfen gem. § 8 Abs. 3 KStG den Gewinn nicht mindern. Da eine Gewinnminderung nicht erfolgte, ist keine Korrektur vorzunehmen.

2. Gem. § 8 Abs. 2 KStG gelten bei einer Kapitalgesellschaft sämtliche Einkünfte als Einkünfte aus Gewerbebetrieb (auch die Einkünfte aus Vermietung und Verpachtung). Die Einkünfte wurden somit korrekt behandelt.

3. Der Gewinn aus der Veräußerung einer Beteiligung ist grundsätzlich steuerfrei (§ 8b Abs. 2 Satz 1 KStG). Allerdings gelten gem. § 8b Abs. 2 i.V.m. Abs. 3 Satz 1 KStG 5 % des jeweiligen Veräußerungsgewinns aus der Veräußerung eines Anteils an einer Körperschaft als Ausgaben, die nicht als Betriebsausgaben abgezogen werden können. Dabei gilt als Veräußerungsgewinn gem. § 8b Abs. 2 Satz 2 KStG der Betrag, der nach Abzug der Veräußerungskosten den Buchwert übersteigt.

Ermittlung des Veräußerungsgewinns

Veräußerungspreis	35.000 €
./. Buchwert	./. 25.000 €
./. Veräußerungskosten § 8b Abs. 2 Satz 2 KStG	./. 3.000 €
Gewinn	**7.000 €**

Der Gewinn ist innerbilanziell zu erhöhen	+ 7.000 €
und nach § 8b Abs. 2 Satz 1 KStG außerbilanziell zu mindern	./. 7.000 €
§ 8b Abs. 3 Satz 1 KStG steuerpflichtig 5 % von 7.000 €	+ **350 €**

4. Bei der zinsverbilligten Darlehensüberlassung handelt es sich um eine vGA in der Ausprägung einer verhinderten Vermögensmehrung. In Höhe der Differenz zum marktüblichen Zins muss deshalb das Einkommen angehoben werden (§ 8 Abs. 3 Satz 2 KStG).

2 % von 50.000 €	+ 1.000 €

5. Gem. § 8b Abs. 1 KStG sind Gewinnausschüttungen grundsätzlich steuerfrei gestellt. Allerdings gelten nach § 8b Abs. 5 KStG 5 % der Bezüge als nicht abzugsfähige Betriebsausgaben. Dies bedeutet im Ergebnis, dass 5 % der Bezüge steuerpflichtig sind.

Ermittlung der Bezüge

Nettodividende = 73,625 % der Bezüge	31.560 €				
Bezüge = 100 % =	42.866 €	× 5 % =	2.143 €	+	2.143 €

Die Ausschüttung ist, soweit sie in der GuV berücksichtigt wurde, außerhalb der Bilanz abzurechnen.	./. 31.560 €
Die bisher nicht erfasste Kapitalertragsteuer von 10.716,50 € (25 % von 42.866 €) und der Solidaritätszuschlag von 589,40 € (5,5 % von 10.716,50 €) sind zunächst gem. § 10 Nr. 2 KStG als Beteiligungsertrag auszuweisen.	+ 11.306 €
und wegen § 8b Abs. 1 KStG in gleicher Höhe außerhalb der Bilanz wieder abzurechnen.	./. 11.306 €

6. Die Grundstücksveräußerung ist in Höhe der Differenz zwischen dem Kaufpreis und dem gemeinen Wert eine vGA gem. § 8 Abs. 3 Satz 2 KStG (R 8.5 KStR). Dabei führt der überteuerte Kaufpreis bei der D-GmbH zu einer Vermögensminderung, weil ein ordentlicher und gewissenhafter Geschäftsführer ein Wirtschaftsgut zu diesem überhöhten Preis von einem fremden Dritten nicht erworben hätte. Deshalb muss als Korrektur für den um 30.000 € zu hohen Wertansatz in gleicher Höhe ein Aufwand gebucht werden, der außerhalb der Bilanz wieder zuzurechnen ist. Allerdings vermindert sich durch den geringeren Bilanzansatz die AfA-Bemessungsgrundlage für das Gebäude

von 120.000 € auf 100.000 € (Grund- und Bodenanteil ⅓). Folglich verringert sich auch die nach § 7 Abs. 4 Satz 1 Nr. 1 EStG zu ermittelnde AfA um 3 % von 20.000 € = 600 € × ⁶/₁₂ =   +   300 €

7. Grundsätzlich unterliegt die D-GmbH gem. § 1 Abs. 2 KStG mit sämtlichen Einkünften der KSt (= Welteinkünfte), es sei denn, es existiert ein DBA, das eine andere Regelung vorsieht. Da mit Taiwan kein DBA besteht, sind die aus der dortigen ausländischen Betriebsstätte stammenden Einkünfte von 15.000 € im Gewinn der GmbH zu erfassen.   +   15.000 €

Die gezahlte ausländische Steuer ist zunächst als BA der GmbH zu berücksichtigen   ./.   3.800 €
aber wegen § 10 Nr. 2 KStG in gleicher Höhe hinzuzurechnen.   +   3.800 €

8. Der Gewinn der Mercurio SA ist hingegen nicht dem inländischen Gewinn der D-GmbH hinzuzurechnen, weil es sich bei der SA um ein steuerlich selbständiges Rechtssubjekt handelt, das nur im Wohnsitzstaat einer Steuerpflicht unterliegt.

Zu versteuerndes Einkommen	**191.293 €**
Davon gem. § 23 Abs. 1 KStG 15 % KSt	**28.693 €**

Abzüglich anzurechnender ausländische Steuer auf die Einkünfte der Betriebsstätte in Taiwan (§ 26 Abs. 1, Abs. 2 KStG i.V.m. § 34c Abs. 1 EStG). Es handelt sich um ausländische Einkünfte gem. § 34d Nr. 2a EStG. Die ausländische Steuer entspricht der deutschen KSt.

Höchstbetragsberechnung nach § 34c Abs. 1 EStG:

Ausländische Einkünfte	15.000 €
Deutsche KSt	28.693 €

$$\frac{15.000 \times 28.693}{191.293} = 2.250 \text{ € (Höchstbetrag)}$$

oder 15 % von 15.000 € = 2.250 €.

Die ausländische Steuer i.H.v. 3.800 € ist in Höhe von 2.250 € auf die deutsche KSt-Steuer anrechenbar.   ./.   2.250 €
     26.443 €

Nach § 34c Abs. 2 EStG ist auf Antrag die ausländische Steuer bei der Ermittlung der Einkünfte abzuziehen. Danach ergäbe sich ein zu versteuerndes Einkommen von (191.293 € ./. 3.800 € =) 187.493 €. Die KSt beträgt danach 15 % von 187.493 € = 28.123 € statt 26.443 € (Differenz 1.680 €). Die Anrechnungsmethode i.S.d. § 34c Abs. 1 EStG (Steuerminderung 2.250 €) ist somit günstiger.

Endgültig zu zahlende Körperschaftsteuer folglich	26.443 €
./. KapESt 25 % von 42.866 €, §§ 43 Abs. 1 Nr. 1, 43a Abs. 1 Nr. 1 EStG (§ 36 Abs. 2 Nr. 2 EStG)	./. 10.716 €
./. KSt-Vorauszahlung (§ 36 Abs. 2 Nr. 1 EStG)	./. 44.500 €
KSt-Erstattung	**./. 28.773 €**

Der Ertrag erhöht den Jahresüberschuss, ist aber außerbilanziell nach § 10 Nr. 2 KStG i.U. wieder abzurechnen.

III.   Ertragsteuerliche Auswirkungen für K

Die Vermietung des Bürogebäudes von K an die D-GmbH führt nicht zu einer Betriebsaufspaltung. Voraussetzung hierfür wäre eine personelle und sachliche Verflechtung zwischen Besitz- und Betriebsunternehmen. Zwar vermietet K mit dem Bürogebäude eine wesentliche Betriebsgrundlage, die eine

Betriebsaufspaltung begründen kann; es fehlt jedoch am zweiten Tatbestandsmerkmal – der Beherrschung der Betriebsgesellschaft. K ist nur mit 49 % an der D-GmbH beteiligt und deshalb dort nicht in der Lage, seinen Willen durchzusetzen, H 15.7 (4) „Allgemeines" EStH. Bei den Mietzahlungen handelt es sich somit um Einnahmen aus Vermietung und Verpachtung § 21 Abs. 1 Satz 1 Nr. 1 EStG.

1. Einkünfte aus Vermietung und Verpachtung
Einnahmen gem. § 8 Abs. 1 EStG

• Miete	2.500 € × 12 Monate		30.000 €
• zuzüglich Nebenkosten	375 € × 12 Monate		+ 4.500 €

Werbungskosten gem. § 9 Abs. 1 EStG:

AfA (Ermittlung der Bemessungsgrundlage):

K hat das Gebäude im Wege der vorweggenommenen Erbfolge teilentgeltlich erworben. Zu den Anschaffungskosten gehören gem. BMF-Schreiben vom 13.01.1993, BStBl I 1993, 80, Rz. 7 und 9:

• die Abstandszahlung an den Vater	70.000 €
• sowie die Übernahme der Verbindlichkeiten	+ 157.957 €

Die an die Schwester zu zahlenden Raten (8 Jahresraten zu je 18.750 €) sind zu kapitalisieren und in Höhe des Barwerts als Gleichstellungsgeld zu behandeln, das ebenfalls zu Anschaffungskosten führt (BMF-Schreiben vom 13.01.1993, Rz. 7). Der Kapitalwert gem. § 12 Abs. 3 BewG ergibt sich durch Multiplikation des Jahreswerts der Raten mit dem bei einer Laufzeit von 8 Jahren maßgebenden Vervielfältiger von 6,509 (vgl. gleichlautende Ländererlasse vom 10.10.2010, BStBl I 2010, 810, Tabelle 2), er beträgt also 18.750 × 6,509 = ... + 122.043 €

Bei den wiederkehrenden Leistungen an den Vater handelt es sich nicht um Versorgungsleistungen, da das übertragene Grundstück keine begünstigte Wirtschaftseinheit i.S.d. § 10 Abs. 1a Nr. 2 Buchst. a) bis c) EStG darstellt (vgl. BMF-Schreiben vom 11.03.2010, Rz. 7).

Somit stellt auch die Leibrente in Höhe ihres Barwerts Anschaffungskosten dar. Der Barwert ergibt sich durch Multiplikation des Jahreswerts der Rente mit dem vom vollendeten Lebensalter des rentenberechtigten Vaters (69. Lebensjahr) abhängigen VV von 10,237 (BMF-Schreiben vom 04.11.2016, BStBl I 2016, 1166 i.V.m. BMF-Schreiben vom 28.11.2017, BStBl I 2017, 1526).

also monatlich 1.000 € × 12 = 12.000 € × VV 10,237	+ 122.844 €
Anschaffungskosten insgesamt	**472.844 €**
Verkehrswert des Grundstücks	1.000.000 €
somit entgeltlich erworben	47,2844 %
und unentgeltlich erworben	52,7156 %
AfA-Bemessungsgrundlage für den entgeltlichen Teil	472.844 €
./. Grund und Boden (20 %)	94.568 €
	378.276 €

AfA-BMG unentgeltlicher Teil (§ 11d Abs. 1 EStDV):

52,7156 % von 800.000 € =	+ 421.724 €
Die Summe der AfA-Bemessungsgrundlage beträgt	**800.000 €**

AfA folglich für beide AfA-Reihen gem. § 9 Abs. 1 Satz 3 Nr. 7 i.V.m. § 7 Abs. 4 Satz 1 Nr. 2a EStG 2 % von 800.000 € ..../. 16.000 €

Die zur Grundstücksfinanzierung aufgewendeten Schuldzinsen sind Werbungskosten nach § 9 Abs. 1 Satz 3 Nr. 1 EStG.   ./. 12.000 €

Die Schuldzinsen waren teilweise an die D-GmbH zu entrichten und entsprachen nicht dem Marktüblichen. In Höhe der Differenz zu den marktüblichen Zinsen liegt daher eine vGA vor, die bei K zu Einnahmen aus Kapitalvermögen gem. § 20 Abs. 1 Nr. 1 Satz 2 EStG (siehe unten) führt. Allerdings kann K die Zinsaufwendungen wiederum als Werbungskosten geltend machen. Er hat jedoch zunächst nur die tatsächlich entrichteten Zinsen abgezogen, obwohl über die vGA eine Zinsanpassung erfolgt ist. Nach der sog. Fiktionstheorie wird eine Abwicklung des Darlehensvertrags zu Bedingungen wie unter Fremden unterstellt, der sich eine fingierte Rückgewähr eines Teilentgelts in Höhe der vGA an den Gesellschafter anschließt. Demgemäß entstehen bei diesem nunmehr um die vGA erhöhte Zinsaufwendungen, die zusätzlich als Werbungskosten abgezogen werden dürfen.   ./. 1.000 €

Der in den Ratenzahlungen an die Schwester enthaltene Zinsanteil ist ebenfalls als Werbungskosten abzugsfähig
(BMF-Schreiben vom 11.03.2010, Rz. 78 i.V.m. Rz. 72).

Barwert der Schuld am Anfang (01.01.2018)	122.043 €	
Barwert zum 31.12.2018 (18.750 € × 5,839 =)	109.481 €	
Barwertminderung	**12.562 €**	
Jahresrate	18.750 €	
Zinsanteil	6.188 €	./. 6.188 €

Auch der in den Rentenzahlungen an den Vater enthaltene Ertrags- bzw. Zinsanteil ist als Werbungskosten abzugsfähig (BMF-Schreiben vom 11.03.2010, Rz. 72).

Jahreswert der Rente im Kalenderjahr 2018	12.000 €	
Ertragsanteil nach § 22 Nr. 1 Satz 3 Buchst. a) Doppelbuchst. bb) EStG (Vater 69. Lebensjahr vollendet) 15 %	1.800 €	./. 1.800 €
Nebenkosten lt. Sachverhalt		./. 5.000 €
Einkünfte aus Vermietung und Verpachtung		**./. 7.488 €**

2. Einkünfte aus Kapitalvermögen

Die offene Gewinnausschüttung der D-GmbH (Sachverhalt Nr. 1) in Höhe von 49 % (Anteil des K) von 10.000 € gehört zu den Einnahmen aus Kapitalvermögen gem. § 20 Abs. 1 Nr. 1 EStG.   4.900 €

Die KapESt (25 %) und der SolZ dürfen nach § 12 Nr. 3 EStG nicht abgezogen werden.

Die erhöhten Zinsaufwendungen für das vermietete Objekt (Sachverhalt Nr. 4) sind zugleich vGA bei K gem. § 20 Abs. 1 Nr. 1 Satz 2 EStG.   1.000 €

Weitere vGA gem. § 20 Abs. 1 Nr. 1 Satz 2 EStG aus der Veräußerung des Grundstücks (Sachverhalt Nr. 6)   30.000 €

Summe der Einnahmen	**35.900 €**	
abzüglich Sparer-Pauschbetrag (§ 20 Abs. 9 EStG)	./. 801 €	
Einkünfte gemäß § 20 Abs. 1 Nr. 1 EStG		**35.099 €**

Die Einkünfte unterliegen nach § 43 Abs. 1 Nr. 1 EStG dem KapESt-Abzug. Nach § 43 Abs. 5 EStG ist die ESt mit dem KapESt-Abzug abgegolten. Nach § 2 Abs. 5b EStG bleiben die Kapitalerträge bei der Veranlagung außer Betracht.

Die Kapitalerträge aus den vGA (31.000 €) sind nach § 32d Abs. 3 Satz 1 EStG in der ESt-Erklärung anzugeben (BMF-Schreiben vom 18.01.2016, BStBl I 2016, 85, Rz. 144).

3. Sonstige Einkünfte

Durch die Veräußerung der Lagerhalle an die D-GmbH innerhalb des 10-Jahreszeitraums (Sachverhalt Nr. 6) verwirklicht K ein privates Veräußerungsgeschäft gem. §§ 22 Nr. 2, 23 Abs. 1 Satz 1 Nr. 1 EStG. Der Veräußerungsgewinn wird nach § 23 Abs. 3 EStG ermittelt:

Anstelle des Veräußerungspreises ist der gemeine Wert des Grundstücks anzusetzen, der Rest ist vGA		150.000 €	
./. Anschaffungskosten Grund und Boden		./. 50.000 €	
./. Herstellungskosten Gebäude	60.000 €		
abzüglich AfA (§ 23 Abs. 3 Satz 4 EStG):			
2 % von 60.000 € = 1.200 € × 5 ½ Jahre	./. 6.600 €		
	53.400 €	./. 53.400 €	
Einkünfte		**46.600 €**	
abzüglich Verlustausgleich nach § 23 Abs. 3 Satz 7 EStG			
(siehe Grundstücksverkauf unter I.)		./. 15.000 €	
Einkünfte § 22 Nr. 2 i.V.m. § 23 Abs. 1 EStG		**31.600 €**	**31.600 €**
Einkünfte § 22 Nr. 1a EStG (Versorgungsleistungen aus Veräußerung Anteile A-GmbH, siehe unter II. 1.)		1.956 €	
Einkünfte § 22 Nr. 1 Satz 3 Buchst. a Doppelbuchst. bb EStG			
Veräußerung der Anteile B-GmbH (siehe unter II. 2.)		2.021 €	
Veräußerung der Anteile C-GmbH (siehe unter II. 3.)		161 €	
Einnahmen		**4.138 €**	
abzüglich Pauschbetrag nach § 9a Satz 1 Nr. 3 EStG		./. 102 €	
Einkünfte § 22 Nr. 1a und Nr. 1b EStG		**4.036 €**	**4.036 €**
Summe der Einkünfte des K			**28.148 €**

Punktetabelle zur Übungsklausur aus dem aus dem Gebiet Steuern vom Einkommen und Ertrag

	Punkte
I. Grundstücksverkauf	
Privates Veräußerungsgeschäft § 22 Nr. 2 i.V.m. § 23 Abs. 1 Nr. 1 EStG	1
Entnahme gilt als Anschaffung § 23 Abs. 1 Satz 2 EStG	2
Veräußerungsverlust 15.000 € § 23 Abs. 3 Satz 3 EStG	3
II. GmbH-Beteiligungen	
1. A-GmbH 100 %-Beteiligung	
Übertragung Privatvermögen unter Angehörigen	4
§ 10 Abs. 1a Nr. 2 Buchst. c EStG	5
lebenslängliche Versorgungsleistung	6
ertragbringende Wirtschaftseinheit	7

	Punkte
keine Beweiserleichterung, Begründung (Mischfall)	8
Ergebnis unentgeltliche Vermögensübertragung	9
§ 32d und § 3 Nr. 40 EStG unschädlich für SA-Abzug (Rz. 49)	10
Sonderausgabenabzug bei H = 1.956 €	11
2. B-GmbH 40 %-Beteiligung	
Einkünfte § 17 Abs. 1 EStG	12
Wahlrecht R 17 Abs. 7 S. 2 i.V.m. R 16 Abs. 11 EStR	13
Sofortbesteuerung	
Barwert Rente 13.042 × 15,106 = 197.012 €/250.000 Verkehrswert	14
entgeltlicher Anteil 78,80 %	15
dafür AK 78,80 % von 180.000 € = 141.840 €	16
Veräußerungsgewinn § 17 Abs. 2 EStG = 55.172 €	17
§ 3 Nr. 40 Buchst. c) i.V.m. § 3c Abs. 2 EStG 60 % = 33.103 €	18
Freibetrag § 17 Abs. 3 EStG	19
Veräußert 78,80 % von 40 % = 31,52 %	20
9.060 € × 31,52 % = 2.856 €.	21
36.100 € × 31,52 % = 11.378 €, Freibetrag entfällt	22
Ertragsanteil § 22 Nr. 1 Satz 3 Buchst. a Doppelbuchst. bb EStG = 31 %	23
1.500 € × 6 = 9.000 € × 72,46 % = 6.521 × 31 % = 2.021 €	24
Zuflussbesteuerung	
Zinsanteil siehe Punkt 24: 2.021 €	25
Tilgungsanteil: 6.521 € abzgl. 2.021 € = 4.500 € × 60 % (§ 3 Nr. 40c EStG) = 2.700 €	26
Verrechnung mit AK 141.840 € × 60 % = 85.104 €, verblieben für Folgejahre 82.404 €	27
3. C-GmbH 0,8 %-Beteiligung	
Kein § 17 EStG + Begründung, kein § 23 EStG + Begründung	28
Kein § 20 Abs. 2 Nr. 1 EStG + Begründung	29
Veräußerung (Tilgungsanteil) nicht steuerbar	30
Zinsanteil § 22 Nr. 1 Satz 3 Bst. a) Doppelbst. bb) EStG 9.000 × 5,80 % = 522 × 31 % = 161 €	31
4. D-GmbH	
D-GmbH unbeschränkt steuerpflichtig § 1 Abs. 1 Nr. 1 KStG	32
Alle Einkünfte gewerblich § 8 Abs. 2 KStG	33
Ermittlung nach EStG und KStG § 8 Abs. 1 KStG	34
Jahresüberschuss 157.112 €	35
KSt und SolZ § 10 Nr. 2 KStG + 44.500 € und + 2.448 €	36

	Punkte
Nr. 1	
Ausschüttungen keine Korrektur § 8 Abs. 3 KStG	37
Nr. 2	
Korrekt behandelt	38
Nr. 3	
Gewinn Beteiligungsveräußerung steuerfrei § 8b Abs. 2 KStG	39
5 % nicht abzugsfähige BA § 8b Abs. 3 KStG	40
Ermittlung Gewinn 7.000 €	41
Innerbilanzielle Zurechnung + 7.000 €	42
Außerbilanzielle Abrechnung ./. 7.000 €	43
Außerbilanzielle Zurechnung + 350 € (5 % von 7.000 €)	44
Nr. 4	
Zinsverbilligung = vgA	45
Zurechnung 2 % von 50.000 € = + 1.000 € § 8 Abs. 3 Satz 2 KStG	46
Nr. 5	
Gewinnausschüttung steuerfrei § 8b Abs. 1 KStG	47
5 % nicht abzugsfähige BA § 8b Abs. 5 KStG	48
Bruttodividende 42.866 × 5 % = 2.143 € Zurechnung außerbilanziell	49
Gewinnausschüttung außerbilanziell ./. 31.560 €	50
KapESt und SolZ innerbilanziell Ertrag § 10 Nr. 2 KStG + 11.306 €	51
Außerbilanzielle Abrechnung ./. 11.306 €	52
Nr. 6	
vGA + Begründung um 30.000 € zu hoher Kaufpreis	53
Innerbilanzieller Aufwand	54
Außerbilanzielle Zurechnung	55
Verringerung AfA-BMG von 120.000 € auf 100.000 €	56
3 % von 2.000 € × $^{6}/_{12}$ § 7 Abs. 4 Nr. 1 EStG	57
weniger AfA = Zurechnung + 300 €	58
Nr. 7	
§ 1 Abs. 2 KStG Welteinkünfte	59
Kein DBA, Zurechnung 15.000 €	60
ausländische Steuer BA ./. 3.800 €	61
hinzurechnen + 3.800 € § 10 Nr. 2 KStG	62
Nr. 8	
Gewinn Mercurio keine Zurechnung + Begründung	63
zvE 191.293 € × 15 % § 23 Abs. 1 KStG = 28.693 €	64

	Punkte
Anrechnung § 26 Abs. 1 und Abs. 2 KStG	65
§ 34c Abs. 1 i.V.m. § 34d Nr. 2a EStG	66
Ermittlung Höchstbetrag = 2.250 €, ergibt KSt i.H.v. 26.443 €	67
§ 34c Abs. 2 EStG auf Antrag	68
zvE dann 191.293 € ./. 3.800 €, Anrechnung günstiger	69
Abzug KapESt ./. 10.716 € § 36 Abs. 2 Nr. 2 EStG	70
Abzug KSt-Vorauszahlungen ./. 44.500 € § 36 Abs. 2 Nr. 1 EStG	71
III. Ertragsteuerliche Auswirkungen für K	
Nr. 9	
Prüfung Betriebsaufspaltung	72
Einnahmen 30.000 € + 4.500 € = 34.500 € § 21 Abs. 1 Nr. 1 EStG	73
Abstandszahlung 70.000 € + Übernahme Verbindlichkeiten 157.957 € = AK	74
Kapitalwert Ratenzahlungen an Schwester 122.043 € = AK	75
Grundstück keine begünstigte Wirtschaftseinheit i.S.d. § 10 Abs. 1a Nr. 2 EStG	76
Barwert Leibrente 122.844 € = AK, Summe AK: 472.844 €	77
Verkehrswert 1 Million = 47,2844 % entgeltlich	78
abzgl. 20 % Grund und Boden, AfA-BMG 378.276 €	79
AfA-BMG unentgeltlicher Teil 52,7156 % von 800.000 € = 421.725 € § 11d Abs. 1 EStDV	80
AfA: § 9 Abs. 1 Nr. 7 EStG, § 7 Abs. 4 Nr. 2 EStG 2 % von 800.000 € = 16.000 €	81
Zinsen = WK 12.000 € § 9 Abs. 1 Nr. 1 EStG	82
Zinsen aus vgA ≈ WK 1.000 € + Begründung	83
Zinsanteil Ratenzahlung an Schwester	84
Ermittlung Jahresrate 18.750 € – Barwertminderung 12.562 € = Zinsanteil 6.188 €	85
Ertragsanteil Rentenzahlungen an Vater = WK 12.000 € × 15 % = 1.800 €	86
Nebenkosten lt. Sachverhalt 5.000 €	87
Einkünfte Vermietung und Verpachtung ./. 7.488 €	88
Weitere Einkünfte des K	
Offene Gewinnausschüttung (Nr. 1) § 20 Abs. 1 Nr. 1 EStG = 4.900 €	89
vGA (Nr. 4) § 20 Abs. 1 Nr. 1 Satz 2 EStG = 1.000 €	90
vGA (Nr. 6) 30.000 €, insgesamt 35.900 €	91
Sparer-Pauschbetrag § 20 Abs. 9 EStG ./. 801 € = Einkünfte 35.099 €	92
Abgeltung mit KapESt-Abzug § 43 Abs. 5 EStG	93
für vGA § 32d Abs. 3 EStG Angabe in ESt-Erklärung	94
Einkünfte § 23 Abs. 1 Nr. 1 EStG (Nr. 6), Ansatz 150.000 €	95
AfA § 23 Abs. 3 Satz 4 EStG, Gewinn 46.600 €	96

	Punkte
§ 23 Abs. 3 Satz 7 EStG ./. 15.000 € = 31.600 €	97
Sonstige Einkünfte § 22 Nr. 1a EStG 1.956 €	98
Sonstige Einkünfte § 22 Nr. 1 Satz 3 a) bb) EStG = 2.182 €, § 9a Nr. 3 EStG	99
Summe der Einkünfte = 28.148 €	100

Notentabelle		
Korrekturpunkte	Punkte nach § 6 Abs. 1 StBAPO	Note
100–95	15	1
94–91	14	
90–86	13	2
85–82	12	
81–77	11	
76–73	10	3
72–68	9	
67–64	8	
63–59	7	4
58–55	6	
54–50	5	
49–40	4	5
39–30	3	
29–20	2	
19–10	1	6
9–0	0	

Fall 2

Prüfungsklausur aus dem Gebiet Steuern vom Einkommen und Ertrag

Bearbeitungszeit: 5 Stunden
Hilfsmittel:
Beck'sche Bände
* Steuergesetze
* Steuerrichtlinien
* Steuererlasse
HGB
GmbHG

A.   Sachverhalt 1 – Einkommensteuer

I.   Allgemeine Angaben zur Tätigkeit des Willi Alt

Willi Alt (W), geboren am 02.11.1963 betreibt seit Jahren einen Sanitärinstallationsbetrieb in Edenkoben. Er hatte den Betrieb 1992 von seinem Vater geerbt.

Zum 01.01.2004 hatte W den Betrieb mit (fast) allen Aktiva und Passiva in die Alt-GmbH eingebracht, die er zuvor – zusammen mit seinem Bruder Frank Alt (F) – gegründet hatte (Stammkapital 50.000 €, voll eingezahlt). W ist zu 80 % und F zu 20 % an der Alt-GmbH beteiligt. Alleiniger Geschäftsführer der GmbH ist W.

Für die Geschäftsführungstätigkeit erhält W monatlich 5.000 € von der GmbH. Die Altersvorsorge leistet W ausschließlich aus eigenen Mitteln. Lediglich die monatliche LSt i.H.v. 788,40 € – Steuerklasse III/0 –, die monatliche KiSt i.H.v. 70,96 € und den monatlichen SolZ i.H.v. 43,36 € überweist die GmbH an das Finanzamt. Der Nettolohn beträgt 4.097,28 €. Werbungskosten hat W nicht nachgewiesen.

Nicht in die GmbH eingebracht wurde allerdings das bisherige – im Alleineigentum des W stehende – Betriebsgrundstück des Einzelunternehmens, auf dem sich die Werkstatt, das Büro, das Lager sowie die Sozialräume des Betriebs befinden. Dieses Grundstück vermietete W komplett ab Januar 2004 u.a. an die Alt-GmbH, die auch den Betrieb des bisherigen Einzelunternehmers W übernahm.

Das Grundstück wird wie folgt genutzt:

Fremdvermietete Wohnung I 100 m²	Fremdvermietete Wohnung II 100 m²	Fremdvermietete Wohnung III 100 m²
Eigenbetriebliche Nutzung der Alt-GmbH (Werkstatt, Büro, Lager, Sozialräume) 400 m²		

Laut Anlageverzeichnis haben die Wirtschaftsgüter des Besitzunternehmens folgende Werte:

Wirtschaftsgut	Buchwert 31.12.2017	Buchwert 30.06.2018	Verkehrswert = Teilwert = Gemeiner Wert 30.06.2018
Grund und Boden	100.000 €	100.000 €	120.000 €
Gebäude	30.000 €	27.000 €	200.000 €
GmbH-Beteiligung (80 %)	40.000 €	40.000 €	90.000 €

Bei der im Jahr 2016 durchgeführten Betriebsprüfung wurden die **seit Jahren** bestehende **Betriebsaufspaltung** sowie die ebenfalls **seit Jahren** bestehende umsatzsteuerrechtliche **Organschaft** zu Recht nicht beanstandet. Ein **Gewinnabführungsvertrag** zwischen dem Besitz- und Betriebsunternehmen **besteht nicht.**

II.   Das Besitzunternehmen

Für das Besitzunternehmen werden die Betriebseinnahmen und Betriebsausgaben sowie die Umsatzsteuer und Vorsteuer von W ordnungsgemäß aufgezeichnet; ertragsteuerrechtlich wurde für das Besitzunternehmen zulässigerweise bisher keine Bilanz erstellt. Der Gewinn wird als Überschuss der Betriebseinnahmen über die Betriebsausgaben nach § 4 Abs. 3 EStG ermittelt.

Als umsatzsteuerrechtlicher Organträger versteuert das Besitzunternehmen die Umsätze nach vereinbarten Entgelten. Die Abgabe der monatlichen Voranmeldungen und die Vorauszahlungen erfolgen immer pünktlich (keine Dauerfristverlängerung).

Aus den Aufzeichnungen des Besitzunternehmens ergeben sich für den Zeitraum 01.01.2018 bis 30.06.2018 unter anderem folgende Angaben:

1. Monatliche Mieteinnahmen jeweils 5.000 € zzgl. 19 % USt i.H.v. 950 € von der Betriebs-GmbH jeweils zu Beginn des Monats. Die Miete für den Monat Juni wurde versehentlich erst am 15.07.2018 überwiesen.
    Betriebseinnahmen dafür (5 × 5.950 €)   29.750 €
2. Mieteinnahmen aus den vermieteten Wohnungen   21.600 €
3. Monatliche Ausgleichszahlungen der Betriebs-GmbH wegen der Verrechnung der Umsatzsteuer bzw. Vorsteuer Januar bis Mai (5 × 1.400 €; siehe unten zu III.) aufgrund des Organschaftsverhältnisses   7.000 €

> **Hinweis!** Die Ausgleichszahlung für Dezember 2017 erfolgte am 08.01.2018 und wurde zu Recht dem Kj. 2017 zugerechnet.

4. Als Rechtsnachfolger seines Vaters führt W die AfA für das Betriebsgrundstück nach den Anschaffungskosten seines Vaters fort (§ 6 Abs. 3 EStG). Der Vater hatte das bebaute Grundstück im Jahr 1972 angeschafft. Die AfA für die Wohnungen und das Erdgeschoss beträgt insgesamt 2 % der damaligen Anschaffungskosten i.H.v. (umgerechnet) 300.000 € = 6.000 €. Die AfA für den Zeitraum 01.01.–30.06.2018 beträgt somit   ./. 3.000 €
5. Als weitere Grundstücksaufwendungen hat W bis zum 30.06.2018 insgesamt aufgezeichnet. Die Nebenkosten (s.o.) sind darin enthalten.   ./. 6.000 €
6. Für die Reparatur eines Werkstattfensters am 15.06.2018 erhält W am 24.06.2018 eine Rechnung über 1.500 € zzgl. 19 % gesondert ausgewiesener USt. Der Rechnungsbetrag von 1.785 € wird am 15.07.2018 gezahlt.   –
7. An GewSt-Vorauszahlungen wurden aufgezeichnet (15.02.2018 und 15.05.2018) jeweils 212 €.   ./.   424 €

> **Hinweis!** Der Hebesatz der Gemeinde Edenkoben beträgt 385 %.

8. Monatliche USt-Vorauszahlungen (Januar bis Mai) jeweils am 10. des Folgemonats der Entstehung der USt (10.02. bis 10.06.). §M   ?

> **Hinweis!** Siehe auch die Informationen oben unter 1. und unten zu III. Die USt-Vorauszahlung Dezember 2017 am 10.01.2018 wurde als regelmäßig wiederkehrende Ausgabe zu Recht dem Jahr 2017 zugerechnet (H 11 „Umsatzsteuervorauszahlungen/-erstattungen" EStH sowie BFH vom 01.08.2007, XI R 48/05, BStBl II 2008, 282).

9. In der Gesellschafterversammlung am 25.06.2018 beschließen die Gesellschafter W und F aus dem Gewinn der Betriebs-GmbH im Jahr 2017 eine Gewinnausschüttung i.H.v. insgesamt 20.000 €. Die Gewinnausschüttung soll entsprechend den Beteiligungsverhältnissen am 15.07.2018 an die Gesellschafter ausgezahlt werden.   –

H20.2 :beh.Ges

III. Das Betriebsunternehmen

Das Betriebsunternehmen erzielt monatliche Umsätze (Januar bis Dezember) i.H.v. jeweils 40.000 € zzgl. 19 % USt = 7.600 €. Die monatliche Vorsteuer beträgt jeweils 6.200 €. Wegen der umsatzsteuerlichen Organschaft werden zwischen dem Organträger und der Organgesellschaft entsprechende Ausgleichszahlungen geleistet. Die Umsatzsteuer- und Vorsteuerbeträge werden dabei verrechnet und bis zum 10. des Folgemonats als Ausgleichsbeträge gezahlt bzw. erstattet.   *7.600 ./. 6.200 = 1.400*

IV. Der Verkehrsunfall des W und seine Folgen

1. Die Schwerbehinderung des W

Am 30.04.2018 erleidet W einen schweren Verkehrsunfall. Als Folge davon ist er auf ständige Hilfe angewiesen und im sozialversicherungsrechtlichen Sinne dauernd erwerbsunfähig. In seinem Schwerbehindertenausweis ist ab 01.05.2018 das Merkzeichen »H« vermerkt. W entschließt sich, mit Ablauf des 30.06.2018 seine gesamte unternehmerische Tätigkeit einzustellen.

2. Vermögensübertragungen

2.1 Grundstücksübertragung

Bedingt durch seine Schwerbehinderung überträgt W im Rahmen der vorweggenommenen Erbfolge das oben beschriebene Grundstück auf seinen Sohn Simon (geboren am 13.12.1986). Der notarielle Vertrag trägt das Datum vom 02.06.2018, der Übergang von Besitz, Nutzen, Lasten und Gefahren erfolgt am 01.07.2018.

Im notariellen Vertrag verpflichtet sich der Sohn Simon, an seine Schwester Tina (geboren am 26.10.1989) insgesamt 60.000 € zu zahlen. Der Geldbetrag soll in zwei Raten zu je 30.000 € am 01.07.2018 und 01.01.2019 gezahlt werden. Die Kosten der Grundstücksübertragung trägt Simon.

> **Hinweis!** Die Grundstücksübertragung ist gem. § 3 Nr. 6 GrEStG steuerfrei.

2.2 Übertragung der GmbH-Anteile

Mit einem weiteren notariellen Vertrag vom 02.06.2018 überträgt W – ebenfalls im Rahmen der vorweggenommenen Erbfolge – seine Beteiligung an der Alt-GmbH unentgeltlich auf seine Tochter Tina. Die Übertragung erfolgt mit Wirkung zum 01.07.2018.

Nach der Übertragung der GmbH-Anteile übernimmt Tina die alleinige Geschäftsführung der Betriebsgesellschaft.

2.3 Übertragung Pkw

Zum 01.07.2018 überträgt W außerdem das Eigentum an einem Porsche Turbo 300, den er zwei Jahre zuvor erworben hatte, auf seinen Bruder F. Der Pkw, dessen Verkehrswert im Zeitpunkt der Übertragung 100.000 € beträgt, stellte bei W Privatvermögen dar und wird auch vom Erwerber F nur privat genutzt. F muss dafür ab 01.07.2018 an W lebenslänglich monatlich 800 € zahlen. Die Abänderbarkeit der Leistungen wurde ausdrücklich ausgeschlossen.   *Rente, keine dauernde Last*

Aufgaben:

1. Ermitteln Sie den Gewinn des Besitzunternehmens des W für 2018.
2. Nehmen Sie zu den im Sachverhalt unter IV. 2. geschilderten Vermögensübertragungen Stellung. Gehen Sie dabei auch kurz ein auf:
   - die eventuellen Auswirkungen auf die ertragsteuerliche Betriebsaufspaltung und die umsatzsteuerrechtliche Organschaft sowie
   - die umsatzsteuerrechtliche Behandlung der Vermögensübertragungen.

Nehmen Sie im Zusammenhang mit der **Grundstücksübertragung** auch kurz Stellung zu den **Auswirkungen** des § 23 EStG für den Sohn Simon.

Auf die Gewerbesteuer ist **nicht** einzugehen.

3. Ermitteln Sie den Gesamtbetrag der Einkünfte des W im Veranlagungszeitraum 2018.

W möchte so wenig wie möglich Einkommensteuer zahlen.

Bestimmen Sie dabei auch die **Höhe der außerordentlichen Einkünfte**.

Alle Anträge gelten als gestellt.

B. Sachverhalt 2 – Körperschaftsteuer

Die Aaron Zinn GmbH (Z-GmbH) betreibt in Edenkoben einen Baustoffgroßhandel. Gesellschafter sind Aaron Zinn (A) zu 50 % und seine beiden Söhne Bernd (B) und Carlo (C) zu je 25 %. Alleiniger Geschäftsführer der Z-GmbH ist A.

Der vorläufige Jahresüberschuss 2018 beträgt 110.000 €. Im Jahr 2018 haben sich u.a. folgende Geschäftsvorfälle ereignet:

1. KG-Anteil

Die Z-GmbH ist seit Jahren zu 20 % an der IBO-KG (KG) beteiligt. Die KG betreibt in Landau einen Baumarkt. Die KG-Beteiligung ist in der Steuerbilanz der Z-GmbH zum 31.12.2017 zutreffend in Höhe von 80.000 € aktiviert. Mit Wirkung vom 01.07.2018 scheidet die Z-GmbH aus der KG aus. Sie erhält ein Abfindungsguthaben in Höhe von 150.000 €. Vor ihrem Ausscheiden hat die Z-GmbH im Wirtschaftsjahr 2018 bei der KG Entnahmen in Höhe von 20.000 € getätigt.

Die KG ermittelt für den Zeitraum 01.01.–30.06.2018 aufgrund eines Zwischenabschlusses einen Anteil der Z-GmbH am laufenden steuerlichen Gewinn in Höhe von 30.000 €. Im Gesamtgewinn der KG des ersten Halbjahrs 2018 sind eine Gewinnausschüttung (brutto) der Mörtel GmbH (M-GmbH) in Höhe von 20.000 € sowie damit zusammenhängende Finanzierungskosten in Höhe von 4.000 € enthalten.

2. Geldzuwendungen

Im Jahr 2018 leistete die Z-GmbH diverse Geldzahlungen an Angestellte verschiedener Baumärkte in Höhe von insgesamt 20.000 €. Die Zahlungen erfolgten, um geschäftliche Beziehungen aufzunehmen oder auszuweiten. Sie wurden in der laufenden Buchführung als Aufwand erfasst. Die Z-GmbH möchte die Zahlungsempfänger nicht benennen.

3. Baustofflieferung an Carlo (C)

Im Herbst 2018 veräußerte die Z-GmbH an ihren Gesellschafter C Baustoffe, die dieser für den Bau eines privaten Einfamilienhauses benötigte. Der Nettoeinkaufspreis der Baustoffe (= Wiederbeschaffungskosten) betrug 10.000 €. Der Verkaufspreis (netto) liegt bei 12.000 €. C zahlte für die Lieferung der Baustoffe 6.000 € zzgl. 1.140 € Umsatzsteuer an die GmbH. Der Vorgang wurde bei der GmbH in Höhe des vereinbarten Nettoverkaufspreises als Umsatzerlös verbucht. Die Umsatzsteuer wurde in Höhe von 1.140 € auf dem Umsatzsteuerkonto erfasst.

Aufgabe:

Ermitteln Sie das Einkommen der Z-GmbH für den Veranlagungszeitraum 2018.

Hinweise:

1. Begründen Sie Ihre Ausführungen unter Hinweis auf die einschlägigen gesetzlichen Vorschriften und Verwaltungsanweisungen.
2. Die GewSt-Rückstellung ist nicht zu berechnen.

C. Lösungen
Sachverhalt 1
1. Einkünfte aus Gewerbebetrieb
1.1 Laufender Gewinn ohne Aufgabegewinn

W erzielt durch den Betrieb des Besitzunternehmens Einkünfte aus Gewerbebetrieb nach § 15 Abs. 1 Nr. 1 EStG, die lt. Sachverhalt zulässigerweise durch Einnahme-Überschussrechnung gem. § 4 Abs. 3 EStG ermittelt werden. Das Wirtschaftsjahr ist gem. § 4a Abs. 1 Satz 2 Nr. 3 EStG das Kalenderjahr. Da der Betrieb des Besitzunternehmens endet, darf das Wirtschaftsjahr 2018 nach § 8b Satz 2 Nr. 1 EStDV weniger als 12 Monate betragen und endet folglich mit Betriebsaufgabe am 30.06.2018.

1.2 Allgemeines zur Beendigung der Betriebsaufspaltung

Mit der Übertragung des Grundstücks und der GmbH-Beteiligung auf die Kinder entfällt die personelle und sachliche Verflechtung zwischen dem Besitzunternehmen und der Betriebs-GmbH (H 16 (2) „Beendigung der Betriebsaufspaltung, 1. Spiegelstrich" EStH). Der Vorgang ist als Betriebsaufgabe des Besitzunternehmens zu beurteilen. Wesentliche Betriebsgrundlagen des Besitzunternehmens sind das Grundstück sowie die GmbH-Beteiligung. Die Betriebsaufgabe des Besitzunternehmens gilt nach § 16 Abs. 3 Satz 1 EStG als Veräußerung. Bei Ermittlung des Aufgabegewinns ist der Wert des Betriebsvermögens gem. § 16 Abs. 2 Satz 2 EStG nach § 4 Abs. 1 EStG zu ermitteln.

Durch die Übertragung der GmbH-Beteiligung auf die Tochter entfällt die finanzielle Eingliederung (vgl. A. 2.8 Abs. 5 UStAE) der GmbH in das »Besitzunternehmen«, sodass auch die umsatzsteuerrechtliche Organschaft beendet ist. Während des Bestehens der Organschaft übte die GmbH ihre gewerbliche Tätigkeit als Organgesellschaft nicht selbstständig aus (§ 2 Abs. 2 Nr. 2 UStG). Unternehmer war der Organträger (A. 2.8 Abs. 1 Satz 6 UStAE). Organträger war W als natürliche Person und Eigentümer des Grundstücks.

Die Voraussetzungen einer Geschäftsveräußerung im Ganzen i.S.d. § 1 Abs. 1a UStG sind nicht erfüllt, da der Betrieb nicht im Ganzen an einen Erwerber übertragen wird.

Zu den Positionen 1 bis 7:

Betriebseinnahmen § 11 Abs. 1, § 4 Abs. 4 EStG im Umkehrschluss			
lt. Sachverhalt	Betriebliche Räume	29.750 €	
	Wohnräume	21.600 €	
	Ausgleichszahlungen	7.000 €	58.350 €
Betriebsausgaben	§ 11 Abs. 2, § 4 Abs. 4 EStG		
lt. Sachverhalt	AfA	3.000 €	
	Grundstücksaufwendungen	6.000 €	./. 9.000 €
GewSt-Vorauszahlungen von 424 € sind keine BA, § 4 Abs. 5b EStG.			
Zwischensumme			**49.350 €**

Zu Position 8:

Unternehmer i.S.d. UStG ist nicht die GmbH als Organgesellschaft, sondern ausschließlich Einzelunternehmer W als Organträger. Dieser muss alle umsatzsteuerlichen Pflichten erfüllen, insbesondere USt-Voranmeldungen und -erklärungen abgeben (A. 2.9 Abs. 6 Satz 3 UStAE). Die Vermietungsumsätze zwischen Organträger und Organ sind nicht steuerbare Innenumsätze. Wird trotzdem USt ausgewiesen (hier: monatlich 950 €), so führt dies nicht zur Anwendung des § 14c UStG, da es sich nicht um eine Rechnung i.S.d. § 14 UStG, sondern um einen internen Buchungsbeleg handelt (A. 14.1 Abs. 4 UStAE). Die Vermietung der drei Wohnungen ist nach § 4 Nr. 12a UStG umsatzsteuerfrei.

Die monatliche USt Januar bis Mai ist somit wie folgt zu berechnen:

Umsätze Betriebs-GmbH	40.000 €		
USt 19 %	7.600 €		
Vorsteuer Betriebs-GmbH	./. 6.200 €		
Monatliche Zahllast Januar bis Mai	1.400 €	× 5 =	./. 7.000 €

Zu Position 9:

Die am 25.06.2018 beschlossene Gewinnausschüttung i.H.v. 80 % von 20.000 € = 16.000 € (§ 20 Abs. 1 Nr. 1 EStG) gilt zum Zeitpunkt der Beschlussfassung als zugeflossen (H 20.2 „Zuflusszeitpunkt bei Gewinnausschüttungen, 2. Spiegelstrich – Beherrschender Gesellschafter/Alleingesellschafter" EStH). Da die GmbH-Beteiligung notwendiges Betriebsvermögen darstellt, sind die Gewinnanteile nach § 20 Abs. 8 EStG als Betriebseinnahmen zu erfassen. Als Betriebseinnahmen anzusetzen ist der Bruttobetrag i.H.v. 16.000 €, da die von der GmbH einbehaltene KapESt und der SolZ nach § 12 Nr. 3 EStG nicht abgezogen werden dürfen.   + 16.000 €

Zwischensumme   58.350 €

Nach § 3 Nr. 40 Buchst. d) i.V.m. Satz 2 EStG sind 40 % der Dividende steuerfrei, bzw. es sind 60 % bei der Gewinnermittlung anzusetzen   ./. 6.400 €

Zwischensumme   51.950 €

1.3 Ermittlung des Übergangsgewinns

Nach R 4.5 Abs. 6 EStR ist ein Steuerpflichtiger, der seinen Gewinn nach § 4 Abs. 3 EStG ermittelt, bei der Aufgabe des Betriebs so zu behandeln, als wäre er im Augenblick der Aufgabe zunächst zur Gewinnermittlung durch Betriebsvermögensvergleich nach § 4 Abs. 1 EStG übergegangen. Die einzelnen Wirtschaftsgüter sind beim Übergang zum Betriebsvermögensvergleich mit den Werten anzusetzen, mit denen sie zu Buche stehen würden, wenn von Anfang an der Gewinn durch Betriebsvermögensvergleich nach § 4 Abs. 1 EStG ermittelt worden wäre (H 4.6 „Bewertung von Wirtschaftsgütern" EStH).

Die Wirtschaftsgüter Grund und Boden, Gebäude und GmbH-Beteiligung haben keine Auswirkung auf den Übergangsgewinn.

Der Eingang der Mietforderung (Position II. 1.) i.H.v. 5.950 € am 15.07.2018 erfolgt im Rahmen des § 4 Abs. 1 EStG erfolgsneutral. Innerhalb der Einnahme-Überschussrechnung konnte sich die Forderung mangels Zufluss noch nicht auswirken. Um die Versteuerung sicherzustellen, ist die Mietforderung daher beim Übergang zur Buchführung als Zurechnung zu erfassen.   + 5.950 €

Zum 01.07.2018 ist hinsichtlich der Umsatzsteuer für den Monat Juni 2018 eine Ausgleichsforderung (Position II. 3.) gegenüber der GmbH i.H.v. 1.400 € entstanden. Entweder ist diese Ausgleichsforderung als regelmäßig wiederkehrende Einnahme nach § 11 Abs. 1 Satz 2 EStG als laufender Gewinn im Juni 2018 zu erfassen oder als Zurechnung im Übergangsgewinn zu berücksichtigen.   + 1.400 €

Die Zahlung der Verbindlichkeit aus der Reparatur des Werkstattfensters (Position II. 6.) erfolgt im Rahmen des § 4 Abs. 1 EStG erfolgsneutral. Die Aufwendungen (Brutto) haben sich jedoch auch im Rahmen der Einnahme-Überschussrechnung mangels Abfluss noch nicht ausgewirkt. Zum Ausgleich ist deshalb eine Abrechnung vorzunehmen.   ./. 1.785 €

Zum 10.07.2018 hat W für den Monat Juni folgende USt-Vorauszahlung zu entrichten:

Umsätze Betriebs-GmbH (Organgesellschaft, s. III.)	40.000 €	
USt 19 %	7.600 €	
Vorsteuer aus Fensterreparatur	./.	285 €
Vorsteuer Betriebs-GmbH (s. III.)	./. 6.200 €	
Zahllast (zu Position II. 8.)	**1.115 €**	

Die Zahlung der USt am 10.07.2018 i.H.v. 1.115 € erfolgt erfolgsneutral. Wegen der Zurechnungen der Bruttoforderungen bzw. der Abrechnung der Bruttoverbindlichkeiten muss die USt (7.600 €) wieder abgerechnet und die Vorsteuer (6.485 €) wieder zugerechnet werden. Als Saldo erfolgt daher insgesamt eine Abrechnung von | ./. 1.115 €

§ 11 Abs. 2 Satz 2 i.V.m. Abs. 1 Satz 2 EStG ist nicht anzuwenden, da im Zeitpunkt der Zahlung der Umsatzsteuerverbindlichkeit am 10.07.2018 Bilanzierungsgrundsätze anzuwenden sind.

Übergangsgewinn   **+ 4.450 €**

Hinsichtlich der Gewinnausschüttung (Position II. 9.) besteht zum 30.06.2018 eine Forderung gegenüber der Betriebs-GmbH. Der Ertrag wurde jedoch bereits im Juni als Betriebseinnahme berücksichtigt, sodass insoweit keine Gewinnzurechnung vorzunehmen ist.

Der Übergangsgewinn gehört nach H 4.5 (6) „Übergangsgewinn" EStH zum laufenden Gewinn, er kann im Fall einer Betriebsveräußerung oder Betriebsaufgabe nicht verteilt werden (H 4.6 „Keine Verteilung des Übergangsgewinns, 2. Spiegelstrich" EStH). Der laufende Gewinn aus Gewerbebetrieb ist somit wie folgt zu ermitteln:

Übergangsgewinn	4.450 €
Zzgl. Zwischensumme (siehe oben)	51.950 €
Laufender Gewinn des Besitzunternehmens	**56.400 €**

2. Vermögensübertragungen und Ermittlung des Aufgabegewinns

2.1 Grundstücksübertragung

In Höhe des Gleichstellungsgelds von insgesamt 60.000 € liegt ein Veräußerungs- und Anschaffungsgeschäft vor (BMF-Schreiben vom 13.01.1993, BStBl I 1993, 80, Rz. 7). Das in Raten zu zahlende Gleichstellungsgeld ist nicht abzuzinsen, da die Laufzeit nicht mehr als ein Jahr beträgt – gerechnet ab wirtschaftlichem Übergang des Grundstücks am 01.07.2018 (Gleichlautende Ländererlasse vom 10.10.2010, BStBl I 2010, 810, unter II. 1.2.1).

Das Betriebsgrundstück wird teilentgeltlich auf den Sohn übertragen (BMF-Schreiben vom 13.01.1993, Rz. 34). Nach dem Verhältnis des Veräußerungsentgelts (60.000 €) zum Verkehrswert des Grundstücks (320.000 €) hat W das Grundstück zu 18,75 % veräußert und zu 81,25 % unentgeltlich übertragen und damit entnommen; der anteilige Entnahmewert beträgt 81,25 % von 320.000 € = 260.000 €. Da die Entnahme im Rahmen der Betriebsaufgabe erfolgt, ist nach § 16 Abs. 3 Satz 7 EStG der gemeine Wert anzusetzen.

Nach § 23 Abs. 1 Satz 2 EStG gilt die Entnahme des Grundstücks (unentgeltlicher Teil) als Anschaffung i.S.d. § 23 EStG – hier am 30.06.2018. Die Überführung des Grundstücks ins Privatvermögen ist nach § 23 Abs. 1 Satz 3 EStG dem Sohn Simon als Einzelrechtsnachfolger zuzurechnen. Für den entgeltlich erworbenen Teil (18,75 %) beginnt die 10-Jahresfrist i.S.d. § 23 Abs. 1 Satz 1 Nr. 1 EStG für Simon mit Abschluss des Notarvertrages am 02.06.2018 (H 23 „Veräußerungsfrist" EStH).

Umsatzsteuerrechtlich tätigt W mit der Übertragung des Grundstücks eine steuerbare (§ 1 Abs. 1 Nr. 1 UStG), aber nach § 4 Nr. 9 Buchst. a UStG steuerfreie Lieferung.

2.2 Übertragung der GmbH-Anteile

Die Übertragung der im Betriebsvermögen befindlichen GmbH-Anteile an die Tochter Tina erfolgt unentgeltlich im Rahmen der vorweggenommenen Erbfolge.

Die GmbH-Anteile sind daher zunächst aus dem Betriebsvermögen zu entnehmen (BMF-Schreiben vom 13.01.1993, Rz. 33), der Wertansatz ist gem. § 16 Abs. 3 Satz 7 EStG mit dem gemeinen Wert von 90.000 € vorzunehmen. Die anschließende Übertragung an die Tochter im Rahmen der vorweggenommenen Erbfolge erfolgt im Privatvermögen.

Umsatzsteuerrechtlich tätigt W mit der Übertragung der GmbH-Anteile eine steuerbare (§ 3 Abs. 9a Satz 1 Nr. 2 UStG), aber nach § 4 Nr. 8 Buchst. f UStG steuerfreie unentgeltliche Wertabgabe.

2.3 Übertragung Pkw

Der Porsche ist keine begünstigte Wirtschaftseinheit i.S.d. § 10 Abs. 1a Nr. 2 EStG, sodass die lebenslänglichen Zahlungen des F an W keine Versorgungsleistungen darstellen. Nach Rz. 57 des BMF-Schreibens vom 11.03.2010 (BStBl I 2010, 227) gelten für die Übertragung des Pkw folglich die Grundsätze entgeltlicher Vermögensübertragungen gegen wiederkehrende Leistungen nach Rz. 65 ff. dieses BMF-Schreibens.

Die Veräußerung des Pkw ist kein privates Veräußerungsgeschäft nach § 22 Nr. 2 i.V.m. § 23 Abs. 1 Satz 1 Nr. 2 EStG, da es sich bei dem Pkw um einen Gegenstand des täglichen Gebrauchs handelt und außerdem die gesetzliche einjährige Veräußerungsfrist überschritten wäre.

Im Zeitpunkt der Veräußerung des Pkw gegen Leibrente am 01.07.2018 hat W das 54. Lebensjahr vollendet (geb. 02.11.1963). Nach der maßgebenden Tabelle (vgl. BMF vom 04.11.2016, BStBl I 2016, 1166) beträgt der VV 14,151, der Kapitalwert der Rente beträgt 800 € × 12 × 14,151 = 135.849 € und übersteigt den Verkehrswert des Pkw von 100.000 € um 35.849 €. Die Gegenleistung ist in dem Umfang als unangemessen anzusehen, in dem der Barwert der wiederkehrenden Leistungen (135.849 €) den Verkehrswert des übertragenen Vermögens (100.000 €) übersteigt (35.849 € / 135.849 € = 26,388 %). Der übersteigende Betrag ist eine Zuwendung i.S.d. § 12 Nr. 2 EStG (BMF vom 11.03.2010, BStBl I 2010, 227, Rz. 66). Folglich ist der unangemessene Anteil der jährlichen Rentenzahlungen, also im Kj. 2018 ein Betrag i.H.v. (6 × 800 € × 26,388 % =) 1.266 €, als Zuwendung i.S.d. § 12 Nr. 2 EStG anzusehen. Der verbleibende Betrag von (4.800 € [6 × 800 €] ./. 1.266 €) 3.534 € ist in einen Tilgungs- und einen Zins- bzw. Ertragsanteil zu zerlegen. Der Zins- bzw. Ertragsanteil ist nach § 22 Nr. 1 Satz 3 Buchst. a Doppelbuchst. bb EStG zu versteuern.

3.534 € × Ertragsanteil von 27 % =	954 €
abzgl. Werbungskosten-Pauschbetrag gem. § 9a Satz 1 Nr. 3 EStG	./. 102 €
Einkünfte nach § 22 Nr. 1 Satz 3 Buchst. a Doppelbuchst. bb EStG	**852 €**

Der Tilgungsanteil ist nicht zu erfassen, da die Veräußerung des Pkw kein steuerbarer Vorgang ist (siehe oben).

Umsatzsteuerrechtlich stellt die Übertragung des Pkw keine steuerbare Lieferung dar, da der Pkw nicht zum Unternehmensvermögen des W gehörte und W somit keine Leistung im Rahmen seines Unternehmens erbringt (§ 1 Abs. 1 Nr. 1 UStG).

2.4 Ermittlung Aufgabegewinn W

Der Aufgabegewinn ist nach § 16 Abs. 2 EStG wie folgt zu ermitteln:

Grundstücksübertragung:

Verkaufserlös (§ 16 Abs. 3 Satz 6 EStG)	60.000 €	
Gemeiner Wert (§ 16 Abs. 3 Satz 7 EStG)	260.000 €	
Summe	**320.000 €**	
Buchwerte	./. 127.000 €	
Anteiliger Aufgabegewinn	**193.000 €**	**193.000 €**

GmbH-Anteil:

Gemeiner Wert (§ 16 Abs. 3 Satz 7 EStG)	90.000 €	
Teileinkünfteverfahren § 3 Nr. 40 Buchst. b EStG		54.000 €
Buchwert	40.000 €	
davon 60 % gem. § 3c Abs. 2 Satz 1 EStG		./. 24.000 €
Anteiliger Aufgabegewinn		**30.000 €** **30.000 €**
Gesamter Aufgabegewinn		**223.000 €**

Überprüfung Freibetrag (§ 16 Abs. 4 EStG)

Da der Stpfl. laut Sachverhalt dauernd berufsunfähig ist, steht ihm dem Grunde nach ein Freibetrag zu. Der Freibetrag von zunächst 45.000 € ermäßigt sich allerdings um den Betrag, um den der Veräußerungsgewinn den Betrag von 136.000 € übersteigt, also um 87.000 €. Somit verbleibt kein berücksichtigungsfähiger Freibetrag.

3.   Ermittlung des Gesamtbetrags der Einkünfte

Als Geschäftsführer der GmbH erzielt W bis einschließlich Juni 2018		
Einkünfte nach § 19 Abs. 1 Nr. 1 EStG: Einnahmen (6 × 5.000 € =)	30.000 €	
LSt, SolZ und KiSt sind nach § 12 Nr. 3 EStG nicht abzugsfähig.		
Nach § 9a Satz 1 Nr. 1 Buchst. a EStG ist der		
Arbeitnehmer-Pauschbetrag zu berücksichtigen	./. 1.000 €	
Einkünfte aus § 19 Abs. 1 Nr. 1 EStG		**29.000 €**
Gewinn aus § 15 Abs. 1 Nr. 1 EStG:		
Laufender Gewinn	56.400 €	
Einkünfte aus § 15 i.V.m. § 16 Abs. 2 EStG	223.000 €	**279.400 €**
Davon außerordentliche Einkünfte i.S.d.		
§ 34 Abs. 2 Nr. 1 EStG (der steuerpflichtige Teil des Veräußerungsgewinns		
aus der GmbH-Beteiligung gehört nicht zu den nach § 34 EStG begünstigten		
Einkünften)	193.000 €	
Einkünfte aus § 22 Nr. 1 Satz 3 Buchst. a Doppelbuchst. bb EStG		
Summe der Einkünfte =		**852 €**
Gesamtbetrag der Einkünfte (§ 2 Abs. 3 EStG)		**309.252 €**

Sachverhalt 2

Die Z-GmbH hat ihre Geschäftsleitung (§ 10 AO) und ihren Sitz (§ 11 AO) im Inland und ist damit unbeschränkt körperschaftsteuerpflichtig gem. § 1 Abs. 1 Nr. 1 KStG. Die KSt bemisst sich nach dem zu versteuernden Einkommen, welches nach den Vorschriften des EStG und des KStG zu berechnen ist (§§ 7 Abs. 1 und 8 Abs. 1 KStG). Als Handelsgesellschaft (§ 13 Abs. 3 GmbHG) ist die GmbH Formkaufmann gem. § 6 HGB. Es besteht Buchführungspflicht gem. § 238 Abs. 1 HGB. Gem. § 8 Abs. 2 KStG sind alle Einkünfte als gewerbliche Einkünfte zu behandeln.

1. KG-Anteil

Die Z-GmbH erzielt als Mitunternehmerin der KG gewerbliche Einkünfte i.S.v. § 15 Abs. 1 Nr. 2 EStG. Zu diesen gehört auch der Gewinn aus der Veräußerung des Mitunternehmeranteils (§ 16 Abs. 1 Nr. 2 EStG). Der Anteil der Z-GmbH am laufenden Gewinn der KG beträgt 30.000 €. Der Veräußerungsgewinn berechnet sich aus dem Unterschiedsbetrag zwischen dem Abfindungsguthaben (150.000 €) und dem Buchwert des Mitunternehmeranteils in der Steuerbilanz zum 01.07.2018. Der Mitunternehmeranteil ist in der Steuerbilanz der Z-GmbH in Höhe des Kapitalkontos der Z-GmbH in der Steuerbilanz der KG zu aktivieren (Spiegelbildtheorie). Der Wert beläuft sich im Zeitpunkt des Ausscheidens auf 90.000 € (80.000 € ./. Entnahmen 20.000 € + Gewinnanteil 30.000 €). Der Veräußerungsgewinn beträgt somit (150.000 € ./. 90.000 €) 60.000 €.

Soweit der Gewinnanteil auf die Beteiligung der KG an der M-GmbH entfällt, ist die Vorschrift des § 8b KStG zu prüfen. Diese findet auch bei mittelbar über eine Personengesellschaft gehaltenen Anteilen an Kapitalgesellschaften Anwendung (§ 8b Abs. 6 KStG). Die Prüfung der Steuerbefreiung erfolgt außerbilanziell auf der Ebene der Mitunternehmer (sog. Bruttomethode).

Der im laufenden Gewinn enthaltene anteilige Beteiligungsertrag in Höhe von 4.000 € (20 % von 20.000 €) ist gem. § 8b Abs. 1 KStG steuerfrei. Die damit zusammenhängenden nicht abzugsfähigen Betriebsausgaben werden mit pauschal 5 % der Bezüge angesetzt (§ 8b Abs. 5 Satz 1 KStG) und betragen somit 5 % von 4.000 € = 200 €. Für die Finanzierungskosten findet § 3c Abs. 1 EStG keine Anwendung (§ 8b Abs. 5 Satz 2 KStG).

2. Geldzuwendungen

Die Geldzahlungen sind aufgrund der Nichtbenennung der Zahlungsempfänger gem. § 160 AO nicht abzugsfähig. Die Korrektur erfolgt außerbilanziell.

Alternativ: § 4 Abs. 5 Satz 1 Nr. 10 EStG „Bestechung im geschäftlichen Verkehr" § 299 Abs. 2 StGB (BMF-Schreiben vom 10.10.2002, BStBl I 2002, 1031).

3. Baustofflieferung an C

Die Lieferung der Baustoffe zu einem verbilligten Preis an C führt zu einer verdeckten Gewinnausschüttung. In Höhe der Differenz zwischen dem vereinbarten Verkaufspreis (netto) i.H.v. 6.000 € und dem Nettoeinkaufspreis i.H.v. 10.000 € handelt es sich um eine Vermögensminderung i.H.v. 4.000 €. In Höhe des Differenzbetrags zwischen dem Nettoeinkaufspreis i.H.v. 10.000 € und dem üblichen Verkaufspreis (netto) i.H.v. 12.000 € liegt eine verhinderte Vermögensmehrung i.H.v. 2.000 € vor. Die Vermögensminderung bzw. verhinderte Vermögensmehrung ist durch das Gesellschaftsverhältnis veranlasst und hat sich auf die Höhe des Unterschiedsbetrags i.S.v. § 4 Abs. 1 Satz 1 EStG der GmbH ausgewirkt (R 8.5 Abs. 1 Satz 1 KStR).

Umsatzsteuerlich handelt sich um eine Lieferung nach § 3 Abs. 1 UStG. Die Umsatzsteuer berechnet sich nach der Mindestbemessungsgrundlage i.H.d. Wiederbeschaffungskosten von 10.000 € (§ 10 Abs. 5 Nr. 1 i.V.m. Abs. 4 Nr. 1 UStG). Sie beträgt 1.900 € (= 19 % von 10.000 €). Die zusätzliche Umsatzsteuerverbindlichkeit in Höhe des Differenzbetrags zur tatsächlich berechneten Umsatzsteuer i.H.v. 760 € (= 1.900 € ./. 1.140 €) ist über einen Aufwand in die Steuerbilanz einzubuchen. Dieser Betrag ist eine nicht abziehbare Betriebsausgabe i.S.v. § 10 Nr. 2 KStG. Der Jahresüberschuss ist außerbilanziell um 6.760 € (4.000 € + 2.000 € + 760 €) zu erhöhen (§ 8 Abs. 3 Satz 2 KStG).

Alternativ: Die verdeckte Gewinnausschüttung ist mit dem gemeinen Wert in Höhe von 7.140 € (= 14.280 € ./. 7.140 €) zu bewerten, H 8.6 [Hingabe von Wirtschaftsgütern] KStH. Die Umsatzsteuer kann außerbilanziell nicht nochmals hinzugerechnet werden, da sie bereits im gemeinen Wert der VGA enthalten ist (R 8.6 KStR).

Berechnung des zu versteuernden Einkommens:

Vorläufiger Jahresüberschuss	110.000 €
Tz. 1:	
Laufender Gewinn	+ 30.000 €
Veräußerungsgewinn	+ 60.000 €
Tz. 3: USt	./. 760 €
Endgültiger Jahresüberschuss	**199.240 €**
Tz. 1:	
§ 8b Abs. 1 KStG	./. 4.000 €
§ 8b Abs. 5 KStG	+ 200 €
Tz. 2: Bestechungsgelder	+ 20.000 €
Tz. 3: VGA	+ 6.760 €
Einkünfte aus Gewerbebetrieb = Summe der Einkünfte, Einkommen	**222.200 €**

Punktetabelle zur Prüfungsklausur aus dem Gebiet Steuern vom Einkommen und Ertrag

	Punkte
Sachverhalt 1 – Einkommensteuer	
Übertragung Wirtschaftsgüter = Beendigung der Betriebsaufspaltung	1
Betriebsaufgabe § 16 Abs. 3 Satz 1 EStG	2
Aufgabegewinn nach § 4 Abs. 1 EStG	3
§ 16 Abs. 2 Satz 2 EStG	4
Beendigung der umsatzsteuerrechtlichen Organschaft	5
Laufender Gewinn	
Wirtschaftsjahr ist Kalenderjahr § 4a Abs. 1 Satz 2 Nr. 3 EStG	6
Rumpf-Wirtschaftsjahr wegen Beendigung Betrieb, § 8b Satz 2 Nr. 1 EStDV	7
Betriebseinnahmen (§ 11 Abs. 1, § 4 Abs. 4 EStG im Umkehrschluss) 58.350 €	8
Betriebsausgaben (§ 11 Abs. 2, § 4 Abs. 4 EStG) 9.000 €	9
GewSt keine BA § 4 Abs. 5b EStG	10
Position 8 (USt-Vorauszahlungen)	
W = Organträger ist Unternehmer	11
Vermietungsumsätze sind Innenumsätze	12
Gesondert ausgewiesene USt (950 €), Problem erkennen (A. 14.1 Abs. 4 UStAE)	13
Berechnung Zahllast	14
Berechnung Zahllast (7.000 €)	15
Position 9	
Zufluss mit Beschlussfassung (25.06.2018)	16
GmbH-Beteiligung = notwendiges BV	17
§ 20 Abs. 8 EStG: 16.000 € (80 % von 20.000 €)	18
§ 3 Nr. 40 Buchst. d EStG 60 % ansetzen	19
Ermittlung Übergangsgewinn	
GruBo, Gebäude, GmbH-Beteiligung ohne Auswirkung auf Übergangsgewinn	20
Eingang Mietforderung am 15.07.2018 neutral	21
Zurechnung + 5.950 €	22
Ausgleichsforderung laufender Gewinn oder Zurechnung + 1.400 €	23
Folgerichtige Begründung	24
Verbindlichkeit aus Reparatur : Zahlung neutral	25
Abrechnung – 1.785 €	26
Berechnung USt-Zahllast 1.115 €	27
Abrechnung – 1.115 €	28
Ermittlung Übergangsgewinn = 4.450 €	29
Problem Gewinnausschüttung	30

	Punkte
Keine Verteilung des Übergangsgewinns möglich	31
Laufender Gewinn (56.400 €)	32
Grundstücksübertragung	
Gleichstellungsgeld 60.000 € = Veräußerungsgeschäft	33
Keine Abzinsung, da nicht mehr als 1 Jahr	34
Teilentgeltliche Übertragung (18,75 %)	35
Unentgeltlich 260.000 € (81,25 %) Überführung Privatvermögen § 16 Abs. 3 Satz 7 EStG	36
§ 23 Abs. 1 Satz 2 EStG: Überführung unentgeltlicher Teil = Anschaffung	37
Entgeltlicher Teil: Fristbeginn mit Abschluss Kaufvertrag 02.06.2018	38
§ 4 Nr. 9 Buchst. a UStG steuerfrei	39
GmbH-Anteile	
Zuerst Überführung aus BV in PV	40
Steuerfreie unentgeltliche Wertabgabe § 4 Nr. 8 Buchst. f UStG	41
Pkw	
Keine begünstigte Wirtschaftseinheit i.S.d. § 10 Abs. 1a Nr. 2 EStG	42
Nicht steuerbar (§ 23 Abs. 1 Satz 1 Nr. 2 EStG)	43
Kapitalwert Rente 135.849 €	44
35.849 € ungemessen = 26,388 %	45
Zuwendung § 12 Nr. 2 EStG	46
4.800 € × 26,388 % = 1.266 € = Zuwendung	47
Restbetrag 3.534 € Zinsanteil 27 % = 954 €	48
§ 22 Nr. 1 Satz 3 Buchst. a Doppelbuchst. bb EStG	49
§ 9a Satz 1 Nr. 3 EStG: 102 € = 852 €	50
Kein steuerbarer Umsatz	51
Aufgabegewinn, Grundstücksübertragung	
Verkaufserlös § 16 Abs. 3 Satz 6 EStG = 60.000 €	52
Gemeiner Wert aus Entnahme § 16 Abs. 3 Satz 7 EStG = 260.000 €	53
abzgl. Buchwert 127.000 € = 193.000 €	54
GmbH-Anteile	
§ 16 Abs. 3 Satz 7 EStG = 90.000 €	55
§ 3 Nr. 40 Buchst. b EStG 60 % = 54.000 €	56
abzgl. Buchwert 40.000 €	57
§ 3c Abs. 2 Satz 1 EStG 60 % = 24.000 €	58
Gesamter Aufgabegewinn 223.000 €	59
Freibetrag	
§ 16 Abs. 4 EStG dem Grunde nach, da dauernd berufsunfähig	60

	Punkte
Überprüfung übersteigender Betrag, Ergebnis kein Freibetrag	61
Gesamtbetrag der Einkünfte	
Geschäftsführer GmbH § 19 Abs. 1 Nr. 1 EStG = 30.000 €	62
§ 9a Nr. 1 Buchst. a EStG = 1.000 €	63
Einkünfte § 15 EStG = 279.400 €	64
§ 34 Abs. 2 Nr. 1 EStG = 193.000 €	65
Begründung (ohne § 3 Nr. 40 Buchst. b EStG = 30.000 €)	66
§ 22 Nr. 1 Satz 3 Buchst. a Doppelbuchst. bb EStG + 852 €	67
Ermittlung GdE = 309.252 € § 2 Abs. 3 EStG	68
Sachverhalt 2 – Körperschaftsteuer	
Z-GmbH unbeschränkt körperschaftsteuerpflichtig § 1 Abs. 1 Nr. 1 KStG	69
Zu versteuerndes Einkommen § 7 Abs. 1 KStG	70
Ermittlung nach Vorschriften EStG und KStG § 8 Abs. 1 KStG	71
Handelsgesellschaft § 13 Abs. 3 GmbHG	72
Formkaufmann § 6 HGB	73
Buchführungspflicht § 238 HGB	74
Alle Einkünfte gewerblich § 8 Abs. 2 KStG	75
KG-Anteil	
GmbH ist Mitunternehmerin § 15 Abs. 1 Nr. 2 EStG	76
Veräußerung Mitunternehmeranteil § 16 Abs. 1 Nr. 2 EStG	77
Berechnung BW Mitunternehmeranteil 80.000 € abzgl. Entnahmen 20.000 €	78
zzgl. Gewinnanteil 30.000 € = 90.000 €	79
Veräußerungsgewinn 60.000 €	80
Auch bei mittelbarer Beteiligung § 8b Abs. 6 KStG	81
Beteiligungsertrag 4.000 € steuerfrei § 8b Abs. 1 KStG	82
5 % = 200 € = nichtabzugsfähige Betriebsausgaben § 8b Abs. 5 Satz 1 KStG	83
§ 3c Abs. 1 EStG gilt nicht für Finanzierungskosten § 8b Abs. 5 Satz 2 KStG	84
Geldzuwendungen	
§ 160 AO/§ 4 Abs. 5 Nr. 10 EStG	85
20.000 € nicht abzugsfähig	86
Baustofflieferung	
vGA R 8.5 Abs. 1 Satz 1 KStR	87
4.000 € Vermögensminderung	88
2.000 € verhinderte Vermögensmehrung	89
Lieferung § 3 Abs. 1 UStG	90
USt 760 € bzw. 1.140 €	91

	Punkte
Nicht abziehbar § 10 Nr. 2 KStG	92
§ 8 Abs. 3 Satz 2 KStG	93
Ermittlung Einkommen	
Laufender Gewinn + 30.000 €	94
Veräußerungsgewinn + 60.000 €	95
USt + 760 € = Endgültiger Jahresüberschuss = 199.240 €	96
§ 8b Abs. 1 KStG – 4.000 €	97
§ 8b Abs. 5 KStG + 200 €	98
Bestechungsgelder + 20.000 €	99
vGA + 6.760 € = Einkommen 222.200 €	100

Notentabelle		
Korrekturpunkte	**Punkte nach § 6 Abs. 1 StBAPO**	**Note**
100–95	15	1
94–91	14	
90–86	13	2
85–82	12	
81–77	11	
76–73	10	3
72–68	9	
67–64	8	
63–59	7	4
58–55	6	
54–50	5	
49–40	4	5
39–30	3	
29–20	2	
19–10	1	6
9–0	0	

Fall 3

Übungsklausur aus dem Gebiet Bilanzsteuerrecht und Betriebliches Rechnungswesen

Bearbeitungszeit: 5 Stunden
Hilfsmittel:
Beck'sche Bände
- Steuergesetze
- Steuerrichtlinien
- Steuererlasse

HGB
Taschenrechner

A. Sachverhalt

Willi Watt (W) ist Inhaber eines Elektrogroßhandels in Landau. Die Firma des W ist im Handelsregister eingetragen. Er ermittelt seinen Gewinn gem. § 5 Abs. 1 EStG. Das Wirtschaftsjahr entspricht dem Kalenderjahr. Seine Bilanzen erstellt W immer im Juni des Folgejahres. Er will einen möglichst niedrigen Gewinn versteuern. Die Versteuerung der Umsätze erfolgt nach den allgemeinen Vorschriften des Umsatzsteuergesetzes. W ist zum Vorsteuerabzug berechtigt. Soweit keine ausdrücklichen Hinweise erfolgen, liegen immer ordnungsgemäße Rechnungen vor.

Im Oktober des Jahres 18 fand eine Außenprüfung für die Jahre 16 und 17 bei W statt. Alle Steuerbescheide der Jahre 16 und 17 stehen unter dem Vorbehalt der Nachprüfung gem. § 164 AO. Die Steuerbescheide der Vorjahre sind bestandskräftig und nach den Vorschriften der AO nicht mehr änderbar.

Der Betriebsprüfer macht im Prüfungszeitraum folgende Feststellungen:

I. Grundstücke

1. Hauptstraße 50, Landau

Bis zum 31.10.16 hat W sein Gewerbe in Landau auf dem Grundstück „Hauptstraße 50" betrieben. Das bebaute Grundstück hatte er im Jahr 00 erworben. Seitdem hat W 10 % des Grundstücks für eigene Wohnzwecke und 90 % für eigenbetriebliche Zwecke verwendet. Bilanziert wurde lediglich der betrieblich genutzte Teil von Grund und Boden (Buchwert immer 300.000 €) und dem Gebäude. Der betrieblich genutzte Gebäudeteil wurde bis zum 31.12.15 zutreffend mit jährlich 54.000 € abgeschrieben (Buchwert 31.12.15 = 1.849.500 €).

W war seit längerer Zeit auf der Suche nach einem neuen geeigneten Gelände, um seinen Betrieb erweitern zu können. Um seine Pläne finanzieren zu können, verkaufte er das Grundstück „Hauptstraße 50" zum 31.01.16 (Übergang von Nutzen und Lasten) für 3.000.000 €. Vom Kaufpreis entfielen 450.000 € auf den Grund und Boden.

Am 01.03.16 ging der Verkaufspreis auf dem betrieblichen Bankkonto des W ein. Einige Tage später buchte er:

Bank	3.000.000 €	an	Grund und Boden	300.000 €
			Gebäude	1.849.500 €
			§ 6b-Rücklage	850.500 €

Weitere Buchungen im Zusammenhang mit diesem Grundstück hat W im Jahr 16 nicht vorgenommen.

2. Industriestr. 20, Landau

Zum 01.02.16 (Übergang von Nutzen und Lasten) erwarb W von der Stadt Landau das unbebaute Grundstück „Industriestr. 20" für 300.000 € und begann mit dem Bau eines Gebäudes, das am 01.11.16 fertig gestellt wurde. Wie von Anfang an geplant, erfolgt die Nutzung des Gebäudes zu 90 % für eigenbetriebliche Zwecke und zu 10 % für eigene Wohnzwecke.

Bis zur Fertigstellung des neuen Gebäudes nutzte W das Grundstück „Hauptstraße 50" weiter. Die Mietzahlungen, die deswegen an den neuen Eigentümer gezahlt werden mussten, sind ordnungsgemäß verbucht worden.

Den Kaufpreis für das Grundstück zahlte W am 01.02.16 von seinem betrieblichen Bankkonto. Er buchte:

Grund und Boden	1 €	an	Bank	300.000 €
Rücklage	299.999 €			

Für den Grundstückserwerb waren Erwerbsnebenkosten (Grunderwerbsteuer und Gerichtskosten) i.H.v. 12.000 € zu zahlen. W hat die Beträge durch Überweisungen vom betrieblichen Bankkonto bezahlt und die Beträge wie folgt verbucht:

Aufwand	12.000 €	an	Bank	12.000 €

Die Notarkosten hat die Stadt Landau übernommen.

Das neue 2-geschossige Gebäude ließ W ab 01.02.16 durch einen Bauunternehmer schlüsselfertig für 3.000.000 € zuzüglich 570.000 € Umsatzsteuer errichten.

W nutzt das Gebäude wie geplant. Die von ihm bewohnte Wohnung befindet sich im Obergeschoß und umfasst 10 % der gesamten Nutzfläche des Gebäudes. W will die Wohnung weder seinem Betriebsvermögen, noch dem umsatzsteuerlichen Unternehmensvermögen zuordnen. Die Rechnung des Bauunternehmers über 3.570.000 € hat er komplett durch die Aufnahme eines Darlehens finanziert (zum Darlehen siehe unten 3.). Bei Bezahlung am 01.11.16 buchte W wie folgt:

Gebäude	2.600.000 €	an	Darlehen	3.570.000 €
Entnahmen	457.000 €			
Vorsteuer	513.000 €			

Ab dem Zeitpunkt der Fertigstellung hat W seinen Betrieb und seinen Wohnsitz auf das Grundstück „Industriestr. 20" verlegt.

Auf Vorschlag seines Versicherungsmaklers ließ W im Frühjahr 17 in das gesamte Gebäude eine Feuerlöschanlage einbauen, die nach Fertigstellung am 01.05.17 in Betrieb genommen wurde. W konnte seine Gebäudeversicherungsbeiträge dadurch deutlich senken. Er bezahlte die Rechnung für den Einbau der Feuerlöschanlage über 20.000 € zuzüglich 3.800 € Umsatzsteuer im Mai 17 vom privaten Bankkonto und buchte:

Versicherungsaufwand	23.800 €	an	Einlage	23.800 €

W schreibt das neue Gebäude jährlich mit 2 % ab. Er buchte in 16 und 17 jeweils:

AfA	52.000 €	an	Gebäude	52.000 €

3.   Darlehen Grundstück Industriestraße 20, Landau

Das unter 2. erwähnte Darlehen wird in den Jahren 16 und 17 jeweils i.H.v. 50.000 € getilgt. Für die Darlehensüberlassung waren im Jahr 16 Zinsen in Höhe von 20.000 € und im Jahr 17 Zinsen in Höhe von 150.000 € zu zahlen. Die Beträge wurden von W vereinbarungsgemäß jeweils im Dezember durch Überweisung vom betrieblichen Bankkonto beglichen.

W buchte im Dezember 16:

Darlehen	50.000 €	an	Bank		70.000 €
Zinsaufwand	20.000 €				

W buchte im Dezember 17:

Darlehen	50.000 €	an	Bank		200.000 €
Zinsaufwand	150.000 €				

II.   Büroausstattung

Im Jahr 14 plante W die Erneuerung seiner Büroausstattung. Konkret beabsichtigte er im Jahr 17 folgende Anschaffungen:

4 Schreibtischkombinationen (ND = 10 Jahre) à 2.000 € netto	8.000 €
4 Ordnerschränke (ND = 10 Jahre) à 450 € netto	1.800 €
1 Drucker inkl. Fax und Scanner (ND = 3 Jahre) netto	200 €
1 Software Lagerbuchhaltung (ND = 7 Jahre) netto	30.000 €
Gesamt netto	**40.000 €**
+ USt	7.600 €
Gesamt brutto	**47.600 €**

Bei der „Software" handelt es sich um ein speziell für den Betrieb des W entwickeltes Programm.

W machte im Jahr 14 erstmals einen Investitionsabzugsbetrag in Höhe von 16.000 € geltend und hat dementsprechend seinen Gewinn gemindert. Alle formellen Voraussetzungen hierfür lagen vor. Sämtliche Preisschätzungen des W sind nicht zu beanstanden.

Im Juli 17 tätigte W die beabsichtigten Investitionen und bezahlte sie über das betriebliche Bankkonto. Die Schreibtische und der Drucker konnten zum beabsichtigten Preis angeschafft werden. Die 4 Ordnerschränke konnte W für 350 € netto pro Stück erwerben. Das Lagerbuchhaltungsprogramm kostete 28.000 € netto. Sämtliche Wirtschaftsgüter wurden im Juli 17 geliefert und werden seither ausschließlich betrieblich genutzt. W buchte im Jahr 17:

BGA	37.600 €	an	Bank		44.744 €
Vorsteuer	7.144 €				

W machte die lineare AfA geltend und buchte im Jahr 17:

AfA	12.533 €	an	BGA		12.533 €

Dabei ging er bei allen Wirtschaftsgütern von einer Nutzungsdauer von 3 Jahren aus.

Weitere als die dargestellten Konsequenzen hat W nicht gezogen. Auch wurden keine weiteren Investitionen geplant und durchgeführt.

Aufgaben:

1. Nehmen Sie zu den Sachverhalten aus bilanzsteuerrechtlicher Sicht Stellung.
2. Stellen Sie sämtliche sich ergebenden Kontenänderungen für die **Jahre 16-17** nach folgendem Schema dar:

Position	FA	Stpfl.	Änderung
(Bilanzstichtag bzw. Zeitraum)	(Betrag laut FA)	(Betrag laut Stpfl.)	(mit Vorzeichen)

3. Ermitteln Sie die erforderlichen Gewinnkorrekturen für den **Teilsachverhalt I** durch Mehr- und Weniger-Rechnung nach der **BV- und der G + V-Methode für die Jahre 16–17** nach folgendem Schema:

BV-Methode	16		17	
	+	./.	+	./.
Bilanzposition				

G + V-Methode	16		17	
	+	./.	+	./.
G + V-Position				

Die Gewinnkorrekturen für den **Teilsachverhalt II** stellen Sie bitte in Ihrem Lösungstext dar. Dabei können Sie auch das unter 2. dargestellte Schema um eine Gewinnspalte ergänzen.

Hinweise!
1. Maßgebend für alle Jahre ist die **Rechtslage 2019**.
2. Formelle Voraussetzungen sind erfüllt, ggf. notwendige Anträge gelten als gestellt, Bilanzänderungen nach § 4 Abs. 2 S. 2 EStG sind zulässig.
3. Im Zweifel wünscht der Steuerpflichtige einen **möglichst niedrigen Gewinn**.
4. Übertragungsmöglichkeiten nach § 6b EStG sind soweit wie möglich auszuschöpfen.
5. Bisher wurde kein Sammelposten gem. § 6 Abs. 2a EStG gebildet.
6. Rechenoperationen sind **nachvollziehbar** darzustellen.
7. Alle Beträge können gerundet werden.
8. Auf § 15a UStG ist nicht einzugehen.

B. Lösungen

I. Grundstücke

1. Hauptstr. 50, Landau

Die bei der Veräußerung des Grundstückes aufgedeckten stillen Reserven können grundsätzlich gem. § 6b EStG auf ein Reinvestitionsobjekt übertragen werden. Die bilanzierten Teile von Grund und Boden bzw. Gebäude erfüllen die Voraussetzungen des § 6b Abs. 1 S. 1 EStG, außerdem gehörten sie mindestens 6 Jahre ununterbrochen zum Anlagevermögen der Elektrogroßhandlung des W, § 6b Abs. 4 S. 1 Nr. 2 EStG. Die veräußerten privat genutzten und zu Recht nicht bilanzierten Grundstücksteile erfüllen die Voraussetzungen nicht, da insoweit kein betrieblicher Veräußerungsgewinn entsteht. Der Eingang des Verkaufspreises auf dem betrieblichen Bankkonto stellt insoweit eine Einlage i.H.v. 300.000 € (= 10 % von 3.000.000 €) dar, § 4 Abs. 1 S. 8 EStG. Vom anteiligen betrieblichen Verkaufspreis i.H.v. 2.700.000 € (= 90 % von 3.000.000 €) entfallen 405.000 € (= 90 % von 450.000 €) auf den betrieblichen Grund und Boden und damit 2.295.000 € auf den bilanzierten Gebäudeteil. Die beim Grund und Boden aufgedeckten stillen Reserven i.S.d. § 6b Abs. 2 EStG belaufen sich damit auf 105.000 € (= 405.000 € ./. Buchwert 300.000 €). Zur Ermittlung der beim Gebäude aufgedeckten stillen Reserven ist zunächst die AfA bis zum Ausscheiden zu berechnen (54.000 € Jahres-AfA × $\frac{1}{12}$ = 4.500 €), § 6b Abs. 2 EStG/R 6b.1 Abs. 2/R 7.4 Abs. 8 EStR und vom Buchwert des Gebäudes zum 31.12.15 abzuziehen (1.849.500 € ./. 4.500 € = 1.845.000 €). Danach ergeben sich stille Reserven i.H.v. 450.000 € (= 2.295.000 € ./. 1.845.000 €).

2. Industriestr. 20, Landau

Die zu eigenbetrieblichen Zwecken und zu eigenen Wohnzwecken genutzten Gebäudeteile stellen selbständige WG dar, R 4.2 Abs. 3/Abs. 4 EStR. Die Aufteilung erfolgt nach dem Verhältnis der Nutzflächen, R 4.2 Abs. 6 EStR. Der Grund und Boden ist im gleichen Verhältnis aufzuteilen, R 4.2 Abs. 7 EStR. Der zu eigenbetrieblichen Zwecken genutzte Anteil an Gebäude und Grund und Boden stellt notwendiges BV dar, R 4.2 Abs. 7 EStR. Da die Anteile dauerhaft betrieblich genutzt werden sollen, liegt AV i.S.v. § 247 II HGB/R 6.1 Abs. 1 EStR vor. Der zu Wohnzwecken genutzte Anteil stellt notwendiges Privatvermögen dar. Der Grund und Boden ist gem. § 6 Abs. 1 Nr. 2 EStG zu bewerten. Die wegen der Veräußerung des Grund und Bodens aufgedeckten stillen Reserven können von den AK des Grund und Bodens „Industriestr. 20" abgezogen werden, § 6b Abs. 1 S. 2 Nr. 1 EStG. Der Buchwert ist unter Berücksichtigung von Anschaffungsnebenkosten i.S.v. § 255 Abs. 1 S. 2 HGB wie folgt zu ermitteln:

Vereinbarter Kaufpreis	300.000 €
+ Erwerbsnebenkosten	12.000 €
= insgesamt	**312.000 €**
x 90 % betrieblicher Nutzungsanteil =	280.800 €
./. stille Reserven	105.000 €
Buchwert 31.12.16/17	**175.800 €**

Wegen der anteiligen privaten Nutzung des Grundstückes stellen die Überweisungen von Kaufpreis und Erwerbsnebenkosten vom betrieblichen Bankkonto Entnahmen i.H.v. 31.200 € (= 312.000 × 10 %) i.S.d. § 4 Abs. 1 S. 2 EStG dar.

Das Gebäude ist gem. § 6 Abs. 1 Nr. 1 EStG zu bewerten. Die wegen der Veräußerung des Gebäudes aufgedeckten stillen Reserven können von den HK des Gebäudes „Industriestr. 20" abgezogen werden, § 6b Abs. 1 S. 2 Nr. 3 EStG. Die stillen Reserven aus der Veräußerung des Gebäudes können nicht auf die AK des Grund und Bodens übertragen werden.

Die anteiligen HK i.H.v. richtig 2.700.000 € sind von W nicht korrekt gebucht worden, ebenso die Entnahmen. Es liegt keine Entnahme vor, da das Darlehen in Höhe des privaten Nutzungsanteils nie Betriebsvermögen geworden ist. Die abziehbare Vorsteuer wurde richtig verbucht. Die AfA-BMG mindert sich gem. § 6b Abs. 6 EStG, R 7.3 Abs. 4 EStR um die übertragenen stillen Reserven. Das Gebäude ist gem. § 7 Abs. 4 Satz 1 Nr. 1 EStG mit 3 % abzuschreiben. Im Jahr 16 gem. § 7 Abs. 1 Satz 4 EStG zeitanteilig, hier 2 Monate.

HK	2.700.000 €
./. stille Reserven	450.000 €
Buchwert 16 vorläufig	**2.250.000 €**
./. AfA 16 (2.250.000 € × 3 % × 2/12)	11.250 €
Buchwert 31.12.16	**2.238.750 €**

Da die bei der Veräußerung aufgedeckten stillen Reserven komplett auf das neu angeschaffte Grundstück übertragen werden können, ist keine Rücklage auszuweisen.

Der Einbau der Feuerlöschanlage im Jahr 17 führt zu nachträglichen HK des Gebäudes. Der auf den privaten Gebäudeteil entfallende Anteil der privat gezahlten Kosten durfte nicht als Einlage gebucht werden. Die Einlagen sind somit um 2.380 € zu kürzen. Die Netto-HK für den betrieblichen Anteil belaufen sich auf 18.000 € (= 23.800 × 90 % = 21.420 € × 100/119), § 9b Abs. 1 EStG. Die Vorsteuer in Höhe von 3.420 € muss noch erfasst werden.

Die nachträglichen HK sind so zu behandeln, als seien sie zu Beginn des Jahres entstanden, R 7.4 Abs. 9 S. 3 EStR. Die nachträglichen HK erhöhen die bisherige AfA-BMG von 2.250.000 € um 18.000 € auf 2.268.000 €. Die AfA bemisst sich weiter nach dem für das Gebäude festgestellten AfA-Satz von 3 % und beläuft sich im Jahr 17 damit auf 68.040 € (= 2.268.000 × 3 %).

Einlage privater Anteil am Verkaufspreis	FA	Stpfl.	Änderung
16	300.000 €	0 €	300.000 €

AfA Gebäude Hauptstr. 50	FA	Stpfl.	Änderung
16	4.500 €	0 €	4.500 €

G + B Industriestr. 20	FA	Stpfl.	Änderung
BW 31.12.16	175.800 €	1 €	175.799 €
BW 31.12.17	175.800 €	1 €	175.799 €

Gebäude Industriestr. 20	FA	Stpfl.	Änderung
HK 16	2.700.000 €	2.600.000 €	–
./. stille Reserven	450.000 €	0 €	–
Zwischensumme	**2.250.000 €**	**0 €**	–
./. AfA 16	11.250 €	52.000 €	./. 40.750 €
BW 31.12.16	**2.238.750 €**	**2.548.000 €**	**./. 309.250 €**
+ nachträgliche HK	18.000 €	0 €	–
./. AfA 17	68.040 €	52.000 €	16.040 €
BW 31.12.17	**2.188.710 €**	**2.496.000 €**	**./. 307.290 €**

Entnahme Kaufpreis	FA	Stpfl.	Änderung
16	31.200 €	–	31.200 €

Entnahme HK Gebäude	FA	Stpfl.	Änderung
16	0 €	457.000 €	./. 457.000 €

Rücklage § 6b	FA	Stpfl.	Änderung
BW 31.12.16	0 €	550.501 €	./. 550.501 €
BW 31.12.17	0 €	550.501 €	./. 550.501 €

S.b. Aufwand (ANK G + B)	FA	Stpfl.	Änderung
16	0 €	12.000 €	./. 12.000 €

Vorsteuer Feuerlöschanlage	FA	Stpfl.	Änderung
31.12.17	3.420 €	0 €	3.420 €

Einlage Geld	FA	Stpfl.	Änderung
17	21.420 €	23.800 €	./. 2.380 €

Versicherungsaufwand	FA	Stpfl.	Änderung
17	0 €	23.800 €	./. 23.800 €

3. Darlehen Gebäude Industriestr. 20

Soweit das Darlehen der Finanzierung des betrieblich genutzten Gebäudeteils dient, handelt es sich um eine betriebliche Verbindlichkeit. Soweit es auf den privat genutzten Grundstücksteil entfällt, handelt es sich von Anfang an um notwendiges Privatvermögen und durfte deshalb insoweit nicht bilanziert werden. Der Bilanzansatz „Darlehen" muss korrigiert werden. Die Zinszahlungen und Tilgungen stellen Entnahmen dar, soweit sie auf die Privatschuld entfallen:

- Entnahmen Darlehen Jahr 16: 7.000 € (= 50.000 + 20.000 = 70.000 × 10 %).
- Entnahmen Darlehen Jahr 17: 20.000 € (= 50.000 + 150.000 = 200.000 × 10 %).

Der von W gebuchte Zinsaufwand mindert sich dementsprechend um 2.000 € im Jahr 16 und 15.000 € im Jahr 17.

Darlehen Gebäude	FA	Stpfl.	Änderung
Zugang 16	3.213.000 €	3.570.000 €	–
Tilgung 16	45.000 €	50.000 €	–
BW 31.12.16	**3.168.000 €**	**3.520.000 €**	**./. 352.000 €**
Tilgung 17	45.000 €	50.000 €	–
BW 31.12.17	**3.123.000 €**	**3.470.000 €**	**./. 347.000 €**

Entnahmen Darlehen	FA	Stpfl.	Änderung
16	7.000 €	–	7.000 €
17	20.000 €	–	20.000 €

Zinsaufwand Darlehen	FA (90 %)	Stpfl.	Änderung
16	18.000 €	20.000 €	./. 2.000 €
17	135.000 €	150.000 €	./. 15.000 €

Richtige Buchungssätze
(ohne Auspunktung; nur zur Information und zum besseren Verständnis):
Bei Veräußerung des alten Grundstücks am 01.03.16:

Bank	3.000.000 €	an	GruBo alt	300.000 €
			Gebäude alt	1.845.000 €
			Einlage	300.000 €
			Ertrag	555.000 €

Bei Erwerb des neuen Grundstücks am 01.02.16:

GruBo neu	270.000 €	an	Bank	300.000 €
Entnahme	30.000 €			

Bei Zahlung der Anschaffungsnebenkosten:

GruBo neu	10.800 €	an	Bank	12.000 €
Entnahme	1.200 €			

Zur Übertragung der stillen Reserven des GruBo gem. § 6b EStG im Jahr 16:

§ 6b-Aufwand	105.000 €	an	GruBo neu	105.000 €

Bei Bezahlung des neuen Gebäudes und Darlehensaufnahme am 01.11.16:

Gebäude neu	2.700.000 €	an	Darlehen	3.213.000 €
VSt	513.000 €			

Zur Übertragung der stillen Reserven des Gebäudes gem. § 6b EStG im Jahr 16:

§ 6b-Aufwand	450.000 €	an	Gebäude neu	450.000 €

Bei Bezahlung der nachträglichen HK (Feuerlöschanlage) im Mai 17:

Gebäude neu	18.000 €	an	Einlage	21.420 €
VSt	3.420 €			

Bei Überweisung der Zins- und Tilgungsraten für das Darlehen in 16/17:

Darlehen	45.000/45.000 €	an	Bank	70.000/200.000 €
Zinsaufwand	18.000/135.000 €	an		
Entnahme	7.000/20.000 €	an		

Bei Buchung der AfA im Rahmen der Abschlussbuchungen für 16 und 17:

AfA	11.250/68.040 €	an	Gebäude	11.250/68.040 €

II. Büroausstattung

Die formellen Voraussetzungen des § 7g Abs. 1 S. 2 EStG liegen laut Sachverhalt vor.

Der Investitionsabzugsbetrag (IAB) kommt gem. § 7g Abs. 1 S. 1 EStG nur für die künftige Anschaffung/Herstellung von beweglichen Wirtschaftsgütern des Anlagevermögens in Betracht. Die speziell für den Betrieb entwickelte Software ist ein immaterielles und damit ein unbewegliches WG, das nicht nach § 7g EStG begünstigt ist.

Da W die vier Schränke zu einem geringeren Preis erwerben konnte und laut Sachverhalt keine weiteren Investitionen geplant und durchgeführt worden sind, ist gem. § 7g Abs. 3 S. 1 EStG der IAB des Jahres 14 teilweise rückgängig zu machen, da keine entsprechende Hinzurechnung nach § 7g Abs. 2 S. 1 EStG bis zum 31.12.17 erfolgen kann.

Berechnung BMG für IAB Jahr 14	
Schreibtische: 4 × 2.000 €	8.000 €
Schränke: 4 × 350 €	1.400 €
Drucker	200 €
Summe der begünstigten Investitionen	**9.600 €**
Davon 40 %	3.840 €

W steht für das Jahr 14 ein IAB von **3.840 €** zu. Da er einen Abzug i.H.v. 16.000 € geltend gemacht hat, ist der Gewinn des Jahres 14 außerbilanziell um **12.160 €** zu erhöhen.

Im Jahr 17 können gem. § 7g Abs. 2 S. 1 EStG gewinnerhöhende Zurechnungen in Höhe von 40 % der tatsächlichen AK erfolgen, hier insgesamt **3.840 €**.

Schreibtische, Schränke, Drucker und Software sind notwendiges BV gem. R 4.2 Abs. 1 S. 1 EStR. Sie sind grundsätzlich nach § 6 Abs. 1 Nr. 1 S. 1 EStG mit den AK ./. AfA zu bewerten. Da W einen möglichst geringen Gewinn versteuern will, wird er die innerbilanzielle Abschreibung gem. § 7g Abs. 2 S. 2 EStG voll ausnutzen. Dies führt zu einer Minderung der BMG für die Sonder-AfA nach § 7g Abs. 5 und der linearen AfA nach § 7 Abs. 1 EStG. Da der Erwerb aller Wirtschaftsgüter im Juli erfolgte, ist § 7 Abs. 1 S. 4 EStG zu beachten.

Bei den 4 Schränken ist die Beschränkung der besonderen Abschreibung nach § 7g Abs. 2 S. 2 EStG auf die Höhe der Gewinnhinzurechnung nach § 7g Abs. 2 S. 1 EStG zu beachten. Durch den innerbilanziellen Abzug mindern sich die AK pro Schrank von 350 € auf 210 €. Da die Schränke zum beweglichen abnutzbaren Anlagevermögen gehören, die AK 410 € nicht übersteigen und W einen möglichst niedrigen Gewinn versteuern will, ist die Behandlung als GWG gem. § 6 Abs. 2 EStG sinnvoll. Die Einstellung in einen Sammelposten gem. § 6 Abs. 2a EStG ist nicht erforderlich, da W bisher keinen Sammelposten gebildet hat (vgl. Hinweis 5 in der Aufgabenstellung). Die verbleibenden AK von 4 × 210 € = 840 € können als sofort abzugsfähiger Aufwand behandelt werden. Auch ohne den innerbilanziellen Abzug gem. § 7g Abs. 2 S. 2 EStG könnten die AK von je 350 € sofort als Aufwand abgezogen werden.

Dies gilt ebenso für den Drucker. Dieser ist als Kombigerät selbständig nutzungsfähig und erfüllt damit die Voraussetzungen des § 6 Abs. 2 EStG.

Die Software ist ein immaterielles WG des AV, das entgeltlich erworben wurde. Sie muss daher aktiviert werden, § 5 Abs. 2 EStG. Sie ist linear auf die Nutzungsdauer von sieben Jahren abzuschreiben. Im Jahr des Zugangs ist § 7 Abs. 1 S. 4 EStG zu beachten.

4 Schreibtische	FA	Stpfl.	Änderung	Gewinn
Zugang Juli 17	8.000 €	8.000 €		
Abzug § 7g Abs. 2 S. 2	3.200 €	0 €	+ 3.200 €	./. 3.200 €
Neue AfA-BMG	4.800 €			
Sonder-AfA § 7g Abs. 5 4.800 € × 20 %	960 €	0 €	+ 960 €	./. 960 €
AfA § 7 Abs. 1 4.800 × 10 % × $^{6}/_{12}$	240 €	2.667 €	./. 2.427 €	+ 2.427 €
Buchwert 31.12.17	**3.600 €**	**5.333 €**	**./. 1.733 €**	**./. 1.733 €**

4 Schränke	FA	Stpfl.	Änderung	Gewinn
Zugang Juli 17	1.400 €	1.400 €		
§ 6 Abs. 2 – Aufwand	1.400 €	0 €	+ 1.400 €	./. 1.400 €
AfA § 7 Abs. 1	0 €	467 €	./. 467 €	+ 467 €
Buchwert 31.12.17	**0 €**	**933 €**	**./. 933 €**	**./. 933 €**

Drucker, Fax ...	FA	Stpfl.	Änderung	Gewinn
Zugang Juli 17	200 €	200 €		
§ 6 Abs. 2 – Aufwand	200 €	0 €	+ 200 €	./. 200 €
AfA § 7 Abs. 1	0 €	67 €	./. 67 €	+ 67 €
Buchwert 31.12.17	**0 €**	**133 €**	**./. 133 €**	**./. 133 €**

Software	FA	Stpfl.	Änderung	Gewinn
Zugang Juli 17	28.000 €	28.000 €		
AfA § 7 Abs. 1 28.000 : 7 Jahre × $^{6}/_{12}$	2.000 €	9.334 €	./. 7.334 €	+ 7.334 €
Buchwert 31.12.17	**26.000 €**	**18.666 €**	**+ 7.334 €**	**./. 7.334 €**

Anlage 1

BV-Methode	16		17	
	+	./.	+	./.
Einlage Verkaufspreis		300.000		
GruBo Industriestr.	175.799		175.799	R 175.799
Gebäude Industriestr.		309.250	R 309.250	307.290
Entnahme Kaufpreis	31.200			
Entnahme Gebäudefinanzierung		457.000		
§ 6b-Rücklage	550.501		550.501	R 550.501
Vorsteuer				3.420
Einlage				2.380
Darlehen	352.000		347.000	R 352.000
Entnahme Zins/Tilgung	7.000		20.000	

Anlage 2

G + V-Methode	16		17	
	+	./.	+	./.
AfA Gebäude alt		4.500		
Veräußerungsgewinn	555.000			
§ 6b-Aufwand GruBo		105.000		
S.b. Aufwand ANK	12.000			
§ 6b-Aufwand Gebäude		450.000		
AfA Gebäude neu	40.750			16.040
Versicherungsaufwand			23.800	
Zinsaufwand	2.000		15.000	

Punktetabelle zur Übungsklausur aus dem Gebiet Bilanzsteuerrecht und Betriebliches Rechnungswesen

	Punkte
I. Grundstücke	
1. Hauptstr. 50	
§ 6b Abs. 1 S. 1 EStG + Begründung	1
§ 6b Abs. 4 S. 1 Nr. 2 EStG + Begründung (6 Jahre AV)	2
Kein § 6b EStG für private Grundstücksteile (notwendiges Privatvermögen)	3
§ 4 Abs. 1 S. 8 EStG – Einlage Veräußerungspreis für privaten Grundstücksteil (300.000 €)	4
Betrieblicher Erlös = 2.700.000 €	5
Aufteilung Grund und Boden (= 405.000 €) + Gebäude (= 2.295.000 €)	6
§ 6b Abs. 2 EStG – Berechnung Veräußerungsgewinn	7
Grund und Boden = 105.000 €	8
Gebäude = 450.000 €	9
Berechnung BW Gebäude zum Zeitpunkt der Veräußerung = 1.845.000 €	10
R 7.4 Abs. 8 EStR/R 6b.1 Abs. 2 EStR – Berechnung AfA = 4.500 €	11
2. Industriestr. 20	
R 4.2 Abs. 3 + 4 EStR – selbständige WG I und IV	12
R 4.2 Abs. 7 S. 2 EStR – Aufteilung GruBo wie WG I und IV	13
GruBo zu WG I ist notwendiges BV (90 %)	14
§ 6 Abs. 1 Nr. 2 S. 1 EStG – Bewertung mit den AK	15
§ 255 Abs. 1 S. 1 + 2 HGB – AK = 312.000 € × 90 % = 280.800 €	16
§ 6b Abs. 1 S. 2 Nr. 1 EStG – Abzug Veräußerungsgewinn GruBo alt = 105.000 €	17
§ 4 Abs. 1 S. 2 EStG – Entnahme für Zahlung Kaufpreis + ANK für WG IV	18
Berechnung Entnahme = 31.200 €	19
§ 6 Abs. 1 Nr. 1 EStG – Bewertung des Gebäudes mit HK – § 6b – AfA	20
HK = 2.700.000 €	21
§ 6b Abs. 1 S. 2 Nr. 3 EStG – Abzug Veräußerungsgewinn Gebäude alt = 450.000 €	22
§ 6b Abs. 6 EStG – Minderung AfA-BMG	23
§ 7 Abs. 4 Nr. 1 EStG – AfA 3 %	24
2 Tatbestandsmerkmale zu § 7 Abs. 4 Nr. 1 EStG	25
§ 7 Abs. 1 S. 4 EStG – AfA zeitanteilig 2/12 = 11.250 €	26
Aussage: Keine § 6b-Rücklage + Begründung	27
Vorsteuer i.H.v. 513.000 € richtig verbucht	28
Buchung Entnahmen i.H.v. 457.000 € ist falsch	29
Begründung hierzu (Darlehen für privaten Teil von Anfang an kein BV)	30
Nachträgliche HK für Feuerlöschanlage	31

	Punkte
Netto-HK = 18.000 €	32
§ 9b EStG – abziehbare Vorsteuer i.H.v. 3.420 € gehört nicht zu HK	33
Einlage für betrieblichen Teil der Feuerlöschanlage = 21.420 €	34
R 7.4 Abs. 9 S. 3 EStR oder verbale Begründung	35
Neue AfA-BMG ab 17 = 2.268.000 €	36
AfA 17 = 68.040 €	37
Konto Einlage Verkaufspreis	38
Konto AfA Gebäude Hauptstr.	39
Konto GruBo Industriestr.	40
Konto Gebäude Industriestr.	41
Konto Entnahme Kaufpreis	42
Konto Entnahme HK Gebäude	43
Konto § 6b-Rücklage	44
Konto s.b. Aufwand (Anschaffungsnebenkosten GruBo)	45
Konto Vorsteuer Feuerlöschanlage	46
Konto Einlage Geld wegen Feuerlöschanlage	47
Konto Versicherungsaufwand	48
3. Darlehen Gebäude Industriestr.	
Darlehen nur anteilig BV + Begründung	49
Darlehen für privaten Gebäudeteil von Anfang an PV	50
Entnahme für Tilgung privater Gebäudeteil + Berechnung für 16 und 17	51
Entnahme für Zins privater Gebäudeteil + Berechnung für 16 und 17	52
Konto Darlehen 16	53
Konto Darlehen 17	54
Konto Entnahmen 16 und 17	55
Konto Zinsaufwand 16 und 17	56
II. Büroausstattung	
§ 7g Abs. 1 S. 1 EStG – IAB nur für bewegliche WG des AV	57
Kein IAB für Software	58
Da als immaterielles WG unbeweglich	59
§ 7g Abs. 3 S. 1 EStG – Teilweise Rückgängigmachung IAB 14	60
Da für Schränke geringere AK als geplant	61
IAB 14 = 3.840 €	62
Außerbilanzielle Gewinnerhöhung Jahr 14 = 12.160 €	63
§ 7g Abs. 2 S. 1 EStG – außerbilanzielle Zurechnung	64
Max. 40 % der tatsächlichen AK = 3.840 €	65

	Punkte
R 4.2 Abs. 1 EStR – alle WG sind notwendiges BV	66
§ 6 Abs. 1 Nr. 1 S. 1 EStG – Grundsätzlich Bewertung mit AK – AfA	67
§ 7g Abs. 2 S. 2 EStG – innerbilanzieller Abzug	68
Führt zur Minderung der AfA-BMG für § 7g Abs. 5 EStG und § 7 Abs. 1 EStG	69
§ 7 Abs. 1 S. 4 EStG – AfA 6/12, da Erwerb im Juli	70
Schreibtische: Innerbilanzieller Abzug = 3.200 € (8.000 € × 40 %)	71
§ 7g Abs. 5 EStG – Sonder-AfA = 960 € (4.800 € × 20 %)	72
§ 7 Abs. 1 EStG – lineare AfA = 240 € (4.800 € × 10 % × $^6/_{12}$)	73
Schränke: AK = 350/210 €	74
§ 6 Abs. 2 EStG – Voraussetzungen für GWG-Regelung erfüllt + Begründung	75
§ 6 Abs. 2a EStG – Keine Einstellung in Sammelposten + Begründung	76
Drucker: § 6 Abs. 2 EStG – GWG (wie Schränke)	77
Software: § 5 Abs. 2 EStG – Aktivierungspflicht, da entgeltlich erworben	78
Konto Schreibtische	79
Konto Schränke	80
Konto Drucker	81
Konto Software	82
BV-Methode	
Negativauspunktung	83
Negativauspunktung	84
Negativauspunktung	85
Negativauspunktung	86
Negativauspunktung	87
Negativauspunktung	88
Negativauspunktung	89
Negativauspunktung	90
Negativauspunktung	91
Negativauspunktung	92
G + V-Methode	
Negativauspunktung	93
Negativauspunktung	94
Negativauspunktung	95
Negativauspunktung	96
Negativauspunktung	97
Negativauspunktung	98
Negativauspunktung	99

	Punkte
Negativauspunktung	**100**

Notentabelle		
Korrekturpunkte	**Punkte nach § 6 Abs. 1 StBAPO**	**Note**
100–95	15	1
94–91	14	
90–86	13	2
85–82	12	
81–77	11	
76–73	10	3
72–68	9	
67–64	8	
63–59	7	4
58–55	6	
54–50	5	
49–40	4	5
39–30	3	
29–20	2	
19–10	1	6
9–0	0	

Fall 4

Prüfungsklausur aus dem Gebiet Bilanzsteuerrecht und Betriebliches Rechnungswesen

Bearbeitungszeit: 5 Stunden
Hilfsmittel:
Beck'sche Bände
- Steuergesetze
- Steuerrichtlinien
- Steuererlasse
HGB
Taschenrechner

A. Sachverhalt

Der Gewerbetreibende Mario Mörtel (M) betreibt seit 02 einen Baustoffhandel. Seine durchweg sehr hohen Gewinne ermittelt er durch BV-Vergleich nach § 5 Abs. 1 EStG. Das Wirtschaftsjahr entspricht dem Kalenderjahr. Seine Umsätze versteuert er nach den allgemeinen Regeln des Umsatzsteuerrechts. Im Zusammenhang mit seiner Tätigkeit ist M zum vollen Vorsteuerabzug berechtigt. Die Umsatzsteuer ist in allen Rechnungen ordnungsgemäß ausgewiesen.

Für die Veranlagungszeiträume 10 bis 12 fand im Mai 13 bei M eine Betriebsprüfung statt.

Die Steuerbescheide für die Prüfungsjahre 10–12 stehen unter dem Vorbehalt der Nachprüfung. Die Vorjahre sind bestandskräftig und nach der AO nicht mehr korrigierbar.

Das Unternehmen wurde von 02 bis 06 in gemieteten Räumen betrieben. Im Januar 07 (Fertigstellung und Abnahme des Gebäudes am 02.01.07) errichteten die Eheleute Mario (M) und Gabriele (G) Mörtel auf dem ihnen zu je 50 % gehörenden Grundstück in Neustadt, Chemnitzer Str. 50, ein mehrgeschossiges Gebäude, für das sie die HK jeweils zu 50 % tragen und das sie auch gemeinsam finanzieren (Vereinbarung im Innenverhältnis, dass sie die Darlehensschuld je zur Hälfte übernehmen). Zwischen den Eheleuten Mörtel bestehen bzgl. dieses Gebäudes keine mietvertraglichen Vereinbarungen. M soll kein wirtschaftlicher Eigentümer des hälftigen Anteils der G sein (ein evtl. Ausgleichsanspruch am Ende der Vertragszeit soll nicht bestehen) und es soll auch kein Scheinbestandteil vorliegen.

Den Grund und Boden hatten die Eheleute Mörtel am 01.01.06 (Übergang Besitz, Nutzen, Lasten, Gefahren) für 100.000 € vom Vater Anton Mörtel (A) mit der unten aufgeführten Nutzungsabsicht erworben (steuerlich anzuerkennendes, übliches Verkaufsgeschäft wie unter fremden Dritten). Der Kaufpreis ist am 30.12.10 in einer Summe fällig. Eine Verzinsung ist nicht vereinbart. Die Kaufpreiszahlung erfolgte vereinbarungsgemäß am 30.12.10.

Die Rechnung des Bauunternehmers Herbert Hauser (H) vom 02.01.07 i.H.v. 1.000.000 € zuzüglich 190.000 € USt über die Errichtung des schlüsselfertigen Wohn- und Geschäftshauses wurde am 05.01.07 bezahlt.

Das Gebäude mit seinen zwei Raumeinheiten (RE) wird seit Fertigstellung im Januar 07 wie folgt genutzt:
- RE 1 (70 %): Baustoffhandel Mario Mörtel,
- RE 2 (30 %): Eigene Wohnzwecke der Eheleute Mörtel.

Aus dem zum 31.12.07 erstellten Jahresabschluss für den Baustoffhandel ergibt sich folgende steuerliche Behandlung:
- Der Grund und Boden wurde zum 31.12.07 mit 100.000 € bilanziert (= 100 %).
- Das Gebäude wurde zu 100 % mit den Netto-HK wie folgt aktiviert:

Raumeinheit	HK netto = AfA-BMG	AfA-Satz
1. eigenes Büro	700.000 €	3 %
2. eigene Wohnzwecke	300.000 €	2 %

Die Vorsteuer wurde richtig verbucht.

Zur Finanzierung des Gebäudes vereinbarten die Eheleute mit ihrer Hausbank ein Endfälligkeitsdarlehen i.H.v. 1.000.000 € mit folgenden Konditionen:

Laufzeit und Zinsbindung: 10 Jahre; Tilgung am 31.12.16; Zinssatz: 4 %; Zinszahlung: Monatlich; Disagio: 3 %.

Im Dezember 10 erhielten die Eheleute Mörtel von der zuständigen Umweltbehörde einen Bescheid. Darin werden sie nach dem Bundes-Bodenschutzgesetz unter Androhung eines Bußgeldes verpflichtet, bis spätestens 31.12.15 Altlasten (Kontaminierung mit Altöl) auf dem unbebauten Teil des Grundstücks zu beseitigen. Lt. einem vorliegenden Angebot vom Dezember 10 belaufen sich die Kosten der vollständigen Beseitigung der Altlasten auf 30.000 € netto. Zu diesem Zeitpunkt muss mit einer Preissteigerung von jährlich 5 % bis zum 31.12.15 gerechnet werden. Tatsächlich beträgt die Preissteigerung gegenüber dem jeweiligen Vorjahr in 11 und 12 jeweils 2 %. Die Eheleute Mörtel gehen wegen finanzieller Engpässe von einer Sanierung erst Anfang Januar des Jahres 15 aus. M erwägt eine Teilwertabschreibung zum 31.12.10 i.H.v. 30.000 €, auf die er aber verzichtet, da er sich über die steuerliche Beurteilung nicht ganz sicher ist.

Folgende Buchungen wurden für den oben dargestellten Sachverhalt vorgenommen:

Bei Anschaffung des Grundstücks 06:

Grund und Boden	100.000 €	an	So. VB (A)	100.000 €

Bei Zahlung des Kaufpreises am 30.12.10:

So. VB (A)	100.000 €	an	Bank	100.000 €

Bei Fertigstellung und Finanzierung des Gebäudes im Januar 07:

Bank	970.000 €	an	Darlehen	1.000.000 €
Disagioaufwand	30.000 €			

So. VB (A)	100.000 €	an	Bank	100.000 €

Gebäude RE 1	700.000 €	an	Bank	1.190.000 €
Gebäude RE 2	300.000 €			
Vorsteuer	190.000 €			

Zinszahlungen jeweils am Ende des Monats (Januar bis Dezember 07–12):
Jahreswerte 07–12 (zusammengefasst) jeweils:

Zinsaufwand Darlehen	40.000 €	an	Bank	40.000 €

Abschlussbuchungen 07–12 jeweils:

AfA RE 1	21.000 €	an	Gebäude RE 1	21.000 €
AfA RE 2	6.000 €	an	Gebäude RE 2	6.000 €

Buchungen im Zusammenhang mit dem Bescheid der Umweltbehörde wurden nicht vorgenommen.

Aufgaben:

1. Nehmen Sie zu dem Sachverhalt aus bilanzsteuerrechtlicher Sicht Stellung.
2. Stellen Sie sämtliche sich ergebenden Kontenänderungen für die **Jahre 10–12** nach folgendem Schema dar:

Position	FA	Stpfl.	Änderung
(Bilanzstichtag bzw. Zeitraum)	(Betrag laut FA)	(Betrag laut Stpfl.)	(mit Vorzeichen)

3. Ermitteln Sie die erforderlichen Gewinnkorrekturen durch Mehr- und Weniger-Rechnung nach der **BV- und der G + V-Methode für die Jahre 10–12.** Verwenden Sie hierfür das folgende Schema:

BV-Methode	10		11		12	
	+	./.	+	./.	+	./.

G + V-Methode	10		11		12	
	+	./.	+	./.	+	./.

Hinweise!

1. Maßgebend für alle Jahre ist die **Rechtslage 2019**.
2. Formelle Voraussetzungen sind erfüllt, ggf. notwendige Anträge gelten als gestellt, Bilanzänderungen nach § 4 Abs. 2 S. 2 EStG sind zulässig.
3. Im Zweifel wünscht der Steuerpflichtige einen **möglichst niedrigen Gewinn**.
4. Auf § 15a UStG und die Verbuchung der **Vorsteuer** ist **nicht** einzugehen.
5. Rechenoperationen sind **nachvollziehbar** darzustellen.
6. Alle Beträge können gerundet werden.

B.   Lösungen

I.   Gebäude

Die unterschiedlich genutzten RE 1 (70 % betriebliche Nutzung) und RE 2 (30 % private Nutzung) sind gem. R 4.2 Abs. 3 S. 3 Nr. 5 i.V.m. Abs. 4 EStR als selbständige WG I und IV zu behandeln. Die HK sind grundsätzlich nach R 4.2 Abs. 6 EStR im Verhältnis der Nutzflächen (70 : 30) auf die verschiedenen WG aufzuteilen.

Die steuerrechtliche Behandlung des Ehegattengrundstücks richtet sich nach den Eigentumsverhältnissen und danach, wer die HK trägt.

Wird „aus einem Topf" gezahlt, wird unterstellt, dass die Ehegatten die HK im Verhältnis der Miteigentumsanteile getragen haben (BFH vom 23.08.1999, GrS 2/97, BStBl II 1999, 782 unter C. I. 1.).

M hat seinen Finanzierungsbeitrag vorrangig auf seinen Miteigentumsanteil (50 %) geleistet. Er erhält die anteilige AfA, soweit die Aufwendungen auf seinen Miteigentumsanteil erbracht wurden.

Soweit M Eigentümer der RE 1 (Baustoffhandel) ist (50 % von 70 % = 35 %), muss sie als notwendiges BV (WG I) gem. R 4.2 Abs. 4 und 7 EStR aktiviert werden. Das WG I gehört zum unbeweglichen, abnutzbaren AV (R 6.1 Abs. 1 S. 1 und 5 EStR) und ist gem. § 6 Abs. 1 Nr. 1 S. 1 EStG mit den anteiligen HK (§ 255 Abs. 2 HGB) i.H.v. 350.000 € (35 % von 1.000.000 €) abzüglich der AfA nach § 7 Abs. 4 Nr. 1 EStG i.H.v. 10.500 €/Jahr (350.000 € × 3 %) zu bewerten. Die nach § 15 UStG abzugsfähige anteilige Vorsteuer gehört nach § 9b Abs. 1 EStG nicht zu den HK.

Soweit M kein Eigentümer ist (Anteil Ehefrau G = 35 %), sind die HK für das Gebäude, soweit die eigenen HK reichen (= 50 %), als Aufwandsverteilungsposten i.H.v. 150.000 € (15 % von 1.000.000 €) zu aktivieren und nach Gebäudegrundsätzen für PV gem. § 7 Abs. 4 S. 1 Nr. 2a EStG (grundsätzlich 2 %, 50 Jahre ND) abzuschreiben (BMF vom 16.12.2016, BStBl I 2016, 1431 und BFH vom 09.03.2016, X R 46/14, BStBl II 2016, 976). Der Aufwandsverteilungsposten ist daher mit 3.000 €/Jahr (150.000 € × 2 %) aufzulösen.

Im Ergebnis werden die eigenen betrieblichen Aufwendungen i.H.v. 50 % der HK abgeschrieben (BFH vom 23.08.1999, GrS 5/97, BStBl II 1999, 774). Die restlichen 20 % (= 200.000 €) wurden von G getragen und stellen echten Drittaufwand dar, der bei M nicht berücksichtigt werden kann.

Für die fehlerhaften Bilanzansätze Gebäude und Aufwandsverteilungsposten ist die Bilanzberichtigung i.S.d. § 4 Abs. 2. S. 1 EStG für die Fehlerjahre 07 bis 12 zu prüfen.

Da der Fehler über die AfA/Auflösung AVP eine steuerliche Auswirkung hat und die Fehlerjahre 07 bis 09 nach der AO nicht mehr änderbar sind, erfolgt grundsätzlich eine erfolgswirksame Bilanzberichtigung im ersten offenen Jahr 10 (R 4.4 Abs. 1 S. 9 EStR).

Gem. H 4.4 „Zu Unrecht bilanziertes WG des PV" EStH erfolgt aber eine gewinnneutrale Ausbuchung des BW im ersten noch änderbaren Jahr 10. Die AfA wird ab 10 mit den zutreffenden HK i.H.v. 350.000 € bzw. 150.000 € und dem richtigen AfA-Satz von 3 % bzw. 2 % berechnet und beträgt 10.500 € bzw. 3.000 €/Jahr; vgl. H 7.4 „Unterlassene oder überhöhte AfA" EStH. Die zu Unrecht gewährte AfA 07 bis 09 kann nicht rückgängig gemacht werden, da die Einkommensteuerbescheide 07 bis 09 nicht mehr änderbar sind.

Schattenrechnung:

Gebäude WG I (35 %)	FA
Zugang Januar 07	350.000 €
AfA 07 bis 09 je 10.500 €	31.500 €
31.12.09	**318.500 €**

Gebäude WG I (35 %)	FA	Stpfl.	Änderung	Gewinn
Zugang Jan. 07 (inkl. AVP)	700.000 €	700.000 €		
AfA 07–09 je 21.000 €	63.000	63.000 €	0 €	Da eine Änderung nicht möglich ist
31.12.09	**637.000 €**	**637.000 €**	**0 €**	
Bucht. PE 10	318.500 €	0 €	+ 318.500 €	+ 318.500 €
Zwischenwert 10	318.500 €	637.000 €		
AfA 10	10.500 € (ohne AVP)	21.000 €	./. 10.500 €	+ 10.500 €
31.12.10	**308.000 €**	**616.000 €**	**./. 308.000 €**	**./. 308.000 €**
AfA 11	10.500 €	21.000 €	./. 10.500 €	+ 10.500 €
31.12.11	**297.500 €**	**595.000 €**	**./. 297.500 €**	**./. 297.500 €**
AfA 12	10.500 €	21.000 €	./. 10.500 €	+ 10.500 €
31.12.12	**287.000 €**	**574.000 €**	**./. 287.000 €**	**./. 287.000 €**

Schattenrechnung:

AVP (15 %)	FA
Zugang Januar 07	150.000 €
AfA 07 bis 09 je 3.000 €	9.000 €
31.12.09	**141.000 €**

AVP (15 %)	FA	Stpfl.	Änderung	Gewinn
31.12.09	**0 €**	**0 €**	**0 €**	
Bucht. Einlage 10	141.000 €	0 €	+ 141.000 €	./. 141.000 €
Zwischenwert 10	141.000 €	0 €		
Auflösung 10	3.000 €	0 €	+ 3.000 €	./. 3.000 €
31.12.10	**138.000 €**	**0 €**	**+ 138.000 €**	**+ 138.000 €**
Auflösung 11	3.000 €	0 €	+ 3.000 €	./. 3.000 €
31.12.11	**135.000 €**	**0 €**	**+ 135.000 €**	**+ 135.000 €**
Auflösung 12	3.000 €	0 €	+ 3.000 €	./. 3.000 €
31.12.12	**132.000 €**	**0 €**	**+ 132.000 €**	**+ 132.000 €**

Die zu eigenen Wohnzwecken genutzte RE 2 (WG IV) darf als notwendiges Privatvermögen nicht aktiviert werden. Sie ist erfolgsneutral auszubuchen (s.o.). Die für 07 bis 09 zu Unrecht gewährte AfA bleibt M erhalten, da die Einkommensteuerbescheide 07 bis 09 nicht mehr geändert werden können. Die AfA für 10 bis 12 ist entsprechend zu kürzen.

Gebäude WG IV	FA	Stpfl.	Änderung	Gewinn
Zugang Jan. 07	300.000 €	300.000 €		
AfA 07–09 je 6.000 €	18.000 €	18.000 €	0 €	Da eine Änderung nicht möglich ist
31.12.09	**282.000 €**	**282.000 €**		
Bucht. PE 10	282.000 €	0 €	+ 282.000 €	+ 282.000 €
AfA 10	0 €	6.000 €	./. 6.000 €	+ 6.000 €
31.12.10	**0 €**	**276.000 €**	**./. 276.000 €**	**./. 276.000 €**
AfA 11	0 €	6.000 €	./. 6.000 €	+ 6.000 €
31.12.11	**0 €**	**270.000 €**	**./. 270.000 €**	**./. 270.000 €**
AfA 12	0 €	6.000 €	./. 6.000 €	+ 6.000 €
31.12.12	**0 €**	**264.000 €**	**./. 264.000 €**	**./. 264.000 €**

II. Grund und Boden und Verbindlichkeit gegenüber A

Der Grund und Boden ist den WG I und IV im Verhältnis der Nutzflächen der RE 1 und 2 zuzuordnen (R 4.2 Abs. 6 EStR) und darf insgesamt nur insoweit bilanziert werden, als M Eigentümer ist. Eine Aktivierung i.H.v. 15 % (AVP) wie beim Gebäude für den Anteil der G darf beim Grund und Boden nicht erfolgen.

Der dem **WG I** zuzuordnende Grund und Boden ist notwendiges BV (R 4.2 Abs. 7 S. 2 EStR), gehört zum unbeweglichen, nicht abnutzbaren AV (R 6.1 Abs. 1 S. 1 und 6 EStR) und ist gem. § 6 Abs. 1 Nr. 2 S. 1 EStG mit 35 % (100 × 70 % × ½) der AK (§ 255 Abs. 1 HGB) zu bewerten. Diese sind wegen der zinslosen Stundung des Kaufpreises nur in Höhe der abgezinsten Verbindlichkeit gegenüber dem A i.H.v. 26.775 € anzusetzen (s.u.).

Der dem **WG IV** zugehörige Grund und Boden darf als notwendiges PV nicht aktiviert werden. Dieser Bilanzierungsfehler besteht vom 31.12.06 bis zum 31.12.12. Die Bilanzberichtigung gem. § 4 Abs. 2 S. 1 EStG an der Fehlerquelle (Steuerbilanz 31.12.06) ist trotz der Bestandskraft des Jahres 06 möglich, da der Fehler keine steuerliche Auswirkung hat. Der auf G bzw. das WG IV entfallende anteilige Grund und Boden ist erfolgsneutral auszubuchen (H 4.4 „Zu Unrecht …" EStH). Aus Vereinfachungsgründen geschieht dies im ersten offenen Jahr 10 („scheinbare Durchbrechung des Bilanzenzusammenhangs 01.01.10" oder „Quasi-Entnahme 10").

Die **Verbindlichkeit** gegenüber A teilt gem. R 4.2 Abs. 15 EStR das Schicksal des finanzierten WG Grund und Boden („Koppelungseffekt"). Sie ist entsprechend der Eigentums- und Nutzungsanteile aufzuteilen und dem BV bzw. PV zuzuordnen. Sie ist daher nur zu 35 % (100 × 70 % × ½) als BV zu passivieren. Die Bewertung erfolgt nach § 6 Abs. 1 Nr. 3 i.V.m. Nr. 2 EStG grundsätzlich mit den AK = Nennwert. Es ist jedoch eine Abzinsung nach § 6 Abs. 1 Nr. 3 S. 1 EStG vorzunehmen, da die Regelung des S. 2 wegen einer Laufzeit von mehr als 12 Monaten und fehlender Verzinslichkeit nicht greift. Die Abzinsung wird nach der Vereinfachungsregelung im BMF-Schreiben vom 26.05.2005 (BStBl I 2005, 699, Beck Steuererlasse 1 – § 6/19, Rz. 2-8, Tabelle 2) vorgenommen:

Verbindlichkeit gegenüber A	100.000 € × 35 % = 35.000 €		BW	Aufwand
01.01.06: 5 Jahre	x 0,765		26.775 €	
31.12.06: 4 Jahre	x 0,807		28.245 €	1.470 €
31.12.07: 3 Jahre	x 0,852		29.820 €	1.575 €
31.12.08: 2 Jahre	x 0,898		31.430 €	1.610 €
31.12.09: Weniger als 1 Jahr	x 1,0		35.000 €	3.570 €
Verbindlichkeit 31.12.10	**Tilgung zum 30.12.10**		**0 €**	**0 €**

Dieser fehlerhafte Bilanzansatz „Verbindlichkeit A" besteht vom 31.12.06 bis 31.12.09 (nicht 10, da die Verbindlichkeit zum 30.12.10 ausgebucht wurde). Eine Bilanzberichtigung an der Fehlerquelle ist nicht möglich, da der Fehler über den Aufwand eine steuerliche Auswirkung hat und die Bescheide 06 bis 09 nicht mehr änderbar sind. Daher ist grundsätzlich nach R 4.4 Abs. 1 S. 9 EStR eine erfolgswirksame Bilanzberichtigung in der ersten offenen Schlussbilanz (hier: 31.12.10) vorzunehmen. Nach H 4.4 „Zu Unrecht bilanziertes WG des PV" EStH erfolgt jedoch eine gewinnneutrale Ausbuchung des BW im ersten noch änderbaren Jahr, soweit hier eine Bilanzierung von PV stattgefunden hat (der Aufwand der Jahre 06 bis 09 geht dem Steuerpflichtigen verloren). Da die Verbindlichkeit von M bereits zum 30.12.10 ausgebucht wurde, ist eine Bilanzberichtigung zum 31.12.10 nicht mehr erforderlich.

GruBo WG I (35 %)	FA	Stpfl.	Änderung	Gewinn
Zugang 06	100.000 €	100.000 €		
31.12.06 bis 09	100.000 €	100.000 €		
Bucht. PE 10	73.225 €	0 €	+ 73.225 €	+ 73.225 €
31.12.10–31.12.12	**26.775 €**	**100.000 €**	**./. 73.225 €**	**./. 73.225 €**

Die Tilgung der Verbindlichkeit gegenüber A am 30.12.10 ist zu 65 % privat veranlasst und daher als Privatentnahme nach § 4 Abs. 1 S. 2 EStG zu behandeln. Da die Verbindlichkeit gegenüber A im Jahr 10 in gleicher Höhe über eine buchtechnische Einlage zu mindern ist, ergibt sich keine Gewinnauswirkung. Auf weitere Berechnungen wird daher verzichtet.

III. Darlehen, Disagio und Schuldzinsen

1. Darlehen

Das Darlehen teilt gem. R 4.2 Abs. 15 EStR das Schicksal der finanzierten WG I und IV des Gebäudes („Koppelungseffekt") und ist daher entsprechend der Eigentums- und Nutzungsanteile aufzuteilen und dem BV bzw. PV zuzuordnen. Das Darlehen für WG I ist wie das Gebäude inkl. AVP zu 50 % als BV zu bilanzieren. Die Bewertung erfolgt nach § 6 Abs. 1 Nr. 3 i.V.m. Nr. 2 EStG mit den AK = Nennwert = 500.000 €.

Die restlichen 50 % (WG I Anteil G und WG IV im PV) dürfen nicht passiviert werden. Dieser fehlerhafte Bilanzansatz besteht vom 31.12.07 bis 31.12.12. Eine Bilanzberichtigung an der Fehlerquelle ist möglich, da der Fehler keine steuerliche Auswirkung hat. Aus Vereinfachungsgründen erfolgt die Korrektur im ersten offenen Jahr 10 über eine buchtechnische Einlage oder Durchbrechung des Bilanzenzusammenhangs zum 01.01.10 (Korrektur in einem späteren Jahr ist auch zulässig, da ohne steuerliche Auswirkung).

Darlehen WG I (50 %)	FA	Stpfl.	Änderung	Gewinn
31.12.07–09	1.000.000 €	1.000.000 €		
Buchtechnische Einlage 10	500.000 €	0 €	+ 500.000 €	./. 500.000 €
31.12.10–31.12.12	**500.000 €**	**1.000.000 €**	**./. 500.000 €**	**+ 500.000 €**

2. Disagio

Das Disagio stellt ein Entgelt für die (andauernde) Überlassung des Geldes (Gewährung des Darlehens) dar und ist daher i.H.d. betrieblichen Veranlassung (hier: 50 %) als Aufwand zu behandeln. Da die Laufzeit des Darlehens über einen Bilanzstichtag hinausreicht, liegt in der „Zahlung" eine Ausgabe vor, die Aufwand auch für eine (bestimmte) Zeit nach dem Abschlussstichtag darstellt. Somit ist nach § 5 Abs. 5 Satz 1 Nr. 1 EStG ein aktiver Rechnungsabgrenzungsposten (ARAP) zu bilden und der Aufwand auf die Laufzeit des hier vorliegenden Endfälligkeitsdarlehens linear zu verteilen (vgl. H 6.10 EStH, unter „Damnum").

Dieser fehlerhafte Bilanzansatz „ARAP Disagio" besteht vom 31.12.07 bis 31.12.12. Eine Bilanzberichtigung an der Fehlerquelle ist nicht möglich, da der Fehler über den Aufwand eine steuerliche Auswirkung hat und die Bescheide 07 bis 09 nicht mehr änderbar sind. Daher ist nach R 4.4 Abs. 1 S. 9 EStR eine erfolgswirksame Bilanzberichtigung in der ersten offenen Schlussbilanz (hier: 31.12.10) vorzunehmen. Anzusetzen ist der Wert, den der ARAP bei von vorneherein zutreffender Bilanzierung in dieser Bilanz noch hätte (Schattenrechnung), vgl. H 4.4 „Unterlassene Bilanzierung" EStH. Da das Disagio nur zu 50 % über den ARAP zu aktivieren ist, erfolgt auch die erfolgswirksame Bilanzberichtigung (Ertragsbuchung) nur zu 50 %. Die restlichen im Januar 07 als Aufwand gebuchten 50 % (15.000 € für WG I Anteil G und WG IV im PV) und die auf die Jahre 07 bis 09 entfallenden Aufwendungen (1.500 € × 3 = 4.500 €) können nicht mehr rückgängig gemacht werden, da die Einkommensteuerbescheide 07 bis 09 nicht mehr änderbar sind.

Schattenrechnung:

ARAP Disagio (50 %)	FA
Zugang Januar 07	15.000 €
Aufwand 07 bis 09 je 1.500 €	4.500 €
31.12.09	**10.500 €**

ARAP Disagio (50 %)	FA	Stpfl.	Änderung	Gewinn
31.12.09	0 €	0 €		
Zugang = Ertrag 10	10.500 €	0 €	+ 10.500 €	+ 10.500 €
Disagio-Aufwand 10	1.500 €	0 €	+ 1.500 €	./. 1.500 €
31.12.10	**9.000 €**	**0 €**	**+ 9.000 €**	**+ 9.000 €**
Aufwand 11	1.500 €	0 €	+ 1.500 €	./. 1.500 €
31.12.11	**7.500 €**	**0 €**	**+ 7.500 €**	**+ 7.500 €**
Aufwand 12	1.500 €	0 €	+ 1.500 €	./. 1.500 €
31.12.12	**6.000 €**	**0 €**	**+ 6.000 €**	**+ 6.000 €**

3. Schuldzinsen

Auch die Schuldzinsen sind nur zu 50 % als betrieblicher Aufwand zu behandeln. Daher stellt die Zahlung der restlichen 50 % über das betriebliche Bankkonto eine Privatentnahme nach § 4 Abs. 1 S. 2 EStG dar. Der zu Unrecht gebuchte Aufwand der Jahre 07 bis 09 kann nicht korrigiert werden, da die Bescheide nicht mehr änderbar sind.

Zinsen (50 %)	FA	Stpfl.	Änderung	Gewinn
10 bis 12 je	20.000 €	40.000 €	./. 20.000 €	+ 20.000 €

Entnahme Zinsen	FA	Stpfl.	Änderung	Gewinn
10 bis 12 je	20.000 €	0 €	+ 20.000 €	+ 20.000 €

IV. Altlasten Grund und Boden

Eine TW-Abschreibung nach § 6 Abs. 1 Nr. 2 S. 2 EStG im Zusammenhang mit schadstoffbelasteten Grundstücken ist nur bei einer dauernden Wertminderung möglich. Hiervon kann im vorliegenden Fall nicht ausgegangen werden, da eine Verpflichtung zur vollständigen Sanierung bzw. Beseitigung der Altlasten lt. Bescheid besteht und möglich ist und es daher nach Sanierung zu einer Wertaufholung käme. Weitere Anhaltspunkte für eine TW-Minderung nach Sanierung sind aus dem Sachverhalt nicht erkennbar (vgl. BMF-Schreiben vom 11.05.2010, BStBl I 2010, 495).

Jedoch ist gem. § 249 Abs. 1 S. 1 HGB i.V.m. § 5 Abs. 1 S. 1 EStG (Maßgeblichkeit) eine Rückstellung für ungewisse Verbindlichkeiten zum 31.12.10 bis 31.12.12 zu bilden, da es sich um eine öffentlich-rechtliche Verpflichtung handelt (hier: Bescheid der Umweltbehörde), die Verpflichtung vor dem 31.12.10 verursacht und mit einer Inanspruchnahme ernsthaft zu rechnen ist (R 5.7 Abs. 2–6 EStR).

Zu bewerten ist die Rückstellung zunächst wie eine Verbindlichkeit nach § 6 Abs. 1 Nr. 3 i.V.m. § 6 Abs. 1 Nr. 3a EStG.

Nach § 6 Abs. 1 Nr. 3a Buchst. f EStG sind nur die Preisverhältnisse zu den Bilanzstichtagen maßgebend; nicht die voraussichtlich im Sanierungszeitpunkt notwendigen Kosten (H 6.11 „Preisänderungen" EStH). Für 11 und 12 ist lt. SV daher von einer Preissteigerung von je 2 % auszugehen.

Da es sich um eine sog. Sachleistungsverpflichtung handelt (da nicht eine Geldleistung, sondern eine andere Leistung zu erbringen ist) ist Buchst. b anzuwenden. Insoweit ist es unerheblich, dass für die Sanierung ein anderer Unternehmer eingeschaltet wird. Bei der Bewertung der Rückstellung dürfen daher nur die Einzelkosten und die angemessen Teile der notwendigen Gemeinkosten berücksichtigt werden (lt. Sachverhalt keine Details).

Als erst in Zukunft zu erfüllende Verpflichtung ist die Rückstellung gem. § 6 Abs. 1 Nr. 3a Buchst. e EStG zum jeweiligen Bilanzstichtag abzuzinsen. Für die Sachleistungsverpflichtung ist § 6 Abs. 1 Nr. 3a Buchst. e Satz 2 EStG zu berücksichtigen (Abzinsung nur bis Beginn der Erfüllung). Zum 31.12.10 beträgt dieser Zeitraum vier, zum 31.12.11 drei und zum 31.12.12 zwei Jahre, da mit der Sanierung Anfang Januar 15 begonnen werden soll. Der Abzinsungsfaktor ergibt sich aus Tabelle 2 zum BMF-Schreiben vom 26.05.2005 (BStBl I 2005, 699; Beck Steuererlasse 1 – § 6 / 19).

Da nur 35 % des Grund und Bodens zum Betriebsvermögen gehören (WG I), sind die Kosten auch nur zu 35 % betrieblich veranlasst:

31.12.10: 30.000 € × 35 % =	10.500 € ×	0,807 =	8.474 €
31.12.11: 30.600 € × 35 % =	10.710 € ×	0,852 =	9.125 €
31.12.12: 31.212 € × 35 % =	10.924 € ×	0,898 =	9.810 €

Rückstellung	FA	Stpfl.	Änderung	Gewinn
Zugang = Aufwand 10	8.474	0	+ 8.474	./. 8.474
31.12.10	**8.474**	**0**	**+ 8.474**	**./. 8.474**
Zugang = Aufwand 11	651 €	0 €	+ 651 €	./. 651 €
31.12.11	**9.125 €**	**0 €**	**+ 9.125 €**	**./. 9.125 €**
Zugang = Aufwand 12	685 €	0 €	+ 685 €	./. 685 €
31.12.12	**9.810 €**	**0 €**	**+ 9.810 €**	**./. 9.810 €**

Richtige Buchungssätze
(ohne Auspunktung; nur zur Information und zum besseren Verständnis):
Bei Anschaffung des Grundstücks 06:

Grund und Boden	26.775 €	an	So. VB (A)	26.775 €

Sonstige Verbindlichkeit – Abschlussbuchungen zum 31.12.06 bis 31.12.09:

Aufwand 05	1.470 €	an	So. VB (A)	1.470 €
Aufwand 06	1.575 €			1.575 €
Aufwand 07	1.610 €			1.610 €
Aufwand 08	3.570 €			3.570 €

Bei Zahlung des Kaufpreises am 30.12.10:

So. VB (A)	35.000 €	an	Bank	100.000 €
PE	65.000 €			

Bei Fertigstellung und Zahlung des Gebäudes im Januar 07:

Gebäude WG I (35 %)	350.000 €	an	Bank	1.190.000 €
AVP (15 %)	150.000 €			
PE (WG I G + IV)	500.000 €			
VSt	190.000 €			

Bei Auszahlung des Darlehens im Januar 07:

Bank	970.000 €	an	Darlehen	500.000 €
Disagioaufwand (50 %)	1.500 €		Privateinlage	500.000 €
ARAP (50 %)	13.500 €			
PE (50 % WG I + IV)	15.000 €			

Auflösung des ARAP Disagio zum 31.12.10 bis 31.12.12 jeweils:

ARAP Aufwand	1.500 €	an	ARAP Disagio	1.500 €

Bei Zinszahlung 07 bis 12 jeweils:

Zinsaufwand (50 %)	20.000 €	an	Bank		40.000 €
PE (50 %)	20.000 €				

Rückstellung 31.12.10 bis 31.12.12:

Aufwand 10	8.474 €	an	Rückstellung	8.474 €
Aufwand 11	651 €	an	Rückstellung	651 €
Aufwand 12	685 €	an	Rückstellung	685 €

Anlage 1

BV-Methode	10		11		12	
	+	./.	+	./.	+	./.
WG I buchtechnische Entnahme	318.500 €					
WG I		308.000 €	308.000 €	297.500 €	297.500 €	287.000 €
AVP buchtechnische Einlage		141.000 €				
AVP	138.000 €		135.000 €	138.000 €	132.000 €	135.000 €
WG IV buchtechnische Entnahme	282.000 €					
WG IV		276.000 €	276.000 €	270.000 €	270.000 €	264.000 €
GruBo WG I buchtechnische Entnahme	73.225 €					
GruBo WG I		73.225 €	73.225 €	73.225 €	73.225 €	73.225 €
Darlehen WG I buchtechnische Einlage		500.000 €				
Darlehen WG I	500.000 €		500.000 €	500.000 €	500.000 €	500.000 €
ARAP Disagio	9.000 €		7.500 €	9.000 €	6.000 €	7.500 €
Entnahme Zinsen	20.000 €		20.000 €		20.000 €	
Rückstellung		8.474 €	8.474 €	9.125 €	9.125 €	9.810 €
Summen	**1.340.725 €**	**1.306.699 €**	**1.328.199 €**	**1.296.850 €**	**1.307.850 €**	**1.276.535 €**
Saldo	**34.026 €**		**31.349 €**		**31.315 €**	

Anlage 2

G + V-Methode	10		11		12	
	+	./.	+	./.	+	./.
WG I AfA	10.500 €		10.500 €		10.500 €	
Auflösung AVP		3.000 €		3.000 €		3.000 €
WG IV AfA	6.000 €		6.000 €		6.000 €	
ARAP Disagio	10.500 €	1.500 €		1.500 €		1.500 €
Zinsaufwand	20.000 €		20.000 €		20.000 €	
Aufwand Rückstellung		8.474 €		651 €		685 €
Summen	47.000 €	12.974 €	36.500 €	5.151 €	36.500 €	5.185 €
Saldo	34.026 €		31.349 €		31.315 €	

Punktetabelle zur Laufbahnprüfung aus dem Gebiet Bilanzsteuerrecht und Betriebliches Rechnungswesen

	Punkte
I. Gebäude	
R 4.2 Abs. 3: Grundsatz der Teilbarkeit	1
R 4.2 Abs. 4: WG I und IV	2
R 4.2 Abs. 6: Aufteilung HK nach Nutzfläche (Aufteilung im SV vorgegeben)	3
Bilanzierung bei M, soweit Eigentum + HK getragen	4
Weitere Begründung	5
R 4.2 Abs. 7: Anteil 35 % M = Eigentümer – WG I = notw. BV	6
Anteil 15 % M (kein Eigentümer) – Aktivierung AVP	7
AfA nach Gebäudegrundsätzen	8
Anteil 20 % = echter Drittaufwand G (alt.: kein Aufwand bei M)	9
R 6.1 Abs. 1: WG I = unbewegliches, abnutzbares AV	10
§ 6 Abs. 1 Nr. 1: Bewertung mit HK abzgl. AfA	11
§ 255 Abs. 2 HGB: HK = 500.000, davon 350.000 € WG I und 150.000 € AVP	12
§ 7 Abs. 4 Nr. 1: AfA 3 % + Begründung (mind. 2 TBM)	13
§ 7 Abs. 4 Nr. 2a: Auflösung AVP 2 % = 3.000 €/Jahr	14
§ 4 Abs. 2 S. 1: Bilanzberichtigung Gebäude Fehlerjahre 07–12 prüfen	15
Keine Bilanzberichtigung an Fehlerquelle 07	16
Da steuerliche Auswirkung und keine Korrekturmöglichkeit nach AO	17
R 4.4 Abs. 1 S. 9: Grundsätzlich erfolgswirksame Bil.beri im ersten offenen Jahr 10	18
Hier: erfolgsneutrale Ausbuchung + verbale Begründung (alt.: H 4.4 „Zu Unrecht …")	19
WG IV = notw. PV + erfolgsneutrale Ausbuchung + Begründung	20
Falsche AfA für WG I und IV für 07 bis 09 kann nicht korrigiert werden	21
Gebäude WG I Schattenrechnung: Wert 31.12.09 = 318.500 €	22

	Punkte
Konto buchtechnische Entnahme 10 WG I = 318.500 €	23
Konto Gebäude + AfA WG I 10 bis 12	24
Konto buchtechnische Entnahme 10 WG IV = 282.000 €	25
Konto Gebäude + AfA WG IV 10 bis 12	26
AVP Schattenrechnung: Wert 31.12.09 = 136.500 €	27
Kto. AVP buchtechnische Einlage 10 = 141.000 €	28
Kto. AVP und Auflösung AVP 10 bis 12	29
II. Grund und Boden und Verbindlichkeit gegenüber A	
R 4.2 Abs. 7 S. 2: GruBo zu WG I = notwendiges BV	30
Soweit M Eigentümer ist = 35 %	31
§ 6 Abs. 1 Nr. 2 + § 255 Abs. 1 HGB: Bewertung mit den AK	32
Abzinsung AK, da Kaufpreis zinslos gestundet	33
GruBo zu WG IV = notwendiges PV	34
Bilanzberichtigung GruBo an Fehlerquelle 06 möglich, da Fehler ohne steuerliche Auswirkung	35
Vereinfachung: Buchtechnische Entnahme 10 oder scheinbare Durchbrechung des ...	36
65 % erfolgsneutrale Ausbuchung des GruBo + Begründung (H 4.4 „Zu Unrecht …")	37
Verbindlichkeit ggü. A ist zu 35 % BV (wie GruBo)	38
R 4.2 Abs. 15: „Koppelungseffekt" oder verbale Begründung	39
§ 6 Abs. 1 Nr. 3: Abzinsung + Begründung	40
Bilanzberichtigung VB ggü. A für Fehlerjahre 06 bis 09 prüfen	41
Keine Bilanzberichtigung, da steuerliche Auswirkung und Bescheide 06 bis 09 nicht änderbar	42
Keine Bilanzberichtigung. 31.12.10, da VB ggü. A bereits zum 30.12.10 ausgebucht	43
Aufwand aus Abzinsung 06 bis 09 geht M verloren	44
Konto buchtechnische Entnahme 10 GruBo WG I = 73.225 €	45
Konto GruBo WG I	46
Tilgung VB gegenüber A ist zu 65 % Privatentnahme	47
III. Darlehen, Disagio, Schuldzinsen	
Darlehen = 50 % BV + Begründung (R 4.2 Abs. 15 – Koppelungseffekt)	48
§ 6 Abs. 1 Nr. 3: Bewertung mit 500.000 €	49
Bilanzberichtigung an Fehlerquelle 07 möglich, da keine steuerliche Auswirkung	50
Vereinfachung: Buchtechnische Einlage 10 oder scheinbare Durchbrechung des ...	51
Konto Darlehen WG I	52
Konto buchtechnische Einlage (oder scheinbare Durchbrechung)	53
Disagio = 50 % Aufwand	54
§ 5 Abs. 5 S. 1 Nr. 1: ARAP Disagio	55
Begründung: Zahlung vor für Aufwand nach Bilanzstichtag	56
Lineare Verteilung	57

	Punkte
Da Endfälligkeitsdarlehen (alt.: H 6.10 „Damnum")	58
Keine Bilanzberichtigung an Fehlerquelle 07, da steuerliche Auswirkung + keine Korrekturvorschrift	59
R 4.4 Abs. 1 S. 9: Erfolgswirksame Bilanzberichtigung zum 31.12.10	60
Konto ARAP Disagio 31.12.09 = 10.500 € (Schattenrechnung)	61
Konto ARAP Disagio Ertrag 10 = 10.500 €	62
Konto ARAP Disagio 31.12.10 bis 12 + Aufwand 10 bis 12	63
Schuldzinsen zu 50 % betrieblicher Aufwand	64
§ 4 Abs. 1 S. 2: Schuldzinsen zu 50 % PE	65
Aufwand 07 bis 09 kann nicht korrigiert werden	66
Konto Schuldzinsen 10 bis 12	67
Konto PE 10 bis 12	68
IV. Altlasten Grund und Boden, Sanierungsverpflichtung	
§ 6 Abs. 1 Nr. 2 S. 2: Keine TW-Abschreibung	69
Da keine dauernde Wertminderung	70
Da vollständige Sanierung möglich und dadurch Wertaufholung in Folgejahren	71
§ 249 Abs. 1 HGB: Rückstellung für ungewisse Verbindlichkeit	72
§ 5 Abs. 1 S. 1: Maßgeblichkeit	73
Begründung: R 5.7 Abs. 2 oder verbal	74
Begründung: R 5.7 Abs. 2 oder verbal	75
Bewertung nach § 6 Abs. 1 Nr. 3a	76
Buchst. f: Wertverhältnisse zu den jeweiligen Bilanzstichtagen 31.12.10 bis 12	77
Für 11 und 12 Preissteigerung von 2 % beachten	78
Buchst. b: Sachleistungsverpflichtung	79
Buchst. e: Verzinsung, da mehr als 12 Monate	80
Buchst. e S. 2: Zeitraum bis zu Beginn der Erfüllung	81
Dauer vier, drei bzw. zwei Jahre, da Beginn Sanierung im Januar 15	82
Berechnung Abzinsungsfaktor: 0,807; 0,852; 0,898	83
Anteil 35 %	84
Begründung: Wie GruBo WG I	85
Berechnung Rückstellung für 31.12.10 bis 12	86
Konto Rückstellung 31.12.10 bis 12	87
Konto Aufwand Rückstellung 10 bis 12	88
BV-Methode: (Negativauspunktung)	
Fehler	89
Fehler	90
Fehler	91
Fehler	92
Fehler	93

	Punkte
Fehler	94
Fehler	95
G + V-Methode: (Negativauspunktung)	
Fehler	96
Fehler	97
Fehler	98
Fehler	99
Fehler	100

Notentabelle		
Korrekturpunkte	**Punkte nach § 6 Abs. 1 StBAPO**	**Note**
100–95	15	1
94–91	14	
90–86	13	2
85–82	12	
81–77	11	
76–73	10	3
72–68	9	
67–64	8	
63–59	7	4
58–55	6	
54–50	5	
49–40	4	5
39–30	3	
29–20	2	
19–10	1	6
9–0	0	

Fall 5

Übungsklausur aus dem Gebiet Abgabenrecht

Bearbeitungszeit: 5 Stunden
Hilfsmittel:
Beck'sche Bände

- Steuergesetze
- Steuerrichtlinien
- Steuererlasse

HGB, BGB, GmbHG
ZPO, InsO
StGB

A.   Sachverhalt

I. Teil

Der ledige Tony Moroni (T) ist als „Eventkoch" tätig und bezieht aus dieser Tätigkeit Einkünfte aus Gewerbebetrieb. Er lässt sich dabei durch Privatpersonen, Firmen oder Restaurants engagieren und präsentiert in einer Art Show unter Einbeziehung von Gästen und Zuschauern seine Kochkünste. T wird vom Finanzamt Kaiserslautern zur Einkommensteuer veranlagt. Seine Einkommensteuererklärung für 02, zu deren Abgabe er verpflichtet war, reichte T am 30. November 03 ein, das Finanzamt veranlagte ihn entsprechend und erließ am 24. Januar 04 einen Einkommensteuerbescheid ohne Nebenbestimmungen.

Im April 07 ging im Finanzamt eine T betreffende Kontrollmitteilung ein, wonach dieser beim Betriebsfest im Juli 02 der Firma Mobotnix (M) in Pirmasens ein Kochevent durchgeführt und hierfür ein Entgelt von 15.600 € erhalten hatte. Der zuständige Sachbearbeiter Albert Abendroth (A) im Veranlagungsbezirk kontaktierte T daraufhin telefonisch, woraufhin dieser einräumte, diese Einnahme bei seiner Steuererklärung 02 vergessen zu haben. Er bittet den A, die ihm für das Event entstandenen Ausgaben wie Wareneinkäufe, Lohn- und Fahrtkosten mit 11.540 € gegenzurechnen. A ist jedoch der Ansicht, dass T wegen seiner Versäumnisse die Ausgaben nicht mehr geltend machen kann und setzt nur die Einnahmen von 15.600 € an. Außerdem bemerkt A, dass der Erstbescheid vom 24.01.04 entgegen seiner eindeutigen Absicht keinen Vorbehalt der Nachprüfung hatte. Da es zum Jahresbeginn 04 im Finanzamt eine umfassende Änderung der bei der Veranlagung zu verwendenden Software gegeben hatte, war die Beifügung dem A nicht gelungen, weil er in der neuen Eingabemaske ein Kontrollhäkchen an der falschen Stelle gesetzt hatte. Prüfhinweise des Programms hatte er – wie ihm dies von einem Kollegen als grundsätzliches Vorgehen empfohlen worden war – auch diesmal „weggeklickt". Auf dem Aktendeckel waren die Worte „BP 02-04" in roter Schrift vermerkt, der Eingabe-Erfassungsbogen wies den handschriftlichen Vermerk „Veranlagung unter Vorbehalt der Nachprüfung" auf. Um das Versäumnis also zu beseitigen, versieht A daher den Änderungsbescheid, mit dem er die Einnahme bei M erfasst, mit einem Vorbehaltsvermerk. Die Bekanntgabe an T erfolgt am 15. Juni 07.

Der Bescheid wird nicht angefochten.

Mit Prüfungsanordnung vom 22. Dezember 07 wird bei T eine Betriebsprüfung für die Veranlagungszeiträume 02–04 angeordnet. Der Prüfer beginnt am 30. Januar 08 mit der Prüfung des Betriebes des T. Er entdeckt dabei, dass T Prämienzahlungen aus mehreren Kochwettbewerben in 02 nicht versteuert hat und stellt im Prüfungsbericht einen entsprechenden Mehrgewinn für das Jahr 02 von 15.000 € fest. Nach Erhalt des Prüfungsberichts entgegnet T wahrheitsgemäß, er habe dem Finanzamt nach dem Aufräumen seines Büros bereits im Sommer 04 seine Siegerurkunde mit Zeitungsartikel zugeschickt mit dem Vermerk, die Prämien in Höhe von insgesamt 15.000 € habe er in seiner Steuererklärung leider vergessen. Der Artikel befindet sich tatsächlich in der Akte des T, versehen mit einem Vermerk von Sachbearbeiter

A „Bei nächsten Änderung der ESt 02 berücksichtigen". Dies hatte A jedoch bei der Änderung im Juni 07 übersehen.

Der Betriebsprüfer nimmt die Zahlung trotzdem in den Bericht auf und auch Sachbearbeiter A veranlagt entsprechend, der geänderte Einkommensteuerbescheid ergeht am 11. Juni 08 (Aufgabe zur Post).

Aufgabe:

Prüfen Sie die Rechtmäßigkeit der Einkommensteuerbescheide vom 15. Juni 07 und vom 11. Juni 08. Gehen Sie dabei auf alle ernsthaft in Betracht kommenden Korrekturvorschriften ein.

> **Hinweis!** Gehen Sie davon aus, dass die durch den Prüfer ermittelten Prämien des T grundsätzlich einkommensteuerpflichtig sind. § 177 AO ist nicht zu berücksichtigen.

II. Teil

T schränkt in der Folgezeit seine gewerblichen Kochtätigkeiten immer mehr ein, setzte sich im Jahr 09 gänzlich zur Ruhe und meldet sein Gewerbe zum 01.03.09 ab. Da er in 08 die vermögende 85-jährige Witwe eines Großunternehmers kennenlernte, durch seine Kochkünste schnell für sich gewinnen konnte und jetzt mit ihr zusammenlebt, hat er nun keine Einkünfte aus Gewerbebetrieb mehr. Seit 09 hat er lediglich geringe Einkünfte aus Kapitalvermögen in Höhe von jährlich ca. 500 € aus einem Festgeldkonto, ansonsten lebt er vom Geld seiner reichen Freundin.

Er beantragt unter Darlegung seiner finanziellen Situation beim Finanzamt die Ausstellung einer Nichtveranlagungsbescheinigung zur Vorlage bei seiner Bank. Da der immer noch zuständige Sachbearbeiter A in der Zeitung von der Beziehung des T zu der reichen Witwe gelesen hat, glaubt er die Aussagen des T und stellt ihm die Bescheinigung am 10. November 09 für die Jahre 10-12 mit dem aufgrund Gesetz üblichen Inhalt und den erforderlichen Nebenbestimmungen aus. T reicht sie bei seiner Bank ein.

Im Dezember 10 verstirbt die Witwe und hinterlässt ihr umfangreiches Erbe von etwa 10 Millionen € dem T als Alleinerben. Sachbearbeiter A erfährt erst Anfang des Jahres 12 von der Erbschaft und schreibt dem T mit Datum vom 06. Februar 12, dass er die Nichtveranlagungsbescheinigung mit Wirkung vom 01.01.11 aufhebe und unverzüglich die Rückgabe verlange. Das Schreiben enthält keine Rechtsbehelfsbelehrung.

Im gleichen Schreiben fordert er T außerdem auf, bis zum 31. Mai 12 eine Steuererklärung für das Jahr 11 abzugeben. T kommt der Aufforderung nicht fristgerecht nach. Am 29. Juni 12 droht A dem T ein Zwangsgeld in Höhe von 500 € für den Fall an, dass dieser der Abgabeverpflichtung nunmehr nicht bis zum 15. August 12 nachkommt, eine Rechtsbehelfsbelehrung war dem Schreiben beigefügt. Da T weiterhin nicht reagiert, schickt A mit Schreiben vom 31. August 12 eine Zwangsgeldfestsetzung (mit Rechtsbehelfsbelehrung) in Höhe von 500 € wegen der Nichtabgabe der Einkommensteuererklärung 11 an T ab. A wird hierin zur Zahlung des Zwangsgeldes innerhalb von 4 Wochen ab Bekanntgabe des Zwangsgeldes aufgefordert.

Da T bis Anfang November 12 trotz inhaltlich korrekter schriftlicher Mahnung vom 10.10.12 immer noch nicht reagiert hat, wird der Vollziehungsbeamte Sven Sörensen (S) mit einem entsprechenden Vollstreckungsauftrag zu T geschickt. Neben dem laut aktueller Abfrage noch zu zahlenden Zwangsgeld ist eine Forderung aus der Umsatzsteuervoranmeldung für Juli 12 i.H.v. 1.270 € offen. Nach dem Tod seiner Freundin war es T gelungen, innerhalb weniger Monate mit Hilfe einiger windiger Anlageberater das ererbte Vermögen nahezu vollständig zu verlieren. Er hatte daraufhin ab Januar 12 seine Kochtätigkeit wieder aufgenommen, mit der Zahlung der Steuern klappte es jedoch aufgrund einer allgemeinen Nachlässigkeit im Umgang mit Behörden nicht immer ganz.

Ausgestattet mit einem Vollstreckungsauftrag wegen Umsatzsteuer Juli und des Zwangsgelds wegen Nichtabgabe der Einkommensteuererklärung 11 besucht S am 07.11.12 den T in seiner Mietwohnung. Er weist sich gegenüber T als Vollziehungsbeamter des Finanzamts aus, zeigt seinen Vollstreckungsauftrag vor und fordert T zur Zahlung auf. T ist empört, lässt S aber eintreten. Im Gespräch führt T aus, er wisse von einer Zwangsgeldfestsetzung nichts, die habe er nie erhalten. Er vermute, dass dies einer der Briefe sei, den seine Putzfrau ihm nach eigenen Angaben vorenthalten hatte, um ihm nach dem Stress rund um den Tod der Witwe weitere Aufregungen zu ersparen. Die ebenfalls in der Wohnung anwesende Putzfrau bestätigte die Aussage des T, sie erinnere sich genau, mindestens einen Brief vom Finanzamt aus dem Briefkasten genommen und im Kamin verbrannt zu haben, um T vor Unheil zu bewahren. Was die Umsatzsteuerforderung angehe, so T weiter, sei ihm diese Summe von einem Mitarbeiter im Finanzamt gestundet worden. S lässt sich von den Einwendungen des T nicht abhalten und pfändet, da T die rückständige Summe nicht sofort zahlen kann, eine im Wohnzimmer stehende 15 cm hohe chinesische Vase, die S auf einen Wert von 2.000 € schätzt. Weitere pfändbare Gegenstände findet S nicht. Er fertigt eine entsprechende Niederschrift und nimmt die Vase in seinem Dienstwagen mit.

Am 10.12.12 geht im Finanzamt Kaiserslautern folgendes Schreiben des T ein:

> Sehr geehrte Damen und Herren Finanzbeamte!
>
> Jetzt reicht's! Es ist Schluss mit Ihren Maßnahmen, mit denen Sie mich jetzt seit Monaten schikanieren, ich lege Einspruch gegen alles ein! Zuerst haben Sie meine Nichtveranlagungsbescheinigung zurückverlangt, diese ist doch bei meiner Bank hinterlegt! Ich habe ja jetzt außerdem immerhin seit einigen Monaten Zinsen steuerfrei erhalten, dies kann so schnell nicht von der Bank rückgängig gemacht werden. Unfair finde ich auch, dass ich überhaupt wieder eine Steuererklärung abgeben muss, davon hatten Sie mich doch befreit! Dann haben Sie mir ein Zwangsgeld angedroht, was ich besonders ungerecht finde, weil ich seit Monaten vor Trauer um meine liebe verstorbene Freundin kaum noch aus den Augen sehen kann! Zur Zwangsgeldfestsetzung habe ich Ihnen ja schon einiges mitgeteilt, was kann ich dafür, wenn meine Putzfrau meine Briefe verbrennt, das müssen Sie schon zu meinen Gunsten berücksichtigen.
>
> Aber die Krone wird noch durch die Pfändungsmaßnahme Ihres Schergen Sörensen aufgesetzt. Zunächst mal hätte er doch auf meine Einwände eingehen müssen, dass eine Stundung vorliegt und dass ich das Zwangsgeld-Schreiben gar nicht bekommen habe, das hat ihn alles überhaupt nicht interessiert. Und dann pfändet er mir doch noch einfach meine schöne Vase, ein besonderes Erinnerungs- und Erbstück weg! Diese ist mit 2.000 € auch viel mehr wert als die angeblichen Rückstände. Was die Umsatzsteuerforderung angeht, so möchte ich Sie auch noch an die Stundung erinnern, die Ihr Mitarbeiter, Herr Michael Machmal mir gewährt hatte. Gut, ich habe zwar die Umsatzsteuervoranmeldungen für September, Oktober und November noch nicht wie angefordert abgegeben, aber das kann doch keine Vollstreckung rechtfertigen!!
>
> Ich fordere Sie daher auf, sämtliche schikanösen Maßnahmen umgehend aus der Welt zu nehmen!
>
> Hochachtungsvoll
> Tony Moroni

Auf das Schreiben des T ermittelt A folgende Umstände: Eine Stundung durch seinen Mitarbeiter Machmal (M) war tatsächlich erfolgt, diese stand unter der auflösenden Bedingung der pünktlichen Abgabe der folgenden Umsatzsteuervoranmeldungen und Begleichung der aus ihnen hervorgehenden Zahllast nach der gesetzlichen Fälligkeit.

Aufgaben:

1. Prüfen Sie die Zulässigkeit der im Schreiben vom 10.12.12 eingelegten Einsprüche des T. Fassen Sie hierbei gleichartige Prüfungspunkte soweit möglich zusammen.
2. Prüfen Sie die Rechtmäßigkeit der Zwangsgeldfestsetzung, der „Aufhebung" der Nichtveranlagungsbescheinigung und der Pfändung der Vase. Gehen Sie bei letzterer Prüfung auch auf die allgemeinen Vollstreckungsvoraussetzungen sowohl hinsichtlich der USt-Voranmeldung als auch des Zwangsgeldes ein.

Auf Verfahrensfragen bzgl. der Pfändung ist nur einzugehen, soweit diese aufgrund des Sachverhalts problematisch erscheinen.

> **Hinweis!** Gehen Sie davon aus, dass bei ihrem Erlass die Voraussetzungen für die Erteilung der Nichtveranlagungsbescheinigung nach § 44a EStG vorgelegen haben.

III. Teil

Der ledige Friedolin Faul (F) wird beim Finanzamt Neuwied zur Einkommensteuer veranlagt. Bei der Erstellung seiner Steuererklärung für 03 stößt F auf eine Mitteilung über Kapitaleinkünfte in Höhe von umgerechnet 13.000 € aus einem isländischen Anlagefonds, der bei der isländischen Depotbank Behaupthing (B) verwaltet wird. Abgeltungssteuer wurde nicht einbehalten. Aufgrund der enthaltenen Angaben sowie unter Zuhilfenahme der Erläuterungshinweise zu den Anlagen KAP und AUS und des Internets versucht er herauszufinden, ob die Einkünfte steuerpflichtig sind und in der Steuererklärung angegeben werden müssen. Nach 45 Minuten intensiven Studiums wird er der Aufklärung jedoch überdrüssig und entscheidet sich, einen befreundeten Steuerberater aus seinem Kegelclub anzurufen. Dieser erklärt F, seiner Ansicht nach müssten die Einkünfte aus rechtlichen Gründen steuerfrei sein, zumal derzeit in Island eine wirtschaftlich sehr schwierige Situation herrsche und weil auch keine Abgeltungssteuer einbehalten worden sei. Hundertprozentig sicher sei er sich aber auch nicht, aber es werde schon stimmen. F entschließt sich im Vertrauen auf die Kenntnisse des Steuerberaters, die Einkünfte nicht anzugeben und kreuzt auf dem Mantelbogen an, dass seine Kapitaleinkünfte unter der Besteuerungsgrenze liegen. Die Steuererklärung gibt F am 10.08.04 beim Finanzamt Neuwied ab, der Einkommensteuerbescheid vom 05.09.04 übernimmt die Werte des F.

Am 06. Dezember 04 besucht F eine Informationsveranstaltung im Finanzamt zum Thema Kapitaleinkünfte. Nach der Veranstaltung ist F richtigerweise überzeugt, dass seine Steuererklärung in Bezug auf die Einkünfte aus dem Anlagefonds falsch ist und geht nach Hause, um die Erklärung umgehend zu berichtigen. Dort überlegt es sich F allerdings aufgrund des sichtbaren Renovierungsbedarfs seiner Wohnung und seines konstanten Mangels an flüssigen Geldmitteln anders und sieht angesichts seiner langjährigen „Steuerzahlertreue" schließlich davon ab, die Erklärung zu berichtigen. Er tut dies auch in der Folgezeit nicht.

Aufgabe:

Prüfen Sie die Strafbarkeit von F. Eine leichtfertige Steuerverkürzung ist nicht zu prüfen.

Kalender 12

Januar	Februar	März	April	Mai	Juni	Juli	August	September	Oktober	November	Dezember
1 So Neujahr	1 Mi	1 Do	1 So	1 Di Tag der Arbeit	1 Fr	1 So	1 Mi	1 Sa	1 Mo 40	1 Do	1 Sa
2 Mo 1	2 Do	2 Fr	2 Mo 14	2 Mi	2 Sa	2 Mo 27	2 Do	2 So	2 Di	2 Fr	2 So
3 Di	3 Fr	3 Sa	3 Di	3 Do	3 So	3 Di	3 Fr	3 Mo 36	3 Mi Tag der Dt. Einheit	3 Sa	3 Mo 49
4 Mi	4 Sa	4 So	4 Mi	4 Fr	4 Mo 23	4 Mi	4 Sa	4 Di	4 Do	4 So	4 Di
5 Do	5 So	5 Mo 10	5 Do	5 Sa	5 Di	5 Do	5 So	5 Mi	5 Fr	5 Mo 45	5 Mi
6 Fr	6 Mo 6	6 Di	6 Fr Karfreitag	6 So	6 Mi	6 Fr	6 Mo 32	6 Do	6 Sa	6 Di	6 Do
7 Sa	7 Di	7 Mi	7 Sa	7 Mo 19	7 Do	7 Sa	7 Di	7 Fr	7 So	7 Mi	7 Fr
8 So	8 Mi	8 Do	8 So	8 Di	8 Fr	8 So	8 Mi	8 Sa	8 Mo 41	8 Do	8 Sa
9 Mo 2	9 Do	9 Fr	9 Mo Oster- montag 15	9 Mi	9 Sa	9 Mo 28	9 Do	9 So	9 Di	9 Fr	9 So
10 Di	10 Fr	10 Sa	10 Di	10 Do	10 So	10 Di	10 Fr	10 Mo 37	10 Mi	10 Sa	10 Mo 50
11 Mi	11 Sa	11 So	11 Mi	11 Fr	11 Mo 24	11 Mi	11 Sa	11 Di	11 Do	11 So	11 Di
12 Do	12 So	12 Mo 11	12 Do	12 Sa	12 Di	12 Do	12 So	12 Mi	12 Fr	12 Mo 46	12 Mi
13 Fr	13 Mo 7	13 Di	13 Fr	13 So	13 Mi	13 Fr	13 Mo 33	13 Do	13 Sa	13 Di	13 Do
14 Sa	14 Di	14 Mi	14 Sa	14 Mo 20	14 Do	14 Sa	14 Di	14 Fr	14 So	14 Mi	14 Fr
15 So	15 Mi	15 Do	15 So	15 Di	15 Fr	15 So	15 Mi	15 Sa	15 Mo 42	15 Do	15 Sa
16 Mo 3	16 Do	16 Fr	16 Mo 16	16 Mi	16 Sa	16 Mo 29	16 Do	16 So	16 Di	16 Fr	16 So
17 Di	17 Fr	17 Sa	17 Di	17 Do Himmelfahrt	17 So	17 Di	17 Fr	17 Mo 38	17 Mi	17 Sa	17 Mo 51
18 Mi	18 Sa	18 So	18 Mi	18 Fr	18 Mo 25	18 Mi	18 Sa	18 Di	18 Do	18 So	18 Di
19 Do	19 So	19 Mo 12	19 Do	19 Sa	19 Di	19 Do	19 So	19 Mi	19 Fr	19 Mo 47	19 Mi
20 Fr	20 Mo 8	20 Di	20 Fr	20 So	20 Mi	20 Fr	20 Mo 34	20 Do	20 Sa	20 Di	20 Do
21 Sa	21 Di	21 Mi	21 Sa	21 Mo 21	21 Do	21 Sa	21 Di	21 Fr	21 So	21 Mi	21 Fr
22 So	22 Mi	22 Do	22 So	22 Di	22 Fr	22 So	22 Mi	22 Sa	22 Mo 43	22 Do	22 Sa
23 Mo 4	23 Do	23 Fr	23 Mo 17	23 Mi	23 Sa	23 Mo 30	23 Do	23 So	23 Di	23 Fr	23 So
24 Di	24 Fr	24 Sa	24 Di	24 Do	24 So	24 Di	24 Fr	24 Mo 39	24 Mi	24 Sa	24 Mo
25 Mi	25 Sa	25 So	25 Mi	25 Fr	25 Mo 26	25 Mi	25 Sa	25 Di	25 Do	25 So	25 Di 1. Weih- nachtstag
26 Do	26 So	26 Mo 13	26 Do	26 Sa	26 Di	26 Do	26 So	26 Mi	26 Fr	26 Mo 48	26 Mi 2. Weih- nachtstag
27 Fr	27 Mo 9	27 Di	27 Fr	27 So	27 Mi	27 Fr	27 Mo 35	27 Do	27 Sa	27 Di	27 Do
28 Sa	28 Di	28 Mi	28 Sa	28 Mo Pfingst- montag 22	28 Do	28 Sa	28 Di	28 Fr	28 So	28 Mi	28 Fr
29 So	29 Mi	29 Do	29 So	29 Di	29 Fr	29 So	29 Mi	29 Sa	29 Mo 44	29 Do	29 Sa
30 Mo 5		30 Fr	30 Mo 18	30 Mi	30 Sa	30 Mo 31	30 Do	30 So	30 Di	30 Fr	30 So
31 Di		31 Sa		31 Do		31 Di	31 Fr		31 Mi		31 Mo 1

B.　Lösungen

I. Teil

Die Einkommensteuerbescheide für 02 vom 15.06.07 und 11.06.08 sind rechtmäßig, wenn Korrekturvorschriften vorgelegen haben und die Festsetzungsverjährung noch nicht eingetreten war.

Bescheid vom 15.06.07

In Betracht kommt zunächst eine Änderung wegen neuer Tatsachen gem. § 173 Abs. 1 AO. Fraglich ist hierbei, ob die Einnahmen aus dem Auftrag bei der Firma M und die zugehörigen Ausgaben als eine einzige Tatsache oder aber getrennt zu betrachten sind. Da es sich hier nicht um eine neue Einkunftsquelle sondern lediglich um einen weiteren Auftrag im Rahmen der bekannten Tätigkeit des T handelt, sind Einnahmen und Ausgaben getrennt zu betrachten (vgl. AEAO zu § 173, Nr. 6.2 i.U.). Wegen der zusätzlichen Betriebseinnahmen von 15.600 € kommt daher eine Änderung nach § 173 Abs. 1 Nr. 1 AO in Betracht. Die Einnahmen sind Tatsachen, weil sie ein Merkmal oder Teilstück eines steuergesetzlichen Tatbestandes darstellen. Sie werden auch nachträglich, also nach abschließender Zeichnung des Steuerfalls bekannt, da das Finanzamt in 07 aufgrund einer Kontrollmitteilung davon erfährt. Die Einnahmen führen zu einer höheren Steuer, sie sind rechtserheblich. Eine Änderung war daher insoweit grundsätzlich möglich.

Die von T geltend gemachten Ausgaben ermöglichen eine Änderung des Steuerbescheides 02 aufgrund § 173 Abs. 1 Nr. 2 AO. Auch die Ausgaben stellen nachträglich bekannt gewordene Tatsachen dar. Zwar könnte T ein grobes Verschulden am nachträglichen Bekanntwerden treffen, da er verpflichtet ist, umfassende Angaben über Betriebsein- und -ausgaben zu machen und dafür sorgen muss, dass er nichts vergisst. Dieses Verschulden ist aber hier gem. Satz 2 unbeachtlich, da die Betriebsausgaben in einem unmittelbaren Zusammenhang zu den Einnahmen aus dem Auftrag bei M stehen. Folglich hätte auch bezüglich der Ausgaben eine Änderung erfolgen müssen, insoweit ist der Bescheid daher rechtswidrig.

Fraglich ist schließlich, ob der Vorbehalt der Nachprüfung nachträglich in den Bescheid eingefügt werden durfte. Es ist hierfür eine Korrekturvorschrift erforderlich, hier kommt § 129 Satz 1 AO in Betracht. Sachbearbeiter A wollte den Fall nach der Aktenlage eindeutig mit einer Nebenbestimmung nach § 164 Abs. 1 Satz 1 AO versehen, dies geht aus dem Vermerk „BP 02-04" auf dem Aktendeckel und dem Erfassungsbogen hervor. Lediglich aufgrund fehlerhaften Umgangs mit dem Programm ist es nicht zu einer korrekten Beifügung gekommen. Es handelt sich folglich um ein Versehen im Sinne einer einem Rechen- oder Schreibfehler ähnlichen offenbaren Unrichtigkeit. Nach der Lage des Falls kann ausgeschlossen werden, dass A aus rechtlichen Erwägungen den Vermerk nicht beigefügt hat. Daher greift § 129 Satz 1 AO, die Hinzufügung des Vorbehalts war rechtmäßig.

> **Hinweis!** Konsequenz aus einer möglichen Hinzufügung des VdN ist auch, dass bereits der hier geprüfte Bescheid vom 15.06.07 gem. § 164 Abs. 2 Satz 1 AO und daher in vollem Umfang geändert kann (vgl. BFH vom 22.02.2006, BStBl II 2006, 400; Zusatzpunkt, da keine konkreten Hinweise im Sachverhalt).

Schließlich ist noch die Festsetzungsverjährung zu prüfen. Sie beginnt für den Veranlagungszeitraum 02 wegen der Verpflichtung des T zur Abgabe einer Steuererklärung gem. § 149 Abs. 1 Satz 1 AO i.V.m. § 25 Abs. 3 EStG, § 56 EStDV aufgrund der Anlaufhemmung in § 170 Abs. 2 Nr. 1 AO mit Ablauf des Kalenderjahres, in dem T seine Steuererklärung abgegeben hat, hier also mit Ablauf 03. Sie dauert gem. § 169 Abs. 2 Nr. 2 AO 4 Jahre und endet somit mit Ablauf 07. Die Bekanntgabe lag daher innerhalb der Frist.

Insgesamt ist also der Bescheid vom 15.06.07 insoweit rechtswidrig, als noch die Betriebsausgaben aus dem M-Auftrag zu berücksichtigen sind, im Übrigen ist er rechtmäßig.

Bescheid vom 11.06.08

Fraglich ist, ob eine Änderung gem. § 164 Abs. 2 Satz 1 AO erfolgen konnte. Der ursprüngliche Bescheid vom 24.01.04 stand nicht unter dem Vorbehalt der Nachprüfung. Im Änderungsbescheid vom 15.06.07 ist dieser Vorbehalt nach § 164 Abs. 1 Satz 1 AO aber wie oben erläutert wirksam eingefügt worden, sodass die Veranlagung zunächst unter dem Vorbehalt der Nachprüfung stand. Allerdings könnte dieser aufgrund des Eintritts der Festsetzungsverjährung gem. § 164 Abs. 4 Satz 1 AO weggefallen sein. Wie oben geprüft lief die reguläre Festsetzungsfrist mit Ablauf des Jahres 07 ab. Hier kommt noch die Ablaufhemmung nach § 171 Abs. 4 AO in Betracht. Danach läuft die Festsetzungsfrist in Fällen, in denen vor Fristablauf mit einer Außenprüfung begonnen wird, u.a. dann nicht ab, bevor aufgrund des Prüfungsergebnisses geänderte Bescheide unanfechtbar sind. Hier wurde im Dezember 07 eine Prüfungsanordnung an T verschickt. Allerdings hat der Prüfer die eigentliche Prüfung erst im Januar begonnen. Allein die Versendung der Anordnung vermag die Ablaufhemmung aber nicht auszulösen, es müssen tatsächliche Ermittlungshandlungen hinzutreten (vgl. u.a. BFH vom 24.04.2003, BStBl II 2003, 739; AEAO zu § 198, Rn. 1). Im vorliegenden Fall greift § 171 Abs. 4 AO daher nicht. Folglich ist der Vorbehalt der Nachprüfung weggefallen, eine Änderung nach § 164 Abs. 2 Satz 1 AO kann nicht mehr erfolgen.

In Betracht kommt auch eine Änderung gem. § 172 Abs. 1 Nr. 2a AO. T hat die Informationen über die Prämien selbst beim Finanzamt eingereicht. Allerdings ist hierin lediglich die Erfüllung der sich aus § 153 Abs. 1 Nr. 1 AO ergebenden Pflicht zur Berichtigung der bisher unvollständigen Steuererklärung zu sehen. Mit einer Zustimmung zur Änderung nach § 172 Abs. 1 Nr. 2a AO ist dies nicht gleichzusetzen (vgl. AEAO zu § 172, Rn. 3).

Weiterhin ist § 173 Abs. 1 Nr. 1 AO zu prüfen, da mit dem Prämien Tatsachen im Sinne dieser Vorschrift bekannt werden. Fraglich ist hier allerdings, ob diese wirklich nachträglich bekannt werden. In der Akte des T waren bereits sein Schreiben und der Zeitungsartikel sowie die Urkunde enthalten gewesen, die die Zahlung an T eindeutig belegen. Grundsätzlich muss sich der Sachbearbeiter den gesamten Inhalt der Akten, hier also auch die Prämienzahlung, als bekannt zurechnen lassen. Allerdings sind die Unterlagen erst seit Sommer 04, also zeitlich nach der Erstveranlagung bekannt geworden. Fraglich ist, auf welchen Zeitpunkt hier abzustellen ist. Geht man von der Maßgeblichkeit des Ursprungsbescheids aus dem Januar 04 aus, ist die Tatsache nachträglich bekannt geworden. Hier war der Bescheid aber bereits am 15.06.07 geändert worden, ohne dass die Zahlung berücksichtigt worden ist. Soweit dieser Zeitpunkt als maßgeblich angesehen würde, wäre das nachträgliche Bekanntwerden folglich zu verneinen. Nach der BFH-Rechtsprechung ist bei dem zwischenzeitlichen Erlass eines Änderungsbescheides grundsätzlich davon auszugehen, dass es für die Beurteilung des nachträglichen Bekanntwerdens einer Tatsache auf die abschließende Zeichnung dieses letzten Bescheides ankommt. Eine Ausnahme wird hier nur für stark automatisierte Änderungen wie solche nach § 129 oder § 175 Abs. 1 Nr. 1 AO gemacht. Da die zwischenzeitliche Änderung hier aber auch gem. § 173 Abs. 1 AO erfolgt war, ist auf den Erlass des Änderungsbescheides abzustellen. Folglich ist die Einnahme aus der Prämienzahlung nicht nachträglich bekannt geworden, eine Änderung nach § 173 Abs. 1 Nr. 1 AO kann insoweit nicht erfolgen.

Es kommt weiterhin eine Änderung nach § 129 Satz 1 AO in Betracht. A hat das Schreiben und die Unterlagen des T betreffend die Kochprämien bei der Veranlagung nicht beachtet. Hierin könnte eine ähnliche offenbare Unrichtigkeit liegen. A hatte die Dokumente des T mit einem Vermerk versehen und dadurch deutlich gemacht, dass er die Berücksichtigung bei der Veranlagung 02 geplant hatte. Es ist nicht ersichtlich, dass die Nichtberücksichtigung auf einer besonderen rechtlichen Überlegung des A beruhte, es handelte sich um ein reines Versehen. Da die Unterlagen auch eindeutig den Veranlagungszeitraum 02 betreffen, kann in dem Übersehen ein nach § 129 AO berichtigungsfähiger Fehler bei Erlass des Verwaltungsaktes gesehen werden (vgl. BFH Urteil vom 27.05.2009, BStBl II 2009, 946).

Fraglich ist aber, ob die Änderung nicht aufgrund des Eintritts der Festsetzungsverjährung ausgeschlossen ist. Wie erläutert endet die Festsetzungsfrist regulär mit Ablauf des Jahres 07. Der Tatbestand der Steuerhinterziehung ist hier eindeutig nicht gegeben. Zu prüfen ist nun noch die Ablaufhemmung des § 171 Abs. 2 AO. Danach kann eine offenbare Unrichtigkeit noch bis zu ein Jahr nach Erlass des entsprechenden Bescheides korrigiert werden. Der berichtigungsfähige Fehler, nämlich die versehentliche Nichtberücksichtigung der Prämienzahlung, ist hier im Bescheid vom 15.06.07 enthalten, da dieser den Sachverhalt fälschlicherweise unberücksichtigt ließ. Folglich konnte eine Berichtigung noch bis zum 15.06.08 erfolgen, der Bescheid vom 11.06.08 ist somit rechtmäßig.

II. Teil

Zulässigkeit der Einsprüche des T

T wendet sich gegen alle Maßnahmen des Finanzamtes, dies sind laut seinem Schreiben:

* Aufforderung zur Abgabe der Steuererklärung 11,
* Rückforderung der Nichtveranlagungsbescheinigung,
* Androhung des Zwangsgeldes,
* Festsetzung des Zwangsgeldes,
* Pfändung der Vase.

Zunächst ist die Statthaftigkeit der Einsprüche zu prüfen. Gem. § 347 Abs. 1 Nr. 1, Abs. 2 AO ist der Einspruch gegen Verwaltungsakte in Abgabenangelegenheiten zulässig. Alle angefochtenen Maßnahmen stellen Verwaltungsakte i.S.d. § 118 AO dar. Die Zwangsgeldandrohung ist verbindliche Voraussetzung für eine spätere Festsetzung und hat daher Regelungscharakter. Die Aufforderung zur Abgabe der Steuererklärung begründet eine Rechtspflicht des T, die mit Zwangsmitteln durchgesetzt werden kann.

Die NV-Bescheinigung ermöglicht der Bank die Abstandnahme vom Abzug der Kapitalertragssteuer i.S.d. § 44a Abs. 1 Nr. 3 und Satz 4 i.V.m. Abs. 2 Nr. 2 EStG. Sie stellt daher selbst einen Verwaltungsakt dar, weshalb auch in ihrem Widerruf, den A hier vorgenommen hat, ein Verwaltungsakt zu sehen ist.

Folglich sind alle Einsprüche statthaft.

Die nach § 357 Abs. 1 S. 1 AO erforderliche Schriftform ist gewahrt.

Eine Beschwer gem. § 350 AO macht T geltend. Alle angefochtenen Maßnahmen begründen Rechtspflichten des T oder entziehen ihm bisherige Rechtspositionen.

Gem. § 355 Abs. 1 Satz 1 AO beträgt die Frist zur Einlegung eines Einspruchs einen Monat ab Bekanntgabe des Verwaltungsaktes. T's Einspruch ist am 10.12.12 beim Finanzamt eingegangen.

Die Aufforderung zur Abgabe der Steuererklärung wurde am 6. Februar 12 zur Post gegeben, folglich war die Bekanntgabe gem. § 122 Abs. 2 Nr. 1 AO am 9. Februar 12. Gleiches gilt für den Widerruf der Nichtveranlagungsbescheinigung. Die Einspruchsfrist beginnt gem. § 108 Abs. 1 AO i.V.m. § 187 Abs. 1 BGB am 10. Februar 12 und endet gem. § 188 Abs. 2 BGB am 9. März 12. Es fehlt jedoch bezogen auf diese Verwaltungsakte eine Rechtsbehelfsbelehrung. Dies führt gem. § 356 Abs. 1 AO dazu, dass die Einspruchsfrist nicht zu laufen beginnt, die Einlegung des Einspruchs ist nach Abs. 2 binnen eines Jahres nach Bekanntgabe des Verwaltungsaktes möglich. Somit ist der Einspruch insoweit fristgerecht erfolgt.

Die Androhung des Zwangsgeldes erfolgte am 29. Juni 12, Bekanntgabe war somit gem. § 122 Abs. 2 Nr. 1 AO am 2. Juli 12, die Festsetzung des Zwangsgeldes am 31. August 12, Bekanntgabe 3. September 12. Die Festsetzung ist auch ordnungsgemäß bekannt gegeben worden. Erforderlich ist der Zugang des Schriftstücks in den Machtbereich des Empfängers, sodass dieser unter normalen Umständen Gelegenheit hat, davon Kenntnis zu nehmen. Die Gefahr, dass die eigene Putzfrau Schreiben vernichtet, muss sich T selbst zurechnen lassen, es ist folglich von einer ordnungsgemäßen Bekanntgabe der Zwangsgeldfestsetzung auszugehen. Die jeweiligen Einspruchsfristen sind eindeutig abgelaufen. Eine Wiedereinsetzung gem. § 110 AO kommt nicht in Betracht, da T die Frist nicht unverschuldet versäumt hat. Auch das Vernichten des Briefs durch die Putzfrau führt zu keiner anderen Betrachtung, da T seine Putzfrau beaufsichtigen und anweisen muss, wie sie mit Eingangspost umgehen soll. Die Einsprüche gegen Zwangsgeldandrohung und -festsetzung sind daher unzulässig.

Die Pfändung der Vase erfolgte am 07.11.12, dies ist auch der Bekanntgabetag, da es sich nicht um einen schriftlichen Verwaltungsakt handelt. Gem. § 108 Abs. 1 AO i.V.m. § 187 Abs. 1 BGB ist damit der

Fristbeginn am 08.11.12, und nach § 188 Abs. 2 BGB das Fristende am 07.12.12. Der Einspruch vom 10.12.12 ist damit verspätet. Wiedereinsetzungsgründe nach § 110 AO sind auch hier nicht ersichtlich und wurden von T auch nicht geltend gemacht.

Im Ergebnis sind daher die Einsprüche gegen die Aufforderung zur Abgabe der Steuererklärung sowie gegen den Widerruf der Nichtveranlagungsbescheinigung zulässig, die anderen Einsprüche sind unzulässig.

Rechtmäßigkeit der einzelnen Maßnahmen
Zwangsgeldfestsetzung

Die Zwangsgeldfestsetzung war rechtmäßig, wenn die Voraussetzungen nach den §§ 328 ff. AO vorgelegen haben. Die Aufforderung zur Abgabe der Steuererklärung 11 stellt zunächst einen gem. § 328 Abs. 1 Satz 1 AO erforderlichen wirksamen Finanzbefehl dar. Sie ist auch erzwingbar und vollstreckbar, Aussetzung der Vollziehung wurde nicht gewährt. Es erfolgte weiterhin eine wirksame schriftliche Androhung gem. § 332 Abs. 1 AO mit Setzung einer angemessenen Frist, hier von ca. 6 Wochen. T reagiert bis zum Ablauf der Frist nicht, folglich war es rechtmäßig, das Zwangsgeld wie hier in der angedrohten Höhe und zeitnah gegen T festzusetzen.

Auch die Bekanntgabe der Zwangsgeldfestsetzung ist wie oben geprüft ordnungsgemäß erfolgt.

Im Rahmen der Ermessensentscheidung sind auch die besonderen Umstände des Falls zu berücksichtigen. T wendet hier ein, aufgrund seiner starken Trauer wegen des Todes der Witwe sei das Zwangsgeld unzulässig gewesen. Hier ist allerdings zu berücksichtigen, dass die Witwe bereits im Dezember des Vorjahres gestorben war, also mehr als ein halbes Jahr vor der Zwangsgeldfestsetzung. Es war daher nicht unverhältnismäßig, T durch das Zwangsgeld zur Abgabe der Erklärung anzuhalten, da Trauerfälle den Steuerpflichtigen grundsätzlich auch nicht von der Erfüllung seiner steuerlichen Pflichten befreien.

Die Zwangsgeldfestsetzung war daher insgesamt rechtmäßig.

Widerruf der Nichtveranlagungsbescheinigung

Die Nichtveranlagungsbescheinigung ist kein Steuerbescheid sondern ein sonstiger Verwaltungsakt. Gleiches gilt für ihren Widerruf, sodass die §§ 130 und 131 AO einschlägig sind. Da im Zeitpunkt des Erlasses der Bescheinigung laut Sachverhalt die Voraussetzungen des § 44a Abs. 1 EStG vorgelegen haben, war die Bescheinigung rechtmäßig. Es ist daher § 131 AO anzuwenden, genauer Abs. 2, weil die NV-Bescheinigung aufgrund der Abstandnahme vom Kapitalertragsteuerabzug für T begünstigend war. In Betracht kommt hier § 131 Abs. 2 Nr. 1 AO ein Widerruf aufgrund Widerrufsvorbehalts. Da die Bescheinigung laut Sachverhalt mit den gesetzlich erforderlichen Nebenbestimmungen versehen war, enthielt sie auch laut § 44a Abs. 2 Satz 2 EStG den Vorbehalt des jederzeitigen Widerrufs. Das Finanzamt durfte die Bescheinigung daher grundsätzlich widerrufen. Allerdings ist der Widerruf mit Rückwirkung hier nicht zulässig. Gem. § 131 Abs. 2 Satz 1 AO ist ein Widerruf nur für die Zukunft möglich. Soweit er also für die Vergangenheit wirken sollte, ist der Widerruf daher rechtswidrig, er kann nur für die Zukunft gelten. Da die Bescheinigung hier nur noch für das Jahr 12 gilt, kann auf einen Widerruf auch verzichtet werden, da es für die Bank tatsächlich, wie T einwendet, Schwierigkeiten bei der nachträglichen Umsetzung geben könnte.

Pfändung der Vase

Zu prüfen ist, ob die Pfändung der Vase rechtmäßig war.

Es müssten zunächst die allgemeinen Vollstreckungsvoraussetzungen vorgelegen haben. Die Zwangsgeldfestsetzung stellt eine Leistungsverpflichtung gem. § 249 Abs. 1 S. 1 AO dar, die vollstreckt werden kann. Für die Umsatzsteuervoranmeldung für Juli 12 gilt dies gem. Satz 2 ebenfalls. Beide Verpflichtungen sind auch vollstreckbar gem. § 251 AO, da keine Aussetzung der Vollziehung gewährt worden ist. Weiterhin ist das Vorliegen eines wirksam bekannt gegebenen Leistungsgebotes gem. § 254 Abs. 1 Satz 1 AO zu prüfen. Hinsichtlich des Zwangsgeldes ist diese Voraussetzung zu bejahen, da T zur Zahlung des Betrages innerhalb einer Frist aufgefordert wird, die Bekanntgabe war, wie bereits geprüft, ordnungsgemäß. In Bezug auf die Umsatzsteuervoranmeldung ist das Leistungsgebot gem. § 254 Abs. 1 Satz 4 AO entbehrlich. Die Forderungen des Finanzamtes müssen auch fällig sein. Die Fälligkeit des Zwangsgeldes ist gesetzlich nicht ausdrücklich geregelt, somit ist § 220 Abs. 2 Satz 1 AO einschlägig. Danach ist der Betrag grundsätzlich mit Entstehung des Anspruchs fällig, es sei denn, es ist wie hier in einem Leistungsgebot eine Zahlungsfrist eingeräumt worden. Da es sich um eine behördliche Frist gem. § 108 Abs. 2 AO handelt, ist als Fristbeginn der auf die Bekanntgabe folgende Tag, hier also der 4. September 12 anzusehen. Die Fristdauer beträgt 4 Wochen, Fristende ist somit Montag, der 1. Oktober 12, dies ist auch der Fälligkeitstag.

Die Umsatzsteuerzahlung für Juli 07 ist gem. § 18 Abs. 1 Satz 4 UStG am 10. August 07 fällig. Allerdings wendet T ein, ihm sei der Betrag gestundet worden. Eine Stundung gem. § 222 AO bewirkt ein Hinausschieben der Fälligkeit mit der Folge, dass eine Vollstreckung nicht erfolgen kann. Hier hat aber T die Bedingung, unter der die Stundung stand, nicht erfüllt. Die Stundung war davon abhängig, dass T die weiteren Umsatzsteuervoranmeldungen fristgerecht abgibt und neu fällig werdende Beträge umgehend entrichtet. Eine solche, gem. § 120 Abs. 2 Nr. 2 AO in die Stundung eingefügte auflösende Bedingung hat im Fall ihres Eintritts, hier also der Nichtbefolgung der Anweisung, zur Folge, dass die Wirkung der Stundung gem. § 124 Abs. 2 AO a.E. ohne weiteres Zutun der Finanzbehörde entfällt, indem sie sich hier „auf andere Weise erledigt". Durch die Nichtabgabe der Voranmeldung entfällt daher die Wirkung der Stundung und der Betrag wird sofort in vollem Umfang fällig. Es kann hier dahinstehen, wann genau der Wiedereintritt der Fälligkeit anzusehen ist, jedenfalls hätte T mindestens ab dem 10. September 12 wieder eine Voranmeldung abgeben müssen. Da er dies nicht getan hat, war der gestundete Betrag im Zeitpunkt der Pfändung auf jeden Fall fällig.

Schließlich muss auch die Vollstreckungsschonfrist von 1 Woche ab Bekanntgabe des Leistungsgebots abgelaufen sein. Für die Voranmeldung entfällt diese Voraussetzung mangels Leistungsgebots, für das Zwangsgeld stellt sie kein Problem dar, da die Bekanntgabe des Leistungsgebots bereits am 03. September 12 erfolgt war.

Eine Mahnung gem. § 259 AO ist ebenfalls an T geschickt worden.

Die allgemeinen Vollstreckungsvoraussetzungen liegen somit vor.

Hinsichtlich des Verfahrens sind keine Fehler ersichtlich. T wendet ein, S hätte auf seine Einwände hinsichtlich des Zugangs der Zwangsgeldfestsetzung und auch der Stundung der Umsatzsteuer nicht reagiert. Dieses Verhalten war jedoch korrekt, da der Vollstreckungsschuldner Einwendungen gegen den zugrunde liegenden Verwaltungsakt außerhalb des Vollstreckungsverfahrens geltend machen muss, § 256 AO. Der Vollziehungsbeamte darf sich durch Einwendungen regelmäßig nicht von der Vollstreckung abhalten lassen, A. 31 Abs. 1 VollzA. Insoweit muss sich T an den Innendienst des Finanzamts wenden.

Es ist auch nicht zu beanstanden, dass S die Vase sofort mitgenommen hat. Da die Vase im Verhältnis zu ihrer Größe mit 15 cm einen hohen Wert an, kann sie als Kostbarkeit i.S.d. § 286 Abs. 2 AO angesehen werden, sodass die Inbesitznahme und Wegnahmepfändung geboten ist.

Eine Überpfändung gem. § 281 Abs. 2 AO liegt ebenfalls nicht vor. Da nicht prognostiziert werden kann, welchen Erlös die Vase bei der Versteigerung erzielen wird, ist es nicht zu beanstanden, wenn ein Gegenstand mit einem ungefähren Wert von 2.000 € bei Rückständen von insgesamt 1.770 € gepfändet wird, zumal die Vollstreckungskosten zu dem Rückstand noch hinzuzurechnen sind.

Was den Erinnerungswert der Vase angeht, so besteht diesbezüglich zwar gem. A. 8 Abs. 2 VollzA das Rücksichtnahmegebot. Hier waren jedoch keine weiteren pfändbaren Vermögensgegenstände ersichtlich, sodass das Absehen von der Pfändung allein aufgrund des Wunsches des T den Erfolg der Vollstreckung gefährdet hätte.

Die Pfändung war daher rechtmäßig.

III. Teil

Es ist zu prüfen, ob sich F durch die Angabe der Kapitaleinkünfte unter Nichtberücksichtigung der Fondseinnahmen aus Island wegen Steuerhinterziehung gem. § 370 Abs. 1 Nr. 1 AO strafbar gemacht hat.

Tatbestand
Objektiver Tatbestand

F müsste den Finanzbehörden über steuerlich erhebliche Tatsachen unrichtige oder unvollständige Angaben gemacht und dadurch Steuern verkürzt haben.

F hat gegenüber dem Finanzamt Neuwied (§ 6 Abs. 2 Nr. 5 AO) seine Kapitaleinkünfte unvollständig erklärt, weil er die Einnahmen aus Island dabei nicht berücksichtigte. Diese wären jedoch steuerpflichtig gewesen, und ihre Berücksichtigung bei der Einkommensteuer 03 als Kapitaleinkünfte gem. § 20 EStG hätte zu Mehrsteuern geführt.

Durch diese falschen Angaben des F ist es zu einer Verkürzung der Steuer gem. § 370 Abs. 4 Satz 1 AO gekommen. Dieser Taterfolg ist mit der Bekanntgabe des Einkommensteuerbescheides am 08.09.04 eingetreten.

Die Tathandlung müsste für den konkret eingetretenen Erfolg auch kausal gewesen sein. Kausalität liegt nach der Äquivalenztheorie vor, wenn die Tathandlung nicht hinweggedacht werden kann, ohne dass der Erfolg entfiele. Hätte F die Kapitaleinkünfte richtig erklärt, wäre die Einkommensteuer in korrekter Höhe festgesetzt worden, es wäre nicht zu einer Steuerverkürzung gekommen.

Subjektiver Tatbestand

Gem. §§ 370 Abs. 1, 369 Abs. 2 AO i.V.m. § 15 StGB ist nur die vorsätzlich begangene Steuerhinterziehung strafbar. Vorsatz bedeuten Wissen und Wollen zur Verwirklichung aller objektiven Tatbestandsmerkmale.

F hat hier darauf vertraut, dass die Einkünfte aus dem isländischen Anlagefonds nicht zu versteuern sind. Er handelte nicht mit bedingtem Vorsatz, hat es also nicht etwa billigend in Kauf genommen, dass seine Steuererklärung eventuell falsch sein könnte. Vielmehr hoffte er darauf, dass seine Rechtseinschätzung bzw. der Tipp des Steuerberaters stimmte. Es kann daher nicht von vorsätzlichem Handeln ausgegangen werden, F handelte allenfalls mit bewusster Fahrlässigkeit.

Der subjektive Tatbestand ist somit nicht erfüllt.

Ergebnis:

Durch das Nichtangeben der Einkünfte hat F keine Steuerhinterziehung begangen.

F könnte sich weiterhin dadurch, dass er nach der Erkenntnis über die falsche Einschätzung der Steuerfreiheit seiner Einkünfte keine Berichtigung der Steuererklärung vornahm, wegen Steuerhinterziehung durch Unterlassen gem. § 370 Abs. 1 Nr. 2 AO strafbar gemacht haben.

Tatbestandsmäßigkeit
Objektiver Tatbestand

F müsste das Finanzamt pflichtwidrig über steuerlich erhebliche Tatsachen in Unkenntnis gelassen haben. Als steuerlich erhebliche Tatsachen sind hier wie oben geprüft die Kapitaleinkünfte aus dem isländischen Fonds anzusehen. F hat das Finanzamt über diese Entgelte in Unkenntnis gelassen, da er, nachdem er seine Fehleinschätzung in Bezug auf die rechtliche Behandlung bemerkt hatte, keine berichtigte Einkommensteuererklärung abgegeben hat.

Dieses Unterlassen des F war auch pflichtwidrig i.S.d. § 370 Abs. 1 Nr. 2 AO. Gem. § 153 Abs. 1 Nr. 1 AO ist ein Steuerpflichtiger in Fällen, in denen er die Unrichtigkeit seiner Angaben und die erfolgte Verkürzung erkennt, verpflichtet, die erforderliche Richtigstellung vorzunehmen. F hatte erkannt, dass er falsche Angaben in der Steuererklärung gemacht hatte und wusste auch, dass es zu einer Steuerverkürzung gekommen war. Die Erkenntnis kam dem F im Jahr 04 auch eindeutig innerhalb der Festsetzungsfrist.

Da die Einkommensteuer aufgrund der Erklärung zu niedrig festgesetzt worden ist, kam es zu einer Verkürzung der Steuer gem. § 370 Abs. 4 Satz 1 AO.

Das Unterlassen der Berichtigung durch F war kausal für diesen Erfolg, da die unterlassene Handlung nicht hinzugedacht werden kann, ohne dass der konkrete Erfolg entfiele. Wenn F die Einkünfte pflichtgemäß und korrekt angegeben und so die Erklärung korrigiert hätte, wäre die Steuer geändert und sodann korrekt festgesetzt worden.

Subjektiver Tatbestand

F müsste vorsätzlich in Bezug auf den objektiven Tatbestand gehandelt haben. Er wusste nunmehr, dass die Einkünfte hätten angegeben und besteuert werden müssen, ebenso war ihm klar, dass eine berichtigte Steuererklärung hätte eingereicht werden müssen. Gleichwohl entschied er sich dafür, diese Berichtigung nicht vorzunehmen.

F war sich auch darüber im Klaren, dass es dadurch zu einer Verkürzung der Einkommensteuer gekommen war, er wollte dies auch. Direkter Vorsatz war folglich gegeben.

Rechtswidrigkeit

Die Tatbestandsmäßigkeit indiziert die Rechtswidrigkeit. Rechtfertigungsgründe sind nicht ersichtlich.

Schuld

F handelte schuldhaft.

Es sind keine Entschuldigungsgründe gegeben.

Ergebnis:

Durch das Unterlassen der Berichtigung der Steuererklärung hat F eine Steuerhinterziehung i.S.d. § 370 Abs. 1 Nr. 2 AO begangen.

Punktetabelle zur Übungsklausur aus dem Gebiet Abgabenrecht

	Punkte
I. Teil	
Rechtmäßigkeit Bescheid vom 15.06.07	
Obersatz: Korrekturvorschrift, keine Festsetzungsverjährung	1
§ 173	2
Problem 1 / 2 Tatsachen ansprechen	3
Begründung warum keine Saldierung: bekannte Einkunftsquelle	4
§ 173 I Nr. 1 wegen Betriebseinnahmen; Tatsache + Definition	5
Nachträglich bekannt geworden, Definition + Subsumtion	6
Höhere Steuer + Ergebnis	7
§ 173 I Nr. 2 wegen Ausgaben	8
Grobes Verschulden?	9
Unbeachtlichkeit nach S. 2 wegen Zusammenhang zu Tats. nach Nr. 1	10
§ 129	11
Ähnliche offenbare Unrichtigkeit durch Vergessen Vorbehalt d. Nachprüfung	12
Keine rechtlichen Erwägungen + Ergebnis	13
Festsetzungsverjährung: § 170 II Nr. 1	14

	Punkte
Abgabepflicht lt. SV., § 149 I 1 AO i.V.m. §§ 25 III EStG, 56 EStDV, Beginn Ablauf 03	15
Dauer 4 Jahre, § 169 II Nr. 2, Ende Ablauf 07	16
Ergebnis	17
Rechtmäßigkeit Bescheid vom 11.06.08	
§ 164 II 1, VdN wirksam eingefügt	18
Wegfall § 164 IV zu prüfen	19
Hier § 171 IV zu berücksichtigen	20
Kein rechtzeitiger Beginn der Außenprüfung	21
Erg.: Wegfall VdN, § 164 II 1 (–)	22
§ 172 I Nr. 2a	23
Hier keine Zustimmung, nur Berichtigungspflicht nach § 153 erfüllt	24
§ 173 I Nr. 1 Einnahmen aus Prämien = Tatsachen	25
Nachträgl. Bekanntwerden: Zeitpunkt problematisch	26
Hier Änderungsbescheid maßgeblich mit Begründung	27
Nachtr. BW somit (–)	28
§ 129: Hinweise in Unterlagen übersehen	29
Durch Vermerk deutlich, keine Rechtsüberlegungen ersichtlich	30
§ 171 II zu prüfen	31
Frist bis 15.06.08	32
Ergebnis: Bescheid rechtmäßig	33
II. Teil: Zulässigkeit der Einsprüche	
Statthaftigkeit, § 347 I Nr. 1, II	34
Androhung VA mit Begründung, § 118	35
Aufforderung Abgabe Steuererklärung = VA mit Begründung	36
NV-Widerruf = VA mit Begründung	37
§ 357 I 1 Schriftform liegt vor	38
§ 350 Beschwer mit Begründung	39
§ 355 I 1: Frist 1 Monat ab Bekanntgabe	40
Bzgl. Aufforderung zur Abgabe Steuererkl. und Widerruf greift § 356 I	41
Frist 1 Jahr, daher hier rechtzeitig	42
Androhung Zwangsgeld Bekanntgabe 02.07.12, § 122 II Nr. 1	43
§ 108 I, §§ 187 I, 188 II BGB	44
Bzgl Festsetzung Zwangsgeld war Bekanntgabe ordnungsgemäß	45
Zugang erforderlich: Definition (Machtbereich ...)	46
Hier Zugang (+) mit Begründung	47
Wiedereinsetzung § 110 (–)	48

	Punkte
Also Einspruch bzgl. Androhung und Festsetzung Zwangsgeld verfristet und unzulässig	49
Pfändung 07.11., auch Bekanntgabetag (da kein schriftlicher VA)	50
Fristende 07.12.02, Einspruch verfristet	51
Ergebnis bzgl. Zulässigkeit	52
Rechtmäßigkeit der Maßnahmen	
Zwangsgeld: § 328 I 1, wirksamer Finanzbefehl in Aufforderung	53
Erzwingbar und vollstreckbar	54
Schriftliche Androhung, § 332 I	55
Nicht reagiert in der Frist, zeitnahe Festsetzung	56
Ordnungsgemäße Bekanntgabe s.o.	57
Ermessensausübung in Ordnung mit Begründung (Trauerfall ...) + Ergebnis	58
Widerruf NV: sonstiger VA	59
§ 131 anwenden mit Begründung	60
Abs. 2 da begünstigend mit Begründung	61
Hier § 131 II Nr. 1 (Nr. 3 alternativ zugelassen)	62
Widerrufsvorbehalt aufgrund § 44a II EStG enthalten (alternativ Begr. zu Nr. 3)	63
Wirkung für Vergangenheit nicht zulässig	64
Erg.: nur für Zukunft/auch Verzicht aus praktischen Gründen möglich	65
Pfändung: allg. Vollstreckungsvoraussetzung: Leistungsverpflichtung § 249 I 1	66
Satz 2 für Voranmeldung	67
Vollstreckbar § 251	68
Leistungsgebot § 254 I 1 liegt vor	69
Bzgl. Voranmeldung nach S. 4 entbehrlich	70
Fälligkeit Zwangsgeld § 220 II 1	71
Hier Zahlungsfrist, § 108 II	72
Beginn auf Bekanntgabe folgender Tag, hier 04.09.	73
Dauer 4 Wochen, Ende 01.10.12 = Fälligkeitstag	74
USt § 18 I 4 UStG, 10.08.07	75
Stundung § 222 bewirkt Hinausschieben der Fälligkeit	76
Hier auflösende Bedingung, Stundung verliert Wirkung	77
§ 124 II, Betrag fällig	78
Schonfrist, keine Bedeutung für Voranmeldung, für Zwangsgeld abgelaufen	79
Mahnung vorhanden, § 259	80
Keine Reaktion auf Einwendungen, § 256	81
Keine Überpfändung, § 281 II mit Begründung	82
Rücksichtnahmegebot nicht verletzt mit Begründung	83

	Punkte
Wegnahmepfändung in Ordnung	84
Ergebnis: Pfändung rechtmäßig	85
III. Teil Strafrecht: Abgabe falsche Steuererklärung	
§ 370 I Nr. 1 durch Falscherklärung Kapitaleinkünfte	86
Objektiver Tatbestand: steuerlich erhebliche Tatsachen mit Subs. + § 20 EStG	87
Unvollständige/unrichtige Angaben mit Subsumtion	88
Gegenüber Finanzbehörde, § 6 II Nr. 5, hier FA Neuwied	89
Steuerverkürzung, § 370 IV 1	90
Eintritt mit Bekanntgabe ESt-Bescheid, 8.9.04	91
Kausalität mit Begründung	92
Subjektiver Tatbestand: § 369 II, § 15 StGB Vorsatz erforderlich	93
Definition	94
Hier (−) mit Begründung	95
Unterlassene Berichtigung	
§ 370 I Nr. 2	96
Finanzbehörde in Unkenntnis gelassen	97
Pflichtwidrig, § 153 I Nr. 1	98
Subsumtion	99
Verkürzung und Kausalität	100
Vorsatz mit Subsumtion	101
Rechtswidrigkeit, Schuld, Ergebnis	102

Notentabelle		
Korrekturpunkte	**Punkte nach § 6 Abs. 1 StBAPO**	**Note**
102–97	15	1
96–93	14	
92–88	13	2
87–83	12	
82–79	11	
78–74	10	3
73–70	9	
69–65	8	
64–60	7	4
59–56	6	
55–51	5	

Korrekturpunkte	Punkte nach § 6 Abs. 1 StBAPO	Note
50–41	4	5
40–31	3	
30–20	2	
19–10	1	6
9–0	0	

Fall 6

Prüfungsklausur aus dem Gebiet Abgabenrecht

Bearbeitungszeit: 5 Stunden
Hilfsmittel:
Beck'sche Bände
- Steuergesetze
- Steuerrichtlinien
- Steuererlasse
HGB, BGB, GmbHG
ZPO, InsO
StGB

A. Sachverhalte

Sachverhalt 1

Der ledige Uhrmachermeister Jakob Stimmli (J) ist gemeinsam mit seinen Brüdern Sigurd (S) und Felix (F) Stimmli an der Ührli-OHG mit Sitz in Landau beteiligt, die handgefertigte Edel-Armbanduhren herstellt. Die Gesellschafter J und F wie auch die OHG werden beim FA Landau geführt. S wohnt in Neustadt und wird beim dortigen Finanzamt veranlagt.

Die OHG hat als Empfangsbevollmächtigten ihren Steuerberater beim FA benannt. Die Feststellungserklärungen für die Veranlagungszeiträume 01 und 02 wurden in den jeweils auf den VZ folgenden Kalenderjahren abgegeben, die Veranlagung durch das FA erfolgte jeweils zeitnah und ohne Nebenbestimmungen.

In 08 wurden Änderungen der Bescheide aufgrund folgender Erkenntnisse des FA vorgenommen:

Im Jahr 01 hatten sich die Beteiligungseinkünfte der OHG als einzige Komplementärin der Mastertime KG mit Sitz in Mannheim geändert. Sie hatten sich nunmehr aufgrund einer Betriebsprüfung bei der KG um 25.000 € erhöht. Die Einkünfte der KG aus Auslandsgeschäften mit einer Tochterfirma haben sich aufgrund einer nunmehr abweichenden rechtlichen Betrachtung geändert, da bestimmte Betriebsausgaben nicht mehr anzuerkennen waren. Der entsprechend geänderte F-Bescheid für die KG vom zuständigen FA Mannheim erging am 12.04.08 an die OHG und enthielt den Hinweis, die Bekanntgabe wirke für und gegen die Beteiligten der KG. Die KG hatte keinen Empfangsbevollmächtigten benannt. Am 10.05.08 erhielt das FA Landau eine entsprechende Mitteilung. Diese wurde ausgewertet, am 30.05.08 wurde ein entsprechend geänderter Feststellungsbescheid 01 für die OHG zur Post gegeben.

Für das Jahr 02 ergab sich eine Änderung aufgrund folgender Sachlage:

Das FA Landau hatte bei der ursprünglichen Veranlagung bestimmte Betriebseinnahmen nicht bei der OHG sondern vom FA Neustadt beim Gesellschafter S ansetzen lassen, obwohl dies in den Bilanzen anders angegeben worden war. S ist neben seiner Beteiligung an der OHG noch selbständig in Neustadt als Goldschmied tätig. Dies hatte zu einer höheren Steuer des S in seinem ESt-Bescheid 02 vom 08.08.03 geführt. Gegen diesen Bescheid war S damals rechtzeitig mit Einspruch und späterer Klage vorgegangen. Die OHG war durch Gerichtsbeschluss vom 06.12.07 an diesen Verfahren beteiligt worden, hatte auch an einer mündlichen Verhandlung teilgenommen. Das Finanzgericht hatte mit Urteil vom 02.02.08 zugunsten des S entschieden und die Betriebseinnahme bei ihm gestrichen, da sie nicht ihm sondern der OHG zuzurechnen sei. Das FA Landau hat nunmehr die Einnahme in Höhe von 55.000 € wieder bei der OHG angesetzt.

Weiterhin hatte das FA durch eine Kontrollmitteilung eines anderen V-Bezirks im Amt von zusätzlichen Einkünften der OHG erfahren. Diese hatte exklusiv 100 handgefertigte Uhren an den ortsansässigen Autounternehmer Wöller geliefert, der diese im Kommunalwahlkampf als Geschenke verteilt hatte. Bereits im Dezember 02 hatte das FA eine anonyme Anzeige erhalten, in der mögliche Ungereimtheiten bei der OHG im Zusammenhang mit Wöller vermutet wurden, denen das FA „doch im Interesse der Gerechtigkeit nachgehen solle". Die Anzeige hatte der zuständige Bearbeiter jedoch unberücksichtigt gelassen. Aufgrund der nun eingegangenen Kontrollmitteilung stellte sich heraus, dass die OHG die Angelegenheit damals absichtlich zu Zwecken der Steuerersparnis verschwiegen hatte. Man hatte seinerzeit von Wöller für die Uhren eine Summe von 100.000 € erhalten.

Aufgrund dieser beiden Sachverhalte hatte das FA im Juni 08 den Feststellungsbescheid 02 entsprechend geändert und die Einnahmen der OHG um insgesamt 155.000 € erhöht.

Die OHG ist mit den geänderten Bescheiden nicht einverstanden und legt jeweils in zulässiger Weise Einspruch ein. Bezüglich des VZ 01 trägt sie vor, die Änderung beruhe auf der rechtswidrigen Erhöhung des Feststellungsbescheides für die Mastertime KG. Hier habe man anscheinend eine Änderung gem. § 164 Abs. 2 AO vorgenommen, obwohl der Bescheid gar nicht unter dem Vorbehalt der Nachprüfung gestanden habe. Dieses Vorgehen sei einfach skandalös. Es könne auch nicht argumentiert werden, es habe sich um neue Tatsachen gehandelt, da dem FA alle bereits relevanten Fakten vorgelegen hatten, der Prüfer habe lediglich eine andere Rechtsansicht vertreten als der Innendienst-Sachbearbeiter.

Vielmehr müsse man für den VZ 01 sogar eine erneute Änderung zugunsten der OHG beantragen: Es habe sich nämlich erst kürzlich herausgestellt, dass in diesem Jahr bei der OHG ein zu hoher Gewinn aus der Veräußerung eines Teilbetriebes angesetzt worden war.

Die OHG hatte in 01 einen selbständigen Teilbetrieb an die Firma Hoppsi-Puppen (H) zum Preis von 2,1 Millionen € verkauft. Im Vertrag war vereinbart worden, dass die OHG eine bereits bestehende Sicherungsgrundschuld auf einem anderen Betriebsgrundstück der OHG zugunsten der Gläubigerbank Moskau-Invest (M) der Erwerberin als zusätzliche Kreditsicherung auch nach dem Verkauf weiter zur Verfügung stellt.

Die H sei aber nun in 07 in Insolvenz gegangen, die M habe im Dezember 07 die OHG aus der Sicherungsgrundschuld auf Zahlung von 100.000 € Restschuld in Anspruch genommen, die die OHG zähneknirschend gezahlt hätte. Es müsse daher der in 01 angesetzte Gewinn um 100.000 € gemindert werden, da effektiv der Veräußerungsgewinn gemindert sei.

Die Änderung 02 sei ebenso wenig nachvollziehbar. Es lägen bereits die Voraussetzungen der genannten Korrekturvorschriften nicht vor. Vor allem sei es nicht in Ordnung, die OHG darunter leiden zu lassen, dass einer ihrer Gesellschafter einen Prozess gewonnen habe. Schließlich sei die Fehlberücksichtigung der Einnahmen einzig und allein auf ein Versäumnis des FA zurückzuführen, und in dem Zeitpunkt, als man die OHG zum Verfahren hinzugebeten habe, habe die Entscheidung des Gerichts ja auch praktisch schon festgestanden. Nach einer so langen Zeit könne daher keine Berücksichtigung bei der OHG mehr erfolgen.

Selbst wenn aber eine Änderung möglich wäre, wäre sie in jedem Fall auszugleichen: Zum einen habe man im Zusammenhang mit den nunmehr entdeckten Geschäften mit dem Autohändler Wöller im Jahr 02 auch Betriebsausgaben in Höhe von 30.000 € gehabt, die zu berücksichtigen seien. Des Weiteren habe man noch einige Quittungen aus Betriebsausgaben in Höhe von 45.000 € in der Hinterhand, die der Steuerberater aus Unfähigkeit nicht in der Bilanz berücksichtigt habe. Nun sei ja wohl die Zeit gekommen diese geltend zu machen.

Der im FA zuständige SB prüft die Einsprüche der OHG. Bei der Prüfung des Feststellungsbescheides 01 entdeckt er noch, dass sein Vorgänger einen schweren Rechenfehler zugunsten der OHG verursacht hatte: Es waren Einnahmen der OHG falsch addiert und daher um 80.000 € zu niedrig angesetzt worden.

Aufgaben:

- Sind die Einsprüche der OHG gegen die geänderten Feststellungsbescheide 01 und 02 begründet? Die Zulässigkeit ist nicht zu prüfen!
- Welche Entscheidungen hat das FA zu treffen?

Hinweis! Gehen Sie davon aus, dass das Vorbringen der OHG **in tatsächlicher Hinsicht** zutreffend ist.

Sachverhalt 2

Der ledige Mathieu Macho (M) aus Lay ist als selbständiger Personal-Fitness-Coach tätig. Für das Jahr 01 übermittelt M am 31.05.02 eine korrekte Steuererklärung und Einnahmenüberschussrechnung an das für ihn zuständige Finanzamt Koblenz. Der Fall landet bei Sachbearbeiter Zust (Z). Dieser hat durch die herausragende Betreuungsleistung des M in den vergangenen 2 Jahren 45 kg Körpergewicht verloren und seine Fitness und sein Aussehen erheblich verbessert. Aufgrund dessen konnte er nach langer Junggesellenzeit auch seine neue Verlobte Rosita für sich gewinnen. Daher ist Z dem M sehr dankbar und möchte sich nun bei der Bearbeitung der Einkommensteuererklärung revanchieren. Er ändert daher die von M in seiner Erklärung korrekt angegebenen Zahlen der Anlage „V". Es ergibt sich aufgrund dessen statt der von M erklärten Einkünfte von 8.700 € aus Vermietung und Verpachtung nunmehr lediglich ein Betrag von 900 €. Der Bescheid wird am 22.07.02 ohne Nebenbestimmungen bekannt gegeben.

Am 30.07.02 trifft Z den M zufällig beim Joggen. Er berichtet ihm stolz von seiner Tat. M überlegt kurz, ob er das Vorgehen des Z gutheißen kann, entscheidet sich dann aber dafür, nichts zu unternehmen. Er ist der Auffassung, dass Z als Finanzbeamter ja an der Quelle sitze und die Sache daher ohnehin nicht herauskomme, außerdem habe er selbst wegen seiner Tätigkeit als Coach schon so hohe Steuern zu zahlen, da sei das schon moralisch in Ordnung, an dieser Stelle einmal ausnahmsweise zu sparen.

Aufgaben:

1. Prüfen Sie, ob sich M oder Z wegen Steuerhinterziehung strafbar gemacht haben. Eine etwaige Teilnahme an der Tat ist nicht zu prüfen.

2. Kann der Einkommensteuerbescheid 01 geändert werden, wenn dem Mitarbeiter im Bezirk des Z im Januar 08 anhand von versteckten Unterlagen in der Schublade des Z die fehlerhafte Erfassung der Vermietungseinkünfte auffällt? Prüfen Sie hierbei alle ernsthaft in Betracht kommenden Korrekturvorschriften.

Sachverhalt 3

Der ledige Konstantin Kanns (K), wohnhaft in Konz, hat Rückstände in Höhe von ca. 20.000 € beim zuständigen Finanzamt Trier. Alle Beträge sind bereits seit einiger Zeit in Vollstreckung.

Der Vollziehungsbeamte Veit Baur (VB) des FA wird im November 07 zu K geschickt, um neue Vollstreckungsmöglichkeiten zu ermitteln. Er findet tatsächlich heraus, dass K seit wenigen Monaten ein Mietshaus in der Innenstadt von Konz besitzt, das mit hohen Grundpfandrechten belastet ist. Eine Vollstreckung in das unbewegliche Vermögen kommt insoweit nicht Betracht.

VB ermittelt jedoch als Mieterin u.a. die Susi Sorglos (S). Er teilt seine Ermittlungsergebnisse dem Sachbearbeiter Ricardo (R) der Vollstreckungsstelle mit.

Dieser erlässt eine Pfändungs- und Einziehungsverfügung mit dem üblichen Inhalt, die S am 15.12.07 zugestellt wird. In der Verfügung werden die Pfändung und die Einziehung der dem K gegen S zustehenden gegenwärtigen und künftigen Ansprüche auf Mietzahlung für die Wohnung Klosterstraße 11, 1. Obergeschoss, 54329 Konz angeordnet.

S reagiert nicht. SB R überlegt, was nun zu tun ist.

Aufgaben:

1. Wie kann das FA Trier die Abgabe der Drittschuldnererklärung erzwingen? Schildern Sie kurz den weiteren Verfahrensablauf, die Voraussetzungen etwaiger zu treffender Maßnahmen und die Konsequenzen im Fall der Erfolglosigkeit der Maßnahmen.

2. Welche Auswirkungen hätte es auf die Pfändung, wenn das zuständige Amtsgericht am 20.11.07 die Zwangsverwaltung des Grundstücks wirksam angeordnet hätte?

Sachverhalt 4 (Fortsetzung von Sachverhalt 3)

> **Hinweis!** Gehen Sie für diese Fortsetzung davon aus, dass die Zwangsverwaltung des Grundstücks nicht angeordnet worden ist.

Aufgrund der Forderungspfändung kommt es im Februar und März 08 zu regem Schriftverkehr zwischen Finanzamt und S. Schließlich zahlt S am 25. März 08 für die Monatsmieten Januar bis März 08, die jeweils zu Beginn des Monats fällig gewesen wären, insgesamt 2.400 € an das Finanzamt, bevor sie im April schließlich aus der Wohnung auszieht.

Am 31. März 08 stellt K einen formgerechten Antrag auf Eröffnung des Verbraucherinsolvenzverfahrens. Am 20. April 08 wird vom zuständigen Gericht der Rechtsanwalt Paul Protz (P) als vorläufiger Insolvenzverwalter eingesetzt.

Aufgaben:

1. Welche Konsequenzen hat allgemein die Einsetzung eines vorläufigen Insolvenzverwalters mit Verhängung eines allgemeinen Verfügungsverbots gegen den Insolvenzschuldner? Welche Maßnahmen sind im Regelinsolvenzverfahren von Seiten des Finanzamts in solchen Fällen zu treffen? Beschreiben Sie kurz die notwendigen Arbeitsabläufe.
2. Welche Auswirkungen hätte es, wenn im Juni 08 das Verbraucherinsolvenzverfahren über das Vermögen des K eröffnet würde? Kann der eingesetzte Insolvenzverwalter vom Finanzamt die Auszahlung des von S vereinnahmten Geldes verlangen?
3. Würde sich die Betrachtung ändern, wenn der Antrag des K alternativ am 10. Dezember 08 gestellt worden und die Eröffnung des Insolvenzverfahrens im Februar 09 erfolgt wäre?

B.   Lösungen
Sachverhalt 1

Die Einsprüche gegen die Feststellungsbescheide 01 und 02 sind begründet, wenn die angefochtenen Bescheide rechtswidrig sind.

Die Änderungsbescheide sind rechtswidrig, wenn entweder keine Korrekturvorschrift vorgelegen hat oder die Feststellungsverjährung bereits abgelaufen war. Es hat eine Gesamtfallüberprüfung gem. § 367 Abs. 2 Satz 1 AO zu erfolgen, allerdings, da es sich um Änderungsbescheide handelt, gem. § 351 Abs. 1 AO beschränkt auf den Umfang der Änderung.

> **Hinweis!** Zwar handelt es sich bei § 351 Abs. 1 AO systematisch gesehen um eine Voraussetzung für die Zulässigkeit eines Einspruchs. Die beabsichtigte Wirkung der Norm soll es jedoch sein, im Ergebnis die Wertung des § 177 AO bei der Gesamtfallüberprüfung des Bescheides zu erreichen. Für Klausuren gilt daher, dass – solange klar dargestellt ist, dass § 351 Abs. 1 AO eigentlich eine Zulässigkeitsvoraussetzung ist – die Korrekturvorschriften, die im Fall angelegt sind, auch im Rahmen der Begründetheitsprüfung erörtert werden können. Ergibt sich dann ein Ergebnis außerhalb des „Änderungsrahmens", ist der Einspruch eben nicht nur teilweise unbegründet, sondern ggf. sogar teilweise unzulässig.

Gem. § 181 Abs. 1 Satz 1 AO gelten für Feststellungsbescheide die Vorschriften für Steuerbescheide sinngemäß.

Feststellungsbescheid 01:

Es liegt hier eine Änderung gem. § 175 Abs. 1 Nr. 1 AO vor. Der Feststellungsbescheid für die Mastertime KG erging gem. §§ 180 Abs. 1 Nr. 2a, 179 Abs. 2 Satz 2 AO und ist Grundlagenbescheid für die beteiligte Ührli OHG. Für deren Besteuerung ist der Bescheid bindend gem. § 182 Abs. 1 AO, da die Beteiligungseinkünfte der OHG verbindlich festgestellt werden. Der F-Bescheid 01 für die KG hat sich geändert, daher ist die Änderung im Folgebescheid, dem Feststellungsbescheid der OHG gem. § 175 Abs. 1 Nr. 1 AO nachzuvollziehen.

Die OHG trägt vor, der F-Bescheid der KG habe nicht geändert werden dürfen. Gem. § 351 Abs. 2 AO ist dieser Einwand im Einspruchsverfahren gegen den Folgebescheid nicht möglich. Eine Änderung nach § 175 Abs. 1 Nr. 1 AO ist nur dann nicht möglich, wenn der Grundlagenbescheid keine Wirkung entfaltet, weil er nichtig oder nicht wirksam bekannt gegeben worden ist. Vorliegend ist der F-Bescheid der KG scheinbar gem. § 164 Abs. 2 Satz 1 AO geändert worden, obwohl kein Vorbehalt der Nachprüfung vorgelegen hat. Die Voraussetzungen für eine Änderung nach § 173 Abs. 1 Nr. 1 AO lagen ebenfalls nicht vor. Dies führt jedoch allenfalls zur Rechtswidrigkeit und nicht zur Nichtigkeit des Bescheides. Eine wirksame Bekanntgabe liegt ebenfalls vor. Die KG hatte keinen Empfangsbevollmächtigten benannt. Dann gilt gem. § 183 Abs. 1 Satz 2 AO ein zur Vertretung der Gesellschaft Berechtigter als zum Empfang bevollmächtigt. Bei einer KG sind gem. §§ 125 Abs. 1, 161 Abs. 2 HGB die Komplementäre einzeln zur Vertretung berechtigt. Da die OHG Komplementärin der KG ist, war die Bekanntgabe an sie somit nicht zu beanstanden, zumal auch der nach § 183 Abs. 1 Satz 5 AO erforderliche Hinweis enthalten war. Der Grundlagenbescheid ist also wirksam, die Voraussetzungen für eine Änderung nach § 175 Abs. 1 Nr. 1 AO lagen vor.

Alternativlösung zur Frage der wirksamen Bekanntgabe des Feststellungsbescheids für die KG:
Abweichend von § 183 AO ist es auch möglich, an alle Gesellschafter der KG einzeln bekannt zu geben. In diesem Fall wäre der Bescheid auf jeden Fall gegenüber denjenigen Gesellschaftern wirksam, die eine Ausfertigung erhalten haben, gegenüber den anderen kann die Bekanntgabe nachgeholt werden. Insofern wäre die Bekanntgabe an die OHG mit Wirkung für diese ausreichend. Kandidaten, die diese Lösung wählen müssen allerdings darstellen, dass bei von § 183 AO abweichender Einzelbekanntgabe an einen von mehreren Gesellschaftern gem. BFH-Rechtsprechung die Bekanntgabe gegenüber diesem wirksam ist (vgl. AEAO zu § 122, Nr. 2.5.1).

Es ist gem. § 169 Abs. 1 Satz 1 AO die Feststellungsverjährung zu prüfen. Diese beginnt hier aufgrund der Abgabepflicht der OHG aus § 181 Abs. 2 AO gem. § 170 Abs. 2 Nr. 1 AO mit Ablauf des Jahres, in dem die Feststellungserklärung abgegeben worden ist, hier also mit Ablauf des Jahres 02. Sie dauert gem. § 169 Abs. 2 Nr. 2 AO 4 Jahre, endet daher regulär mit Ablauf des Jahres 06, wäre also zur Zeit der vollzogenen Änderung am 30.05.08 bereits abgelaufen.

Für die Korrektur wegen des geänderten Grundlagenbescheides kommt eine Ablaufhemmung nach § 171 Abs. 10 Satz 1 AO in Betracht. Danach endet die Festsetzungsfrist für den Folgebescheid nicht vor Ablauf von zwei Jahren nach Bekanntgabe des Grundlagenbescheides. Diese geschah hier am 12.04.08. Somit war eine Änderung bis zum 12.04.10 möglich, ist hier also rechtzeitig vollzogen worden.

Weiter ist zu prüfen, ob aufgrund des Vorbringens der OHG eine anderweitige Änderung des Feststellungsbescheides der OHG vorzunehmen ist.

Es handelt sich bei den nachträglichen Kosten der OHG aus der Inanspruchnahme durch M nicht um neue Tatsachen i.S.v. § 173 Abs. 1 Nr. 1 AO, da letztere nur dann gegeben sind, wenn die maßgeblichen Sachverhalte bereits vor Erlass des Steuerbescheides vorlagen, dem FA aber erst später bekannt werden. Dies ist hier nicht der Fall, die Inanspruchnahme durch die M erfolgte erst in 08.

Die Inanspruchnahme durch die Gläubigerbank der Erwerberin könnte zu einer rückwirkenden Minderung des Veräußerungsgewinns gem. § 16 EStG mit der Folge einer Änderungsmöglichkeit nach § 175 Abs. 1 Nr. 2 AO führen. Es müsste sich hier um ein nachträgliches Ereignis handeln, das steuerliche Wirkung für die Vergangenheit hat. Da die OHG aufgrund der mit der Erwerberin vereinbarten Sicherung durch die Grundschuld auf Zahlung in Anspruch genommen worden ist, ist wirtschaftlich gesehen für sie der Erlös aus der Teilbetriebsveräußerung gemindert (vgl. BFH GrS vom 19.07.1993, BStBl II 1993, 894). Ergibt sich aufgrund von Umständen, die nach der Veräußerung neu hinzutreten, dass der der Besteuerung zugrunde gelegte Wert des Betriebsvermögens zu hoch oder zu niedrig ist, so ist demnach dieser Wert mit Wirkung auf den Zeitpunkt der Veräußerung entsprechend zu korrigieren. Es liegt folglich ein rückwirkendes Ereignis i.S.d. § 175 Abs. 1 Nr. 2 AO vor, wenn der Veräußerer nachträglich von den Gläubigern für Verbindlichkeiten des veräußerten Betriebs in Anspruch genommen wird und sich dadurch der tatsächlich erzielte Veräußerungsgewinn entsprechend endgültig mindert. Dabei ist nicht entscheidend, ob bereits im Zeitpunkt der Veräußerung ernsthaft mit einer späteren Inanspruchnahme durch einen Gläubiger – hier aus dem Grundpfandrecht – zu rechnen war.

Es liegen daher die Voraussetzungen für eine Änderung des Bescheides gem. § 175 Abs. 1 Nr. 2 AO in Höhe des zu mindernden Veräußerungsgewinns von 100.000 € zugunsten der OHG vor.

Hinsichtlich der Verjährung für die nachträgliche Berücksichtigung der Inanspruchnahme aus der Grundschuld ist die Anlaufhemmung des § 175 Abs. 1 Satz 2 AO anzuwenden. Die Festsetzungsfrist beginnt insoweit also erst mit Ablauf des Kalenderjahres, in dem das Ereignis eintritt, hier also mit Ablauf des Jahres 07, da in diesem Jahr die Inanspruchnahme durch die M-Bank erfolgte und die OHG die Summe zahlen musste. Die Festsetzungsfrist ist daher insoweit erst mit Ende des Jahres 11 abgelaufen. Auch für diesen Sachverhalt ist somit noch keine Festsetzungsverjährung eingetreten.

Wegen des Rechenfehlers kommt eine Änderung nach § 129 Satz 1 AO in Betracht. Der Fehler ist beim Erlass des Feststellungsbescheides unterlaufen und kann daher grundsätzlich beseitigt werden. Es steht allerdings der Ablauf der Festsetzungsfrist entgegen. Diese endet wie oben geprüft regulär mit Ablauf des Jahres 06. Die Ablaufhemmung des § 171 Abs. 2 AO greift nicht, da der unrichtige Bescheid bereits aus dem Jahr 02 stammt, die verlängerte Berichtigungsfrist daher nicht über die reguläre Feststellungsfrist hinausgeht. Eine Änderung gem. § 129 Satz 1 kommt daher nicht in Betracht. Der Fehler kann allenfalls im Rahmen der Gesamtfallüberprüfung gem. §§ 367 Abs. 2 Satz 1, 351 Abs. 1 AO Berücksichtigung finden. Offenbare Unrichtigkeiten i.S.d. § 129 AO sind hier erfasst.

Das FA hat somit auf den Einspruch der OHG den Bescheid dergestalt abzuändern, dass neben der Änderung nach § 175 Abs. 1 Nr. 1 AO mit den um 25.000 € erhöhten Besteuerungsgrundlagen noch die Änderung gem. § 175 Abs. 1 Nr. 2 AO berücksichtigt wird, die die Besteuerungsgrundlagen wiederum um 100.000 € verringert. Weiterhin ist der Rechenfehler i.H.v. 80.000 € als materieller Fehler erhöhend mit einzubeziehen.

> **Hinweis!** Laut BFH (Urteil vom 09.06.1993, BStBl II 1993, 822) ist es hier aus Vereinfachungsgründen nicht zu beanstanden, entgegen dem Gesetzeswortlaut nicht die steuerlichen Auswirkungen aller materieller Fehler bzw. Änderungsmöglichkeiten zu vergleichen, sondern mit den zu ändernden Besteuerungsgrundlagen zu arbeiten, solange sich diese in vergleichbarer Weise auswirken.

Änderungsrahmen des § 351 Abs. 1 AO

Änderung § 175 Abs. 1 Nr. 1 AO	+ 25.000 €
Änderung § 175 Abs. 1 Nr. 2 AO	./. 100.000 €
Materieller Fehler	+ 80.000 €
Änderung	**+ 5.000 €**

Richtigerweise wären daher die Besteuerungsgrundlagen gegenüber dem ursprünglichen Bescheid um 5.000 € zu erhöhen gewesen. Da die dem Einspruch vorausgehende Änderung die Besteuerungsgrundlagen um 25.000 € erhöht hatte, muss nunmehr eine weitere Änderung erfolgen, in der die Besteuerungsgrundlagen wieder um 20.000 € verringert werden. Es ist eine entsprechende Einspruchsentscheidung zu erlassen, da dem Einspruch der OHG nicht in vollem Umfang entsprochen worden ist, § 367 Abs. 1 S. 1 AO.

Feststellungsbescheid 02

Die Berücksichtigung der beim Gesellschafter S aufgrund des Gerichtsurteils gestrichenen Einnahmen bei der OHG könnte nach § 174 Abs. 4 AO erfolgt sein. Aufgrund einer falschen rechtlichen Beurteilung durch das FA war ein bestimmter Sachverhalt falsch beurteilt worden, nämlich Einnahmen statt bei der OHG beim Gesellschafter S angesetzt worden. Diese sind nun nach erfolglosem Einspruch auf die Klage des S durch das Finanzgericht zu seinen Gunsten wieder gestrichen worden. § 174 Abs. 4 AO ermöglicht es, aus dieser Entscheidung die richtigen rechtlichen Konsequenzen durch Änderung eines anderen Steuerbescheides zu ziehen. Richtig ist es im vorliegenden Fall, die Einnahmen bei der OHG anzusetzen. Es kann daher grundsätzlich eine Änderung des Feststellungsbescheides 02 der OHG vorgenommen werden. Weitere Voraussetzung des § 174 Abs. 4 ist die Einhaltung bestimmter Fristen, die sich u.a. auf die Verjährung beziehen. Die Feststellungsverjährung 02 beginnt gem. § 170 Abs. 2 Nr. 1 AO für den VZ 02 mit Ablauf des Kalenderjahres, in dem die OHG ihre Feststellungserklärung abgegeben hat, also mit Ablauf 03, sie dauert gem. § 169 Abs. 2 Nr. 2 AO 4 Jahre und endet somit mit Ablauf 07. Die Änderung erfolgte hier jedoch erst im Juni 08. Hier greift aber § 174 Abs. 4 Satz 3 AO, wonach die Änderung noch innerhalb eines Jahres nach Änderung des fehlerhaften Bescheides, hier also nach der Entscheidung des FG vom 02.02.08 erfolgen kann. Dies war hier mit der Korrektur vom Juni 08 demnach rechtzeitig.

Ebenso hindert § 174 Abs. 4 Satz 4 AO nicht die Änderung, da der Erlass des fehlerhaften Bescheides gegenüber S am 08.08.03, also eindeutig noch innerhalb der Feststellungsfrist für die Feststellung 02 der OHG erfolgte, die wie bereits erläutert erst mit Ablauf 07 endete.

Gem. § 174 Abs. 5 AO ist eine Änderung gegenüber der OHG nur dann möglich, wenn diese ordnungsgemäß am Verfahren beteiligt war, das zur Aufhebung des fehlerhaften Bescheides geführt hat. Hier ist die OHG vom Finanzgericht durch Beschluss vom 06.12.07 zum Verfahren beigeladen worden. Dies ist zwar spät aber noch vor Ablauf der regulären Feststellungsverjährung bei der OHG (vgl. AEAO zu § 174, Nr. 6). Aufgrund der Beiladung hatte die OHG als Dritte die Möglichkeit, sich am Verfahren zu beteiligen, sodass sie ihre Argumente vorbringen konnte. Es ist davon auszugehen, dass die OHG hierzu ausreichend Gelegenheit hatte.

Die Änderung gem. § 174 Abs. 4, Abs. 5 AO ist daher zulässig.

Weiterhin hat das FA zusätzliche Einnahmen der OHG aus Uhrenverkäufen berücksichtigt. Korrekturgrundlage hierfür könnte § 173 Abs. 1 Nr. 1 AO sein. Danach können Steuerbescheide und gleichgestellte Bescheide wegen neu bekannt gewordener Tatsachen korrigiert werden. Tatsache kann alles sein, was Merkmal oder Teilstück eines steuergesetzlichen Tatbestandes sein kann, hier die Betriebseinnahmen aus dem Uhrenverkauf an W. Diese werden nachträglich bekannt, wenn der zuständige Bearbeiter erst nach abschließender Zeichnung davon Kenntnis erlangt. Dies ist hier der Fall, da die Einnahmen erst durch die Betriebsprüfung festgestellt worden sind. Die Einnahmen führen zu einem höheren Gewinn der OHG, daher später zu höheren Steuern bei den Gesellschaftern. Die Änderung ist auch nicht nach Treu und Glauben wegen Verletzung der Ermittlungspflicht des FA aus § 88 AO ausgeschlossen. Zwar lag bereits in 02 eine anonyme Anzeige wegen des Sachverhalts vor. Das FA ist jedoch nicht verpflichtet, jeder Anzeige umfassend nachzugehen, es darf grundsätzlich auf die Richtigkeit der Angaben des Steuerpflichtigen vertrauen. Selbst wenn man eine Verletzung der Ermittlungspflicht bejaht, muss hier der OHG entgegengehalten werden, dass sie durch das bewusste Verschweigen der Einnahmen ihre Mitwirkungspflicht eklatant verletzt hat, was auf jeden Fall schwerer wiegt als ein etwaiges Versäumnis des FA.

Die Voraussetzungen für eine Änderung gem. § 173 Abs. 1 Nr. 1 AO liegen somit vor.

Es ist hinsichtlich der neuen Tatsachen noch die Feststellungsfrist zu prüfen. Wie oben erläutert endet diese regulär mit Ablauf 07. Hier kommt jedoch wegen der Steuerhinterziehung eine verlängerte Dauer der Frist gem. § 169 Abs. 2 Satz 2 AO von 10 Jahren zur Anwendung. Die OHG hat absichtlich Einnahmen verschwiegen um dadurch Steuern zu sparen. Die Änderung gem. § 173 Abs. 1 Nr. 1 AO geschah daher innerhalb der Frist, die somit insoweit erst mit Ablauf des Jahres 13 endet.

Die OHG macht im Zusammenhang mit den Uhrengeschäften mit W noch Ausgaben geltend. Hier könnte eine Änderung gem. § 173 Abs. 1 Nr. 2 AO in Betracht kommen. Die Ausgaben sind nicht mit den Einnahmen zu saldieren und als eine Tatsache zu betrachten, da es sich nicht um eine völlig neue Einkunftsquelle handelt und auch keine Schätzung des FA vorausgegangen ist. Die Betriebsausgaben sind neue Tatsachen, die nachträglich bekannt geworden sind. Sie führen zu einer niedrigeren Steuer. Allerdings trifft die OHG ein grobes Verschulden am nachträglichen Bekanntwerden. Grobes Verschulden ist Vorsatz und grobe Fahrlässigkeit. Die OHG hat absichtlich, also vorsätzlich die Ein- und Ausgaben aus dem Uhrengeschäft mit W verschwiegen. Allerdings ist das Verschulden unbeachtlich, da die Ausgaben gem. § 173 Abs. 1 Nr. 2 Satz 2 AO in unmittelbaren Zusammenhang mit Tatsachen nach Nr. 1, nämlich den oben erwähnten Einnahmen stehen. Ohne diese Einnahmen hätte die OHG auch die entsprechenden Ausgaben nicht getätigt. Die Voraussetzungen für eine Änderung nach § 173 Abs. 1 Nr. 2 AO liegen daher ebenfalls vor.

Bezüglich der Ausgaben liegt jedoch keine Steuerhinterziehung vor, sodass der Berücksichtigung nach § 173 Abs. 1 Nr. 2 AO der Ablauf der Feststellungsfrist entgegensteht. Der Betrag kann daher nur im Rahmen der Ermittlung des Gesamtergebnisses nach § 351 Abs. 1 AO berücksichtigt werden.

> **Hinweis!** Auch vertretbar ist es, hinsichtlich der o.g. Änderung nach § 173 Abs. 1 Nr. 1 AO wegen der nachträglich bekannt gewordenen **Einnahmen** nur in Höhe des hinterzogenen Betrages eine verlängerte Festsetzungsfrist zuzulassen, da die zugehörigen Ausgaben bei der Prüfung des Taterfolgs der Steuerverkürzung als tatzugehörige Ermäßigungsgründe gegengerechnet werden dürfen. Dann läge nur in Bezug auf die Differenz der Tatbestand der Steuerhinterziehung vor, der die Anwendung der 10-jährigen Verjährungsfrist rechtfertigt. Das Ergebnis bleibt gleich, da jeweils die Differenz aus Einnahmen und Ausgaben nachträglich noch angesetzt werden kann.

Schließlich macht die OHG weitere Ausgaben geltend, die der Steuerberater „aus Unfähigkeit" nicht berücksichtigt habe. Eine Geltendmachung gem. § 173 Abs. 1 Nr. 2 AO kommt wegen groben Verschuldens nicht in Betracht. Die OHG muss sich das grob fahrlässige Handeln ihres Steuerberaters hier zurechnen lassen. Dieser ist verpflichtet, die eingereichten Belege sorgfältig zu prüfen. Tut er dies nicht, verletzt er die im Verkehr erforderliche Sorgfalt in besonders hohem Maße, schließlich gehört genau dies zu seinen Pflichten als steuerlicher Vertreter der OHG. Somit können auch diese Ausgaben allenfalls gem. § 351 Abs. 1 AO angesetzt werden.

Es bestehen daher folgende Korrekturmöglichkeiten:

Änderungsrahmen des § 351 Abs. 1 AO

Änderung gem. § 174 Abs. 4 AO	+ 55.000 €
Änderung gem. § 173 Abs. 1 Nr. 1 AO	+ 100.000 €
materielle Fehler Ausgaben Uhren	./. 30.000 €
vergessene Ausgaben	./. 45.000 €
Änderung	**+ 80.000 €**

Die Besteuerungsgrundlagen sind insgesamt gegenüber dem ursprünglichen Bescheid um 80.000 € zu erhöhen. Das FA hatte bereits einen Änderungsbescheid über um 155.000 € erhöhte Besteuerungsgrundlagen zu erlassen. Es hat nunmehr eine Änderung dergestalt zu erfolgen, dass die Ausgaben in Höhe von insgesamt 75.000 € abzuziehen sind. Im Übrigen ist der Einspruch durch Einspruchsentscheidung zurückzuweisen (bzw. durch Einspruchsentscheidung die Steuer in korrekter Höhe festzusetzen und der Einspruch im Übrigen zurückzuweisen).

Sachverhalt 2

Zu Aufgabe 1:

Z könnte durch die Erfassung falscher Zahlen bei der Veranlagung des M eine Steuerhinterziehung gem. § 370 Abs. 1 Nr. 1 AO begangen haben.

Z müsste zunächst gegenüber einer Finanzbehörde unrichtige oder unvollständige Angaben gemacht haben. Entgegen der Steuererklärung hat Z die Einkünfte des M aus Vermietung und Verpachtung zu niedrig im PC eingegeben. Diese Angaben macht Z auch gegenüber der Finanzbehörde, hier dem FA Koblenz (§ 6 Abs. 2 Nr. 5 AO). Dem steht nicht entgegen, dass Z selbst der zuständige Sachbearbeiter ist. Die eingegebenen Daten fließen in die Bearbeitung des Steuervorgangs, Z nimmt daher Einfluss auf das Verfahren (vgl. Ransiek in Kohlmann, Steuerstrafrecht, § 370 Tz. 581 f.), das Tatbestandsmerkmal ist erfüllt. Die Angaben sind auch steuerlich erheblich, da sie die Einkünfte aus § 21 EStG beeinflussen.

Weiterhin muss auch ein Taterfolg gem. § 370 Abs. 4 Satz 1 AO eintreten, es muss zu einer Steuerverkürzung gekommen sein. Das ist gegeben durch Bekanntgabe des unrichtigen Einkommensteuerbescheides am 22.07.02. Es handelt sich um eine Steuerhinterziehung zugunsten eines Dritten, hier des M.

Die Handlung des Z müsste auch kausal für diese Steuerverkürzung gewesen sein, es gilt die Äquivalenztheorie. Ohne die fehlerhaften Angaben des Z bei der Erfassung wäre die Steuer nicht zu niedrig festgesetzt worden, weil die korrekten Daten des MV verwendet worden wäre, die Kausalität ist also gegeben.

Der objektive Tatbestand ist somit erfüllt.

Z müsste gem. § 369 Abs. 2 AO i.V.m. § 15 StGB vorsätzlich gehandelt haben. Vorsatz ist Wissen und Wollen der Verwirklichung des objektiven Tatbestandes. Z wusste, dass die Einkünfte aus Vermietung und Verpachtung von M anders erklärt worden waren, er gab sie aber bewusst falsch ein, um dem M einen Gefallen zu tun. Es liegt also Vorsatz vor, hier in Form von Absicht, da es Z gerade auf den Erfolg ankam.

Anhaltspunkte für eine Rechtfertigung oder Entschuldigung der Tat sind nicht gegeben, daher handelte Z auch rechtswidrig und schuldhaft.

Z hat sich daher wegen Steuerhinterziehung gem. § 370 Abs. 1 Nr. 1 AO strafbar gemacht.

Auch M könnte eine Steuerhinterziehung begangen haben.

Eine Tat nach § 370 Abs. 1 Nr. 1 AO kommt nicht in Betracht, da M gegenüber dem Finanzamt eine korrekte Steuererklärung abgegeben hat. Er hat auch keinen Einfluss auf Z bei dessen Tat genommen oder ihn als Anstifter hierzu angeregt.

Fraglich ist, ob er nach Kenntnis der falschen Veranlagung verpflichtet gewesen wäre, auf eine Korrektur des Bescheides hinzuwirken und durch Unterlassen dieser Berichtigung eine Steuerhinterziehung gem. § 370 Abs. 1 Nr. 2 AO zu bejahen ist.

M hatte jedoch vorliegend keine Pflicht zur Berichtigung der Veranlagung gem. § 153 Abs. 1 S. 1 AO, da die von ihm abgegebene Erklärung wie oben erläutert nicht unrichtig gewesen ist.

M hat daher keine Steuerhinterziehung begangen.

Zu Aufgabe 2:
Der Einkommensteuerbescheid könnte im Januar 08 geändert werden, wenn eine Korrekturvorschrift hierfür gegeben ist und die Festsetzungsverjährung noch nicht eingetreten ist.

§ 164 Abs. 2 Satz 1 AO kommt mangels Vorbehalts der Nachprüfung nicht in Betracht, der Bescheid ist ohne Nebenbestimmungen ergangen. Ebenso wenig kann eine Berichtigung nach § 129 AO erfolgen, da kein Versehen beim Erlass des Bescheides gegeben ist, sondern dieser absichtlich von Z unrichtig erstellt wurde.

Zu prüfen ist eine Korrektur nach § 173 Abs. 1 Nr. 1 AO. Die Einkünfte aus Vermietung und Verpachtung in der korrekten Höhe sind eine Tatsache, da sie Merkmal eines steuergesetzlichen Tatbestandes sind. Fraglich ist jedoch, ob sie der Finanzbehörde nachträglich bekannt werden, wenn dem Mitarbeiter im Januar 08 die Abweichung von der Steuererklärung auffällt. Dies hängt davon ab, ob das Wissen des Sachbearbeiters Z der Finanzbehörde zuzurechnen ist mit der Folge, dass ein nachträgliches Bekanntwerden nicht in Betracht kommt. Es gilt insoweit als bekannt, was sich aus dem Inhalt der Akten ergibt. Da Z die korrekte Anlage V entfernt hat, sind die echten Einkünfte aus Vermietung und Verpachtung nicht aus der Akte ersichtlich. Dem zuständigen Sachbearbeiter waren sie aber bekannt. Wenn wie im vorliegenden Fall Tatsachen vom zuständigen Beamten bewusst unterdrückt und ein fingierter Sachverhalt der Besteuerung zugrunde gelegt wird, kommt es für die Frage, ob die Kenntnis des Beamten der Finanzbehörde zuzurechnen ist, darauf an, ob der Steuerpflichtige den Verstoß veranlasst oder auf sonstige Weise mit dem Finanzbeamten einvernehmlich zusammengearbeitet hat (vgl. BFH vom 28.04.1998, BStBl II 1998, 458).

Wenn der Steuerpflichtige, wie hier M, von der zutreffenden Bearbeitung der Erklärung ausgeht und seiner Mitwirkungspflicht voll nachgekommen ist, dann gelten die Tatsachen als der Finanzbehörde bekannt. Das Vertrauen des M in die zutreffende Behandlung des Sachverhalts und die Bestandskraft des Steuerbescheides ist insoweit schutzwürdig.

Da somit die tatsächlichen Einkünfte aus § 21 EStG nicht nachträglich bekannt werden, kann eine Korrektur des Steuerbescheides nach § 173 Abs. 1 Nr. 1 AO nicht erfolgen.

Weiterhin ist § 172 Abs. 1 Nr. 2c AO zu prüfen. Danach kann ein Steuerbescheid geändert werden, soweit er durch unlautere Mittel wie arglistige Täuschung erwirkt worden ist. Eine solche Täuschung kann auch wie hier durch jemand anderes als den Steuerpflichtigen, also auch durch einen Finanzbeamten geschehen (BFH a.a.O.).

Die Anwendung der Vorschrift und damit die Korrektur des Bescheides stehen jedoch im Ermessen der Finanzbehörde. Nach dem Sinn und Zweck der Vorschrift soll diese nur dann eine Durchbrechung der Bestandskraft des Bescheides bewirken können, wenn der Steuerpflichtige selbst zumindest Kenntnis von der Täuschung hatte, also einen gewissen Beitrag zur Herbeiführung des falschen Bescheides geleistet hat. Da M vorliegend von der falschen Erfassung durch Z nichts wusste, erscheint es nicht ermessensgerecht, den Bescheid nun nach Aufdeckung der Tat zu ändern.

> **Hinweis!** An dieser Stelle kann mit guten Argumenten auch eine gegenteilige Auffassung vertreten werden; immerhin hat M noch vor Bestandskraft seines Bescheides von der Tat des Z erfahren, sodass er evtl. nicht auf den Bestand der Steuerfestsetzung vertrauen durfte. Entscheidend sind die Argumentation und das Erkennen des Problems.

Folglich greift auch § 172 Abs. 1 Nr. 2c AO nicht. Eine Änderung des Einkommensteuerbescheides 01 des M kann daher mangels Korrekturvorschrift nicht erfolgen.

> **Hinweis!** Die korrekte Festsetzungsfrist beträgt hier in Bezug auf die hinterzogenen Steuern 10 Jahre, endet also mit Ablauf des Jahres 12. Die verlängerte Frist greift auch, wenn die Steuerhinterziehung wie hier nicht durch den Steuerpflichtigen selbst begangen wird (Kruse in: Tipke/Kruse, AO, § 169 Tz. 18 m.w.N.).

Sachverhalt 3

1. Die Drittschuldnerin S ist gem. § 316 Abs. 1 Satz 1 AO aufgrund der in der Pfändungs- und Einziehungsverfügung enthaltenen Aufforderung verpflichtet, eine Drittschuldnererklärung abzugeben. Tut sie dies nicht freiwillig, kann gem. § 316 Abs. 2 Satz 3 AO gegen sie ein Zwangsgeld festgesetzt werden. Hierfür gelten die Voraussetzungen der §§ 328 ff. AO. Die Aufforderung zur Abgabe ist ein vollstreckbarer Verwaltungsakt, mit dem eine Handlung gefordert wird. Nach schriftlicher Androhung gem. § 332 Abs. 1 Satz 1 AO mit Fristsetzung kann nach Fristablauf zeitnah ein Zwangsgeld festgesetzt werden, wenn S die Pflicht immer noch nicht erfüllt hat. Die Vollstreckung dieses Zwangsgeldbetrages durch den Vollziehungsbeamten ist möglich. Eine Umwandlung des Zwangsgelds in Zwangshaft gem. § 334 AO ist wegen § 316 Abs. 2 Satz 3 AO nicht zulässig. Ggf. kommt auch eine zivilrechtliche Inanspruchnahme der S gem. § 316 Abs. 2 Satz 2 AO für den aufgrund der Nichterfüllung entstandenen Schaden in Betracht.

2. Eine Pfändung der Mietforderungen wäre dann nicht möglich gewesen, wenn die Forderungen aufgrund der Anordnung der Zwangsverwaltung in die Zwangsvollstreckung in das unbewegliche Vermögen fallen würden. Hier greift § 322 Abs. 1 Satz 2 AO i.V.m. § 865 Abs. 1 Satz 1 ZPO und § 1123 BGB. Mietforderungen werden aufgrund § 865 Abs. 2 Satz 2 ZPO dann von der Immobiliarvollstreckung erfasst, wenn ihre Beschlagnahme z.B. im Wege der Anordnung der Zwangsverwaltung erfolgt ist, vgl. § 148 Abs. 1 i.V.m. §§ 20, 21 Abs. 2 ZVG. Somit war die Pfändung der Mietforderungen nicht möglich.

Sachverhalt 4

1. Aufgrund eines vom Gerichts ausgesprochenen allgemeinen Verfügungsverbots handelt es sich gem. § 22 Abs. 1 InsO um einen sogenannten „starken" vorläufigen Insolvenzverwalter. Die Verwaltungs- und Verfügungsbefugnis über das Vermögen des Insolvenzschuldners geht damit auf den Verwalter über.

Die Vollstreckungsstelle muss bei Kenntnis des Insolvenzantrags alle betroffenen Stellen des Finanzamts informieren, insbesondere den zuständigen Veranlagungsbezirk. Da der starker Insolvenzverwalter gesetzlicher Vertreter des Schuldners ist, muss der Veranlagungsbezirk eine Änderung der Kenndaten in den entsprechenden Dateien vornehmen, da alle weiteren Verwaltungsakte an ihn bekannt zu geben sind. Neu begründete Abgabenforderungen sind Masseforderungen, es ist hierfür eine Massesteuernummer zu vergeben. Die Finanzkasse muss im Konto des Schuldners Sperrvermerke setzen, da keine Zahlungen mehr an ihn geleistet werden dürfen. Laufende Einspruchs- und Klageverfahren werden unterbrochen. Vollstreckungsmaßnahmen durch den Vollziehungsbeamten sind – soweit das Gericht kein Vollstreckungsverbot angeordnet hat – zwar weiterhin möglich, jedoch ist eine Einziehung gepfändeter Forderungen zunächst unzulässig. Vorliegende Steuererklärungen sind umgehend zu bearbeiten. Allerdings können für vor Insolvenzanmeldung liegende Zeiträume keine Steuerbescheide mehr ergehen, hier ist eine Steuerberechnung vorzunehmen. Die hieraus resultierenden Steuerforderungen wie auch die bereits festgesetzten Steuern sind von der Vollstreckungsstelle zur Insolvenztabelle anzumelden. Die Anregung der Haftung ist ggf. zu prüfen.

> **Hinweis!** Die Kandidaten müssen aus den vorhergehenden Ausführungen 4 Punkte bringen, um die vollständige Punktzahl zu erreichen.

2. Es ist hier zu prüfen, ob aufgrund der insolvenzrechtlichen Bestimmungen ein Unwirksamwerden der Pfändung in Betracht kommt. In diesem Fall könnte der eingesetzte Insolvenzverwalter die Rückzahlung des Betrages an die Insolvenzmasse fordern.

Gem. § 88 InsO werden bei Eröffnung eines Insolvenzverfahrens solche von einem Gläubiger erlangten Sicherungen unwirksam, die er im letzten Monat vor dem Antrag auf Eröffnung des Verfahrens erlangt hat. Die Frist verlängert sich bei Verbraucherinsolvenzverfahren gem. § 88 Abs. 2 InsO auf 3 Monate. Somit wären alle in den letzten 3 Monaten vor dem 31. März 08, also vom 31. Dezember 07 an erlangten Sicherungen unwirksam (vgl. § 139 InsO).

Hier hat das FA die Pfändung Anfang Dezember 07 vorgenommen, also früher als 3 Monate vor dem Antrag auf Eröffnung des Insolvenzverfahrens. Aber die Mietforderungen für die späteren Monate sind erst später entstanden. Fraglich ist, wann diese Ansprüche vom FA „erlangt" wurden i.S.v. § 88 InsO. Laut BFH entsteht das Pfändungspfandrecht an zur Zeit der Pfändung zukünftigen Forderungen erst mit Entstehung der Forderungen (BFH vom 12.04.2005, BStBl II 2005, 543). Im vorliegenden Fall ist jedoch ein Anspruch aus einem Dauerschuldverhältnis gepfändet worden. Sollte dieser Anspruch unter die Regelung des § 313 AO fallen, würde sich das mit der Pfändung erworbene Pfandrecht auch auf die später fällig werdenden Beträge erstrecken. Nach h.M. allerdings sind Mietforderungen keine einer Gehaltsforderung ähnlichen Bezüge (vgl. Beermann in Hübschmann/Hepp/Spitaler, AO/FGO, § 313, Rn. 7 m.w.N.; str.).

Das bedeutet, dass das FA vorliegend die Sicherung in Form der gepfändeten Mietansprüche für Januar, Februar und März noch nicht mit der Pfändung erlangt hat. Folglich muss das FA den von S gezahlten Betrag an den Insolvenzverwalter auszahlen.

> **Hinweis!** Ausreichend ist, wenn die Kandidaten erkennen, dass die eigentliche Pfändung bereits vor dem 3-Monats-Zeitraum erfolgt ist und die Frage problematisieren, wie die Folgemonate zu beurteilen sind.

3. Im Falle eines Insolvenzantrags erst im Dezember 08 kommt die Anwendung des § 88 InsO nicht in Betracht. Hier ist die insolvenzrechtliche Anfechtung zu prüfen. Liegt ein Anfechtungstatbestand vor, kann der Insolvenzverwalter ebenfalls die Rückzahlung der Summe an die Insolvenzmasse fordern. Die Tatbestände der §§ 130, 131 InsO sind jedoch vorliegend nicht anwendbar, da diese sich lediglich auf Handlungen der letzten maximal drei Monate vor dem Insolvenzantrag beziehen. Allenfalls § 133 InsO wäre grundsätzlich hier anwendbar. Diese Vorschrift ermöglicht jedoch nur die Anfechtung von Rechtshandlungen, die der Schuldner selbst vorgenommen hat. Dies ist hier nicht gegeben. Demnach kann das FA in diesem Fall das Geld behalten.

Punktetabelle zur Prüfungsklausur aus dem Gebiet Abgabenrecht

	Punkte
Sachverhalt 1:	
Obersatz: Einspruch begründet, wenn F-Bescheide rechtswidrig, § 367 II 1	1
§ 181 I 1	2
F-Bescheid 01: § 175 I Nr. 1	3
§§ 180 I Nr. 2a, 179 II 2, Grundlagenbescheid	4
Bindungswirkung, § 182 I 1	5
§ 351 II: Einwendungen gegen F-Bescheid KG nicht möglich	6
Nur Wirksamkeit zu prüfen: Bescheid allenfalls rechtswidrig	7
Weiter Bekanntgabe bei KG zu prüfen: hier kein Empfangsbevollmächtigter benannt	8
Hier ordnungsgemäß, § 183 I 2; §§ 125 I, 161 II HGB	9
Feststellungsverjährung, § 169 I 1	10
Beginn §§ 181 II, 170 II Nr. 1: Ablauf 02	11
4 Jahre gem. § 169 II Nr. 2 bis Ende 06	12
§ 171 X: 2 Jahre ab Bekanntgabe	13
Hier bis 12.04.10, also gewahrt	14
§ 173 wegen Bürgschaft?	15
(-), da Inanspruchnahme erst nach Erlass Steuerbescheid	16
§ 175 I Nr. 2	17
Rückwirkendes Ereignis: hier Inanspruchnahme aus Bürgschaft	18
Mindert steuerlichen Veräußerungsgewinn im VZ 01	19
Verjährung § 175 I 2, Beginn Ablauf Ereignisjahr 07	20
Ende Ablauf 11, damit Frist gewahrt	21
§ 129 S. 1: Rechenfehler bei Erlass des Bescheides	22
Feststellungsfrist § 171 II zu prüfen	23
Hier abgelaufen mit Subs.	24
§ 367 II 1, § 351 I	25
Ergebnis: folgerichtige Berechnung der Änderung	26

	Punkte
Neufestsetzung/Einspruchsentscheidung o.ä.	27
F-Bescheid 02: § 174 IV	28
Bestimmter Sachverhalt falsch beurteilt: Zurechnung der Einnahmen	29
Aufgrund Klage zugunsten des S geändert	30
Korrekte rechtliche Folgerung: Änderung Bescheid OHG	31
Feststellungsverjährung bei OHG: 03-07	32
Änderung erst in 08; § 174 IV 3: innerhalb 1 Jahr ab Änderung falscher Bescheid	33
Hier bis 02.02.09, also im Juni 08 rechtzeitig	34
§ 174 IV 4: unproblematisch: Frist OHG lief bei Erlass Bescheid S noch	35
§ 174 V (+): OHG rechtzeitig zum Verfahren beigeladen	36
§ 173 I Nr. 1 wegen Uhrenverkauf	37
Def. und Subs. Tatsache; hier Betriebseinnahmen aus Verkauf	38
Nachträglich bekannt geworden = nach abschließender Zeichnung durch BP	39
Höhere Steuer (+)	40
Änderung wegen Treu und Glauben ausgeschlossen	41
Verletzung Ermittlungspflicht § 88 diskutieren	42
Keine Verletzung/auch Verletzung Mitwirkungspflicht OHG	43
§ 173 I Nr. 2 wegen zugehöriger Betriebsausgaben	44
Neue Tatsache (+), niedrigere Steuer	45
Grobes Verschulden (+) hier Vorsatz mit Subs.	46
Unbeachtlich wegen S. 2, da unmittelbarer Zusammenhang	47
Festsetzungsfrist hier wegen Steuerhinterziehung 10 Jahre, § 169 II 2; Ergebnis	48
§ 173 I Nr. 2 wegen weiterer Ausgaben	49
Hier grobes Verschulden Steuerberater mit Begründung	50
Zurechnung	51
Als „materieller Fehler" zu berücksichtigen	52
Folgerichtige Ermittlung Gesamtergebnis	53
Sachverhalt 2: Strafbarkeit von M und Z	
Strafbarkeit Z: § 370 I Nr. 1 durch falsche Eingabe der Zahlen	54
Obj. Tatbestand: unrichtige Angaben ggü. Finanzbehörde + Subs.	55
Über steuerlich erhebliche Tatsachen, hier Höhe V + V	56
Dadurch Steuern verkürzt, § 370 IV 1	57
Kausalität mit Subs.	58
Vorsatz, § 369 II AO, § 15 StGB	59
Rechtswidrigkeit, Schuld, Ergebnis	60

	Punkte
Strafbarkeit M: § 370 I Nr. 1 (–), da keine falschen Angaben	61
§ 370 I Nr. 2 (–), keine Berichtigungspflicht, da keine falsche Steuererklärung	62
Korrektur ESt-Bescheid: § 173 I Nr. 1	63
Nachträglich bekannt geworden hier fraglich	64
Problem Zurechnung des Verhaltens des Z	65
Argumentation und folgerichtiges Ergebnis	66
§ 172 I Nr. 2c: arglistige Täuschung	67
Auch durch Dritten möglich	68
Hier (+); Ermessensentscheidung: Keine Änderung (Argumentation)	69
Sachverhalt 3:	
Pflicht aus § 316 I 1; nach § 316 II 3 Zwangsgeld möglich	70
Zwangsgeldfestsetzung §§ 328 ff., vollstreckbarer Verwaltungsakt	71
Nicht über 25.000 €, schriftliche Androhung § 332 I 1	72
Bei Nichterfüllung Festsetzung, zeitnah;	73
Ggf. Vollstreckung durch Vollziehungsbeamten	74
Umwandlung in Zwangshaft nicht möglich, § 334	75
Ggf. Haftung § 316 II 2, im Zivilrechtsweg	76
Mietforderung? §§ 322 I 2 AO, § 865 I 1 ZPO,	77
§ 1123 BGB	78
Unterliegen gem. § 865 II 2 nach Beschlagnahme Immobiliarvollstreckung	79
§ 148 I/§§ 20 I, 21 ZVG	80
Pfändung daher nicht möglich	81
Sachverhalt 4:	
1. Starker Insolvenzverwalter, § 22 I InsO	82
Verfügungsverbot für Schuldner	83
Sperrvermerke setzen, Einspruchsverfahren ruhen	84
Stellen informieren, Forderungen zur Tabelle anmelden	85
Ausstehende Steuerberechnungen vornehmen, Vollstreckung einstellen	86
Neue Masse-Steuernummer, Kenndaten ändern, Bekanntgabe an Verwalter	87
2. Insolvenzverwalter kann Auszahlung verlangen, wenn § 88 erfüllt	88
i.V.m. § 88 II:, alles was 3 Monate vor Antrag erlangt	89
Pfändung FA im Dezember, also früher als 3 Monate	90
Problem erkennen: Mieten erst später zu zahlen: spätere Monate in Rückschlagsperre?	91
Folgerichtiges Ergebnis	92
10.12.: § 88 (–), da früher als 3 Monate	93

	Punkte
3. Hier Anfechtung nach InsO zu prüfen	**94**
§§ 130/131 InsO (–), länger als 3 Monate her	**95**
§ 133 InsO (–), keine Rechtshandlung des Schuldners gegeben	**96**

Notentabelle		
Korrekturpunkte	**Punkte nach § 6 Abs. 1 StBAPO**	**Note**
96–92	15	1
91–87	14	
86–83	13	2
82–79	12	
78–74	11	
73–70	10	3
69–65	9	
64–61	8	
60–57	7	4
56–52	6	
51–48	5	
47–38	4	5
37–29	3	
28–19	2	
18–10	1	6
9–0	0	

Fall 7

Übungsklausur aus dem Gebiet Umsatzsteuer

Bearbeitungszeit: 5 Stunden
Hilfsmittel:

Beck'sche Bände
- Steuergesetze
- Steuerrichtlinien
- Steuererlasse

A. Sachverhalte

Sachverhalt 1

Fernsehhändler **Flat** (Hainfeld/Pfalz) veräußerte am 13.12.12 an den Sohn eines langjährigen Mitarbeiters einen LCD-Fernseher für 2.380 €. Der Kaufpreis wurde dem Gehaltskonto des Vaters belastet. Normalerweise hätte Flat diesen Fernseher für 2.900 € verkaufen können. Der Einkaufspreis am 27.06.12 betrug 1 800 € netto. Im November 12 erhöhte der Hersteller seine Preise um 10 %. Transportkosten für den Bezug eines Fernsehers fallen i.d.R. i.H.v. 50 € netto an.

Aufgabe:

Beurteilen Sie den Sachverhalt aus umsatzsteuerlicher Sicht für **Flat** in 12. Unterstellen Sie dabei Regelbesteuerung (Voranmeldungszeitraum = Monat) nach Soll-Grundsätzen. Gliedern Sie Ihre Lösung nach:
- Umsatzart, Ort des Umsatzes, Steuerbarkeit,
- Steuerpflicht,
- Bemessungsgrundlage, Umsatzsteuer,
- Entstehung der Umsatzsteuer und Steuerschuldner.

Begründen Sie Ihre Ausführungen unter Hinweis auf die einschlägigen gesetzlichen Vorschriften und – sofern erforderlich – Verwaltungsanweisungen.

Sachverhalt 2

Als selbständiger Schriftsteller schreibt **Andreas Echbeach (E)** Romane, die der BESTBUCH-Verlag (Hamburg) veröffentlicht. E erwarb mit notariellem Vertrag vom 02.06.12 ein Einfamilienhaus in Edenkoben. Im notariellen Kaufvertrag wurde u.a. der Übergang des wirtschaftlichen Eigentums auf den 01.07.12 (entspricht dem reellen Kalenderjahr 2014) und die Umsatzsteuerpflicht des Verkaufs (zulässigerweise) vereinbart. Der Kaufpreis betrug 220.000 €. Das Haus hat eine Nutzfläche von 140 m². Im Obergeschoss nutzt E ein Arbeitszimmer (21 m²) für seine schriftstellerische Tätigkeit. Ab Juli 12 sind folgende laufenden Kosten für das Einfamilienhaus angefallen:

- Stromkosten   600 €   zzgl. 19 % USt
- Grundbesitzabgaben   500 €
- Wasserverbrauch
  (im Arbeitszimmer befindet sich ein Waschbecken)   100 €   zzgl. 7 % USt
- Schornsteinfegergebühren   50 €   zzgl. 19 % USt
- Schuldzinsen   4.200 €

Die steuerpflichtigen Umsätze aus schriftstellerischer Tätigkeit für 12 betragen 10.000 € (netto). Die Vorjahresumsätze lagen in etwa in der gleichen Höhe. Ordnungsgemäße Rechnungen liegen vor.

Aufgaben:

1. Welche Besteuerungsform bzw. -art käme für E in Betracht? Welche davon würden Sie ihm aus umsatzsteuerlicher Sicht empfehlen und welche Schritte muss er dabei beachten? Gehen Sie davon aus, dass E einen möglichst hohen Vorsteuerabzug wünscht.

2. Beurteilen Sie den Sachverhalt für E in 12. Unterstellen Sie dabei Regelbesteuerung (Voranmeldungszeitraum = Monat) nach Ist-Grundsätzen und dass er einen möglichst hohen Vorsteuerabzug wünscht. Der Verkauf des Einfamilienhauses ist ebenfalls zu würdigen. Gliedern Sie Ihre Lösung nach:
   - Unternehmereigenschaft von E,
   - Rahmen seines Unternehmens,
   - Umsatzart, Ort des Umsatzes, Steuerbarkeit,
   - Steuerpflicht,
   - Bemessungsgrundlage, Umsatzsteuer,
   - Entstehung der Umsatzsteuer und Steuerschuldner,
   - Abziehbarkeit und Abzugsfähigkeit angefallener Vorsteuerbeträge sowie deren Abzugszeitpunkt.
3. Auf welche Weise kann E mit seinem Verlag abrechnen? Was ist dabei zu beachten und welche umsatzsteuerlichen Auswirkungen ergeben sich daraus?
4. Welche Folgen ergeben sich:
   a) wenn E ab dem Jahr 18 das Arbeitszimmer als Kinderzimmer für seine neu geborene Tochter verwendet?
   b) wenn E ab August 22 das Arbeitszimmer als Kinderzimmer für seine neu geborene Tochter verwendet?
   Stellen Sie die Folgen lediglich dem Grunde nach dar, Berechnungen sind nicht durchzuführen.

Begründen Sie Ihre Ausführungen unter Hinweis auf die einschlägigen gesetzlichen Vorschriften und – sofern erforderlich – Verwaltungsanweisungen.

Sachverhalt 3

Bauunternehmer **Bruch** verkaufte eine Lagerhalle (Landau) an den Bauunternehmer **Cico**. Zum Rangieren der Baustoffe ist ein Schwerlastenkran fest mit dem Gebäude verbunden. B und C nutzten/nutzen die Lagerhalle ausschließlich im Rahmen ihres Unternehmens. Im notariell beurkundeten Kaufvertrag vom 07.12.11 wurde vereinbart, dass der Verkauf umsatzsteuerpflichtig sein soll und dass Käufer C die gesamte Grunderwerbsteuer übernimmt. Besitz, Nutzen und Lasten sollen zum 01.01. des Jahres übergehen, das dem Jahr der Anzahlung (i.H.v. 300.000 €) folgt.

B rechnete über den Vorgang nur einmal mit C am 01.01.12 mit folgendem Inhalt (Auszug) ab:

Grund und Boden	90.000 €
Bodenbefestigung, Umzäunung	10.000 €
Gebäude	350.000 €
Schwerlastenkran	50.000 €
	500.000 €
19 % MwSt	95.000 €
abzüglich Anzahlung vom 21.12.11	./. 300.000 €
Restzahlung	**295.000 €**

Die Rechnung ist darüber hinaus ordnungsgemäß.

Aufgabe:

Beurteilen Sie den Sachverhalt für **B** und **C** in 11 und 12. Unterstellen Sie dabei Regelbesteuerung (Voranmeldungszeitraum = Monat) nach Soll-Grundsätzen. Gliedern Sie Ihre Lösung nach:
- Umsatzart, Ort des Umsatzes, Steuerbarkeit,
- Steuerpflicht,
- Bemessungsgrundlage, Umsatzsteuer,
- Entstehung der Umsatzsteuer und Steuerschuldner,
- Abziehbarkeit und Abzugsfähigkeit angefallener Vorsteuerbeträge sowie deren Abzugszeitpunkt.

Begründen Sie Ihre Ausführungen unter Hinweis auf die einschlägigen gesetzlichen Vorschriften und – sofern erforderlich – Verwaltungsanweisungen.

B.   Lösungen
Sachverhalt 1

Es liegt eine bewegte Lieferung von Flat an den Sohn seines langjährigen Mitarbeiters vor, da an dem Fernseher Verfügungsmacht verschafft wird (§ 3 Abs. 1 UStG). Der Ort der Lieferung bestimmt sich nach § 3 Abs. 6 Satz 1 UStG und befindet sich Hainfeld/Pfalz und somit im Inland (§ 1 Abs. 2 Satz 1 UStG). Damit sind alle Voraussetzungen des § 1 Abs. 1 Nr. 1 Satz 1 UStG erfüllt. Die Lieferung ist steuerbar. Mangels Befreiung nach § 4 UStG ist sie auch steuerpflichtig.

Bemessungsgrundlage ist das Entgelt = 2.000 € (§ 10 Abs. 1 Satz 1, 2 UStG). Zum Entgelt gehört auch, was ein anderer (Vater) als der Leistungsempfänger (Sohn) dem Unternehmer (Flat) für die Lieferung gewährt (§ 10 Abs. 1 Satz 3 UStG). Da der verbilligte Verkauf an den Sohn eines Mitarbeiters auf das Dienstverhältnis zurückzuführen ist, muss die Mindestbemessungsgrundlage geprüft werden (§ 10 Abs. 5 Satz 1 Nr. 2 UStG). Diese entspricht der Bemessungsgrundlage i.S.d. § 10 Abs. 4 Satz 1 Nr. 1 i.V.m. Abs. 4 Satz 2 UStG und beträgt 2.030 € (1.800 € × 110 % + 50 €). Da dieser Wert das tatsächliche Entgelt übersteigt kommt die Mindestbemessungsgrundlage zum Ansatz. Das marktübliche Entgelt ist ohne Bedeutung, da es das tatsächliche Entgelt, als auch den Wert nach § 10 Abs. 4 UStG übersteigt. Der Steuersatz beträgt 19 % (§ 12 Abs. 1 UStG). Die Umsatzsteuer beläuft sich auf 385,70 €. Sie entsteht mit Ablauf des Voranmeldungszeitraums Dezember 12 (§ 13 Abs. 1 Nr. 1 Buchstabe a Satz 1 UStG). Steuerschuldner ist Flat (§ 13a Abs. 1 Nr. 1 UStG).

Sachverhalt 2
Aufgabe 1:

Als Besteuerungs**form** käme die Regelbesteuerung oder eine besondere Besteuerungsform in Betracht: hier die Regelung für Kleinunternehmer. E ist ein inländischer Unternehmer, der die maßgebenden Umsatzgrenzen (17.500 €/50.000 €) offensichtlich nicht übersteigt (§ 19 Abs. 1 Satz 1 UStG). Zwar würde die Umsatzsteuer für Umsätze i.S.d. § 1 Abs. 1 Nr. 1 UStG nicht erhoben, aber auch ein Vorsteuerabzug – insbesondere für den Grundstückserwerb – wäre ausgeschlossen (§ 19 Abs. 1 Satz 1 und 4 UStG). Demnach wäre ihm zu empfehlen, zur Regelbesteuerung zu optieren (§ 19 Abs. 2 UStG). Dafür ist keine bestimmte Form vorgeschrieben (Abschnitt 19.2 Abs. 1 Satz 4 Nr. 2 UStAE). E sollte aber – um Unklarheiten zu vermeiden – darauf achten, dass das Finanzamt unmissverständlich davon Kenntnis erlangt, z.B. in dem er die Option bereits in 11 schriftlich anzeigt, wenn er nicht bereits schon in früheren Jahren zur Regelbesteuerung optiert hat. Da die Erklärung vom Beginn des Kalenderjahres gilt, für das er sie abgegeben hat, sollte er die Option ab 12 erklären, um u.a. den Vorsteuerabzug für den Erwerb des Einfamilienhauses zu erhalten (Abschnitt 19.2 Abs. 1 Satz 4 Nr. 1 Satz 1 UStAE). Die dem Verlag von ihm in Rechnung gestellte Umsatzsteuer, kann dieser i.d.R. als Vorsteuer geltend machen, sodass der Verlag wirtschaftlich nicht benachteiligt ist.

Als Besteuerungs**art** wäre die Berechnung der Steuer nach vereinnahmten Entgelten zu empfehlen. E müsste dann erst Umsatzsteuer abführen, wenn er das Entgelt vereinnahmt hat (Liquiditätsvorteil) und könnte Vorsteuern nach den allgemeinen Grundsätzen des § 15 UStG abziehen. Dazu müsste er beim Finanzamt einen Antrag stellen, der von diesem zu genehmigen ist (§ 20 Satz 1 UStG). Dem Antrag wird das Finanzamt entsprechen, wenn E zum berechtigten Personenkreis des § 20 Satz 1 UStG gehört (Abschnitt 20.1 Abs. 1 Satz 2 UStAE). Er ist als Schriftsteller freiberuflich tätig i.S.d. § 18 Abs. 1 Nr. 1 EStG, sodass er ohne Einhaltung von Umsatzgrenzen die Besteuerung nach vereinnahmten Entgelten in Anspruch nehmen kann (§ 20 Satz 1 Nr. 3 UStG). Auch hier sollte er – bei erstmaligem Wechsel zur Regelbesteuerung – den schriftlichen Antrag bereits in 11 für 12 stellen.

Aufgabe 2:

Schriftstellerische Tätigkeit

E ist als Schriftsteller Unternehmer, da er als natürliche Person eine berufliche Tätigkeit selbstständig ausübt (§ 2 Abs. 1 Satz 1 und 3 UStG). Das Unternehmen umfasst die schriftstellerische Tätigkeit (§ 2 Abs. 1 Satz 2 UStG).

Es liegen sonstige Leistungen vor, die darin bestehen, dass er dem Verlag Nutzungsrechte an seinem Urheberrecht einräumt (§ 3 Abs. 9 Satz 1 und 2 UStG i.V.m. Abschnitt 3.1 Abs. 4 Satz 2 UStAE). Das Schreiben des jeweiligen Romans und die Übersendung des Manuskripts begründet i.d.R. für sich alleine noch keine wirtschaftliche Tätigkeit. Erst die Veröffentlichung durch den Verlag oder eine andere Vereinbarung zum Zeitpunkt der Übertragung des Nutzungsrechts begründet die sonstige Leistung.

Der Ort der jeweiligen sonstigen Leistung bestimmt sich nach § 3a Abs. 2 Satz 1 UStG („B2B"-Umsatz) und ist in Hamburg belegen. Hamburg ist Inland (§ 1 Abs. 2 Satz 1 UStG). Damit sind alle Voraussetzungen des § 1 Abs. 1 Nr. 1 Satz 1 UStG erfüllt. Die sonstigen Leistungen sind steuerbar. Mangels Befreiung nach § 4 UStG sind sie auch steuerpflichtig.

Bemessungsgrundlage ist das Entgelt = 10.000 € (§ 10 Abs. 1 Satz 1, 2 UStG). Bei einem Steuersatz von 7 % (§ 12 Abs. 2 Nr. 7 Buchst. c UStG i.V.m. Abschnitt 12.7 Abs. 6 UStAE), beträgt die Umsatzsteuer 700 €. Sie entsteht mit Ablauf des Voranmeldungszeitraums, in dem das Entgelt jeweils vereinnahmt wurde (§ 13 Abs. 1 Nr. 1 Buchst. b UStG). Steuerschuldner ist E (§ 13a Abs. 1 Nr. 1 UStG).

Einfamilienhaus

Da E einen möglichst hohen Vorsteuerabzug wünscht, wird er das Einfamilienhaus in vollem Umfang dem Unternehmensvermögen zuordnen. Dies ist möglich, da zum einen die unternehmerische Nutzung mindestens 10 % beträgt (Arbeitszimmer = 15 % nach Nutzflächenverhältnis, § 15 Abs. 1 Satz 2 UStG), und zum anderen eine solche Zuordnung nach Abschnitt 15.2c Abs. 2 Satz 1 Nr. 2 Buchstabe b Satz 1 und 2 UStAE auch erlaubt ist.

Im Hinblick auf die private Nutzung des Einfamilienhauses ist es für Zwecke des § 15a Abs. 6a i.V.m. § 15 Abs. 1b UStG unabdingbare Voraussetzung, dass das Einfamilienhaus auch insoweit dem Unternehmensvermögen zugerechnet wird (Abschnitt 15.6a Abs. 1 Satz 3 i.V.m. Abs. 5 Satz 3 UStAE).

Verkauf des Einfamilienhauses an E

Der Verkauf des Einfamilienhauses ist eine unbewegte Lieferung des veräußernden Unternehmers an E, deren Ort sich nach § 3 Abs. 7 Satz 1 UStG bestimmt. Danach ist dieser in Edenkoben, da sich das Einfamilienhaus zur Zeit der Verschaffung der Verfügungsmacht (Übergang Besitz, Nutzen und Lasten am 01.07.12 = Übergang des wirtschaftlichen Eigentums, § 39 Abs. 2 Nr. 1 Satz 1 AO) dort befindet. Die Lieferung ist steuerbar, aber grundsätzlich steuerfrei (§ 4 Nr. 9 Buchstabe a UStG). Nach § 9 Abs. 1 und Abs. 3 UStG wurde jedoch zulässigerweise zur Umsatzsteuerpflicht optiert.

Zu beachten ist, dass ein Fall des sog. Reverse-Charge-Verfahrens vorliegt (§ 13b Abs. 2 Nr. 3 UStG). E muss demnach den Umsatz versteuern (§ 13b Abs. 5 Satz 1 Halbsatz 1 UStG). Bemessungsgrundlage ist der Kaufpreis i.H.v. 220.000 €; Umsatzsteuer ist in diesem Betrag nicht enthalten, da davon auszugehen ist, dass in der zugrundeliegenden Rechnung (kann auch im Kaufvertrag enthalten sein) auf die Steuerschuldnerschaft von E hingewiesen wurde und ein Ausweis der USt nicht erfolgte (§ 14a Abs. 5 UStG). Die USt beträgt 41.800 € und entsteht nach § 13b Abs. 2 UStG mit Ausstellung der Rechnung, spätestens jedoch mit Ablauf des der Ausführung der Lieferung folgenden Kalendermonats.

Nutzung des Arbeitszimmers

Die Nutzung des Arbeitszimmers im zum Unternehmensvermögen gehörenden Einfamilienhauses begründet keinen steuerbaren Umsatz i.S.d. § 1 UStG. Sie kann als Innenumsatz betrachtet werden (§ 2 Abs. 1 Satz 2 UStG i.V.m. Abschnitt 2.7 Abs. 1 Satz 3 UStAE).

Vorsteuerabzug

Alle Vorsteuerbeträge, die ausschließlich auf das Arbeitszimmer entfallen sind in vollem Umfang abziehbar und abzugsfähig, da das bebaute Grundstück insoweit (mittelbar) ausschließlich zu sog. Abzugsumsätzen verwendet wird (§ 15 Abs. 1 Satz 1 Nr. 1 Satz 1, 2 und § 15 Abs. 2 UStG i.U.). Vorsteuern, die auf Leistungen entfallen, die ausschließlich die eigengenutzte Wohnung betreffen, sind nach § 15 Abs. 1b Satz 1 UStG nicht abziehbar; die Neuregelung ist anzuwenden, da der Kaufvertrag nach 2010 abgeschlossen wurde (§ 27 Abs. 16 Satz 1 UStG i.U.). Die Besteuerung einer unentgeltlichen Wertabgabe unterbleibt (§ 3 Abs. 9a Nr. 1 Halbsatz 2 UStG).

Demnach kann E die Vorsteuer aus dem Grundstückserwerb i.H.v. 41.800 € zu 21/140 (Aufteilung nach dem Nutzflächenverhältnis, § 15 Abs. 4 Satz 4 UStG i.V.m. Abschnitt 15.17 Abs. 7 Satz 4 UStAE) = 6.270 € in dem Voranmeldungszeitraum ansetzen, in dem er den Umsatz nach § 13b UStG zu versteuern hat (§ 15 Abs. 1 Satz 1 Nr. 4 Satz 1 UStG i.V.m. § 16 Abs. 2 Satz 1 i.V.m. § 18 Abs. 1 Satz 3 UStG und Abschnitt 13b.15 Abs. 5 UStAE). Die Vorsteuerbeträge aus den laufenden Kosten kann er dann anteilig geltend machen, wenn er die jeweiligen Leistungen bezogen hat und die Rechnungen vorliegen (s.a. Abschnitt 13.1 Abs. 2 Satz 4 UStAE).

Aufgabe 3:

E muss grundsätzlich selbst Rechnungen i.S.d. § 14 UStG erstellen (§ 14 Abs. 2 Satz 1 Nr. 2 Satz 2 UStG). Es besteht aber auch die Möglichkeit, dass der Verlag als Leistungsempfänger im Wege einer Gutschrift mit ihm abrechnet (§ 14 Abs. 2 Satz 2 UStG). E und der Verlag müssen dies jedoch vorher vereinbart haben (Abschnitt 14.3 Abs. 2 UStAE). Voraussetzung für die Wirksamkeit einer Gutschrift ist, dass diese E übermittelt wird und er der Gutschrift nicht widerspricht (§ 14 Abs. 2 Satz 3 UStG i.V.m. Abschnitt 14.3 Abs. 3 UStAE). Der Verlag hat bei Erstellen der Gutschrift die Inhaltserfordernisse des § 14 Abs. 4 UStG zu beachten.

Die Gutschrift gilt als Rechnung i.S.d. § 14 und ermöglicht dem Verlag den Vorsteuerabzug. Für die Entstehung der Umsatzsteuer bei E ist die Art der Abrechnung ohne Bedeutung.

Aufgabe 4:

a) Das Verwenden des Arbeitszimmers als Kinderzimmer ist als eine einer Lieferung des Grundstücks gegen Entgelt gleichgestellten Wertabgabe zu beurteilen (fiktive Lieferung, § 3 Abs. 1b Satz 1 Nr. 1 und Satz 2 UStG):

- Es liegt eine Entnahme eines Unternehmensgegenstandes vor. In diesem Fall wird das gesamte Grundstück (zwingend) entnommen, da ab dem Zeitpunkt der neuen Verwendung des Arbeitszimmers keine (originäre) unternehmerische Nutzung des (gesamten) Grundstücks mehr vorliegt.

- Das Grundstück hat bei seinem Erwerb teilweise zum Vorsteuerabzug berechtigt.

Der Ort der fiktiven Lieferung bestimmt sich nach § 3f Satz 1 UStG und liegt in Edenkoben. Die fiktive Lieferung ist steuerbar. Zu prüfen ist, ob eine Befreiung nach § 4 UStG in Betracht kommt. Nach Abschnitt 4.9.1 Abs. 2 Nr. 6 UStAE findet die Steuerbefreiung des § 4 Nr. 9 Buchstabe a UStG unabhängig davon Anwendung, ob mit der Entnahme ein Rechtsträgerwechsel am Grundstück verbunden ist. Somit ist die fiktive Lieferung zwingend steuerfrei; eine Option zur Steuerpflicht nach § 9 Abs. 1 UStG ist nicht möglich, da die Lieferung nicht an einen anderen Unternehmer für dessen Unternehmen ausgeführt wird.

Die steuerfreie fiktive Lieferung des Grundstücks innerhalb von 10 Jahren nach Beginn der erstmaligen Verwendung führt zur Berichtigung des Vorsteuerabzugs nach § 15a UStG. Die Berichtigung ist durchzuführen, da sich die Verhältnisse ab dem Zeitpunkt der erstmaligen Verwendung (01.07.12) gegenüber den für den ursprünglichen Vorsteuerabzug maßgebenden Verhältnissen (01.07.12, teilweise Abzugsumsätze bezüglich des Arbeitszimmers und Nichtabziehbarkeit der Vorsteuern bzgl. der eigenen Wohnung) durch die fiktive Lieferung (Ausschlussumsatz) innerhalb des 10-jährigen

Berichtigungszeitraums (01.07.12–30.06.22) geändert haben (§ 15a Abs. 1 i.V.m. Abs. 8 UStG). Für die Berichtigung ist die fiktive Lieferung so anzusehen, als ob das Grundstück ab dem Zeitpunkt der fiktiven Lieferung bis zum Ablauf des Berichtigungszeitraums nur noch zur Ausführung von Umsätzen verwendet würde, die den Vorsteuerabzug ausschließen (§ 15a Abs. 9 UStG).

b) Auch hier liegt eine steuerbare, aber steuerfreie fiktive Lieferung des Grundstücks vor; vgl. a). § 15a UStG ist dem Grunde nach nicht zu prüfen, da der Vorgang außerhalb des 10-jährigen Berichtigungszeitraums liegt (§ 15a Abs. 1 Satz 2 UStG).

Sachverhalt 3
Verkauf Grundstück

Der Verkauf des bebauten Grundstücks inklusive der Betriebsvorrichtung »Schwerlastenkran« (BMF vom 05.06.2013, BStBl I 2013, 734 – Anlage 1 unter Beförderungsanlagen -1) und der Außenanlagen (Bodenbefestigung, Umzäunung) ist **eine** unbewegte Lieferung von B an C (§ 3 Abs. 1 UStG i.V.m. § 94 BGB).

Der Ort der Lieferung ist nach § 3 Abs. 7 Satz 1 UStG in Landau belegen. Die Verschaffung der Verfügungsmacht erfolgt durch die Übertragung des wirtschaftlichen Eigentums am 01.01.12 (§ 39 Abs. 2 Nr. 1 Satz 1 AO). Landau ist Inland (§ 1 Abs. 2 Satz 1 UStG). Damit sind alle Voraussetzungen des § 1 Abs. 1 Nr. 1 Satz 1 UStG erfüllt. Die Lieferung ist steuerbar.

Für Zwecke der Steuerbefreiung ist die jedoch diese (einheitliche) Lieferung aufzusplitten:

- Die Lieferung des Grund und Bodens, des Gebäudes sowie der Außenanlagen fällt grundsätzlich unter § 4 Nr. 9 Buchstabe a UStG. Es wurde aber zur Umsatzsteuerpflicht nach § 9 optiert. Die Option ist zulässig, da die Lieferung des Grundstücks an einen anderen Unternehmer für dessen Unternehmen erfolgte (§ 9 Abs. 1 UStG). Die Option ist auch wirksam, da sie im Kaufvertrag erklärt wurde (§ 9 Abs. 3 Satz 2 UStG).

- Die Lieferung der Betriebsvorrichtung fällt nicht unter § 4 Nr. 9 Buchstabe a UStG, da dieser Vorgang nicht von der Grunderwerbsteuer erfasst wird (§ 1 Abs. 1 Nr. 1 i.V.m. § 2 Abs. 1 Satz 2 Nr. 1 GrEStG).

Damit ist die Lieferung insgesamt steuerpflichtig.

Auch für Zwecke der Ermittlung der Bemessungsgrundlage – Steuerschuldner ist die Lieferung aufzusplitten:

- Bezüglich der Betriebsvorrichtung beträgt das Entgelt 50.000 €. Die Umsatzsteuer beläuft sich auf 9.500 €. Sie entsteht grundsätzlich mit Ablauf 1/12 (§ 13 Abs. 1 Nr. 1 Buchstabe a Satz 1 UStG i.V.m. Abschnitt 13.1 Abs. 2 Satz 1 UStAE). Da aber zum 21.12.11 ein Teil des Entgelts vereinnahmt wird, bevor die Lieferung ausgeführt wurde entsteht die Umsatzsteuer insoweit mit Ablauf 12/11 (§ 13 Abs. 1 Nr. 1 Buchstabe a Satz 4 UStG). Die Anzahlung bezieht sich jedoch auf die gesamte Lieferung und entfällt deshalb nur teilweise auf die Betriebsvorrichtung. Dementsprechend ist sie aufzuteilen und der Betriebsvorrichtung zuzuordnen (Abschnitt 13.5 Abs. 3 Satz 1 bis 3 UStAE sinngemäß). Als Aufteilungsmaßstab kann hier das Verhältnis der Entgelte herangezogen werden, sodass 10 % der Anzahlung auf die Betriebsvorrichtung entfällt = 30.000 €. Somit entsteht die Umsatzsteuer i.H.v. 9.500 € wie folgt: 4.789,92 € (30.000 € × 19/119) mit Ablauf 12/11 und die restlichen 4.710,08 € mit Ablauf 1/12. Steuerschuldner ist insoweit B (§ 13a Abs. 1 Nr. 1 UStG).

- Bezüglich Grund und Boden, Gebäude sowie Außenanlagen handelt es sich um einen Fall des »Reverse-Charge-Verfahrens« nach § 13b Abs. 2 Nr. 3 UStG. Das Entgelt beträgt 450.000 € (Auszugehen ist m.E. von dem Netto-Betrag, da die fälschlicherweise ausgewiesene Umsatzsteuer nicht zum Entgelt gehört, da ansonsten Umsatzsteuer auf (falsche) Umsatzsteuer bezahlt werden müsste; so auch Abschnitt 13b.13 Abs. 1 Satz 1 und 2 UStAE. Vertretbar ist auch die Meinung, dass nach § 10 Abs. 1 Satz 1 und 2 UStG Entgelt alles ist, was der Leistungsempfänger aufwendet. Zahlt der Leistungsempfänger den gesamten Rechungsbetrag inkl. (falscher) Umsatzsteuer, ist das Entgelt brutto anzusetzen, da eine gesetzlich richtige Umsatzsteuer in diesem Entgelt nicht enthalten ist). Bei einer Grundstücksveräußerung gehört die nach § 13 Nr. 1 GrEStG gesamtschuldnerisch von Erwerber und Veräußerer geschuldete Grunderwerbsteuer auch dann nicht zum Entgelt für die Grundstücks-veräußerung, wenn die Parteien des Grundstückskaufvertrags vereinbaren, dass der Erwerber die Grunderwerbsteuer allein zu tragen hat, weil der Erwerber mit der Zahlung der vertraglich übernom-menen Grunderwerbsteuer eine ausschließlich eigene Verbindlichkeit begleicht (A. 10.1 Abs. 7 Satz 6 UStAE). Die Umsatzsteuer beläuft sich also auf 85.500 €.

Steuerschuldner ist insoweit nicht der leistende Unternehmer B, sondern der Leistungsempfänger C (§ 13b Abs. 5 Satz 1 Halbsatz 1 UStG).

> **Hinweis!** Die nach § 13b UStG von C geschuldete USt ist nicht Bestandteil der grunderwerbsteuer-lichen Bemessungsgrundlage, da er insoweit keine zusätzliche Gegenleistung für die Grundstücks-lieferung an B erbringt (keine Schuldübernahme).

Die USt i.H.v. 85.500 € entsteht grundsätzlich am 11.01.12 (§ 13b Abs. 2 Nr. 3 Halbsatz 1 UStG). Da aber zum 21.12.11 ein Teil des Entgelts vereinnahmt wird, bevor die Lieferung ausgeführt wurde, ent-steht die Umsatzsteuer insoweit mit Ablauf 12/11 (§ 13b Abs. 4 Satz 2 i.V.m. A. 13b.12 Abs. 3 Satz 1 und 2 UStAE). Die Anzahlung bezieht sich hier auf die gesamte Lieferung und deshalb nur teilweise auf diesen Teil der Lieferung. Dementsprechend ist sie aufzuteilen und diesem Teil zuzuordnen. Als Aufteilungsmaßstab kann hier das Verhältnis der Entgelte herangezogen werden, sodass 90 % der Anzahlung auf diesen Teil entfällt = 270.000. Somit entsteht die Umsatzsteuer i.H.v. 85.500 € wie folgt: 51.300 € (270.000 € × 19 %) mit Ablauf 12/11 und die restlichen 34.200 € am 11.01.12.

Unrichtiger Steuerausweis

Neben der von C für die Lieferung nach § 13b UStG gesetzlich geschuldeten USt, schuldet B durch den unrichtigen Steuerausweis i.H.v. 85.500 € bezüglich Grund und Boden, Gebäude und Außenanlagen diese zusätzlich nach § 14c Abs. 1 Satz 1 UStG (§ 14a Abs. 5 UStG i.V.m. A. 13b.14 Abs. 1 Satz 5 sowie A. 14c.1 Abs. 1 Satz 5 Nr. 2 UStAE). Diese entsteht nach § 13 Abs. 1 Nr. 3 Halbsatz 2 UStG im Zeitpunkt der Ausgabe der Rechnung = am 11.01.12 = 85.500 € (s.a. A. 13.7 UStAE). Steuerschuldner ist B (§ 13a Abs. 1 Nr. 1 UStG). Er hat jedoch die Möglichkeit die Rechnung entsprechend zu berichtigen (§ 14c Abs. 1 Satz 2 UStG).

Vorsteuerabzug

Auch für Zwecke des Vorsteuerabzugs ist die Lieferung aufzusplitten:

Bezüglich der Betriebsvorrichtung ist die Vorsteuer abziehbar und abzugsfähig. C kann die Vorsteuer i.H.v. 9.500 € im Voranmeldungszeitraum Januar 12 berücksichtigen (§ 16 Abs. 2 Satz 1 i.V.m. § 18 Abs. 1 Satz 3 UStG). Ein Fall des § 15 Abs. 1 Satz 1 Nr. 1 Satz 3 UStG liegt im Dezember 11 nicht vor, weil die entsprechende Rechnung fehlt.

Die nach § 13b UStG von C geschuldete USt kann er i.H.v. 51.300 € in der Voranmeldung Dezember 11 als Vorsteuer berücksichtigen (§ 15 Abs. 1 Satz 1 Nr. 4 Satz 2 UStG). Die restlichen 34.200 € in der Voranmeldung Januar 12 (A. 13b.15 Abs. 5 UStAE). Die von B nach § 14c Abs. 1 UStG geschuldete USt kann C nicht als Vorsteuer abziehen, da diese (Straf-)Steuer nicht die gesetzlich geschuldete USt für die Lieferung darstellt (§ 15 Abs. 1 Satz 1 Nr. 1 Satz 1 UStG i.V.m. A. 15.2 Abs. 1 Satz 1 und 2 sowie A. 14c.1 Abs. 1 Satz 6 UStAE).

Punktetabelle zur Übungsklausur aus dem Gebiet Umsatzsteuer

	Punkte
Sachverhalt 1	
Lfg Flat an Sohn + § 3 Abs. 1	1
Hainfeld + § 3 Abs. 6 Satz 1	2
Inland + § 1 Abs. 2 Satz 1	3
Steuerbar, steuerpflichtig + § 1 Abs. 1 Nr. 1	4
Entgelt = 2.000 + § 10 Abs. 1 Satz 1, 2	5
Von dritter Seite + § 10 Abs. 1 Satz 3	6
Mindestbemessungsgrundlage prüfen + § 10 Abs. 5 Nr. 2	7
2.030 + § 10 Abs. 4 Nr. 1	8
USt = 385,70 + § 12 Abs. 1	9
Ablauf 12/12 + § 13 Abs. 1 Nr. 1a) Satz 1	10
Flat + § 13a Abs. 1 Nr. 1	11
Sachverhalt 2/Aufgabe 1	
Regelbesteuerung	12
Kleinunternehmer prüfen	13
Umsatzgrenzen + § 19 Abs. 1 Satz 1	14
Hier unterschritten	15
Kein Vorsteuerabzug möglich + § 19 Abs. 1 Satz 4	16
Option + § 19 Abs. 2	17
Aussage zur Form + ab 12	18
Vereinnahmte Entgelte/Ist-Besteuerung	19
Begr	20
Antrag stellen + § 20 Satz 1	21
Voraus erfüllt + § 20 Satz 1 Nr. 3	22
Sachverhalt 2/Aufgabe 2	
E als Schriftsteller = Unternehmer + § 2 Abs. 1 Satz 1 + 3	23
Rahmen = schriftstellerische Tätigkeit + § 2 Abs. 1 Satz 2	24
Sonstige Leistung + Begründung + § 3 Abs. 9 Satz 1	25
§ 3a Abs. 2 Satz 1 = Hamburg	26
Steuerbar + steuerpflichtig	27
7 % + § 12 Abs. 2 Nr. 7c)	28
700, Entstehung mit Vereinnahmung + § 13 Abs. 1 Nr. 1b)	29
Steuerschuldner = E	30
Einfamilienhaus = in vollem Umfang Unternehmensvermögen + Begründung	31

	Punkte
§ 15 Abs. 1 Satz 2 und Abschnitt 15.2c Abs. 2 Satz 1 Nr. 2 Buchstabe b UStAE	32
Verkauf Einfamilienhaus = unbewegte Lieferung Verkäufer an E	33
Ort § 3 Abs. 7 Satz 1 = Edenkoben + Begründung	34
Steuerfrei + § 4 Nr. 9a	35
Option nach § 9 Abs. 1 und 3	36
§ 13b Abs. 2 Nr. 3 Fall	37
E = Steuerschuldner + § 13b Abs. 5 Satz 1	38
Bemessungsgrundlage = 220.000, USt = 41.800	39
Aussage zur Entstehung	40
Nutzung Arbeitszimmer = Innenumsatz + Begründung	41
Vorsteuern für Arbeitszimmer = abziehbar und abzugsfähig	42
Kein Vorsteuerabzug für eigene Wohnung + § 15 Abs. 1b	43
Aufteilung der Vorsteuer bezüglich Kauf Einfamilienhaus = 6.270 + § 15 Abs. 4 Satz 4	44
Aussage zu Vorsteuern für laufende Kosten	45
Sachverhalt 2/Aufgabe 3	
E rechnet selbst ab o.Ä.	46
Gutschrift durch Verlag + § 14 Abs. 2 Satz 2	47
Vereinbarung, Übermittlung, kein Widerspruch	48
VorSt für Verlag	49
Sachverhalt 2/Aufgabe 4	
Fiktive Lfg + § 3 Abs. 1b Nr. 1 + Satz 2	50
Gesamtes Grundstück wird entnommen + Begründung	51
Ort = Edenkoben + § 3f Satz 1	52
§ 4 Nr. 9a)	53
§ 15a erkennen + Begründung	54
Berichtigungszeitraum = 01.07.12 – 30.06.22 + § 15a Abs. 1	55
§ 15a Abs. 8	56
Variante b) = gleiche Lösung wie a)	57
Aber kein § 15a, da außerhalb des Berichtigungszeitraums	58
Sachverhalt 3	
1 Lieferung + Begründung	59
Landau + § 3 Abs. 7 Satz 1	60
VdVgM durch Übergang wirtschaftliches Eigentum/§ 39 Abs. 2 Nr. 1 AO	61
Am 01.01.12	62
Grund und Boden, Gebäude + Außenanlagen = § 4 Nr. 9a)	63

	Punkte
Option möglich + § 9 Abs. 1	64
Option wirksam + § 9 Abs. 3 Satz 2	65
BVO kein § 4 Nr. 9a) + Begründung (GrESt)	66
Entgelt BVO = 50.000, USt = 9.500	67
Anzahlung + § 13 Abs. 1 Nr. 1a) Satz 4	68
Aufteilung nach Verhältnis Entgelt = 30.000	69
Ablauf 12/11 = 4.789,92	70
Ablauf 1/12 = 4.710,08	71
Steuerschuldner = B	72
§ 13b Abs. 2 Nr. 3	73
Bemessungsgrundlage = 450.000	74
GrESt gehört nicht dazu + Begründung	75
USt = 85.500	76
Steuerschuldner = C + § 13b Abs. 5 Satz 1	77
Anzahlung + § 13b Abs. 4 Satz 2	78
270.000 × 19 % = 51.300	79
Ablauf 12/11	80
34.200 am 11.01.12	81
B unrichtiger Steuerausweis + § 14c Abs. 1 Satz 1	82
§ 14a Abs. 5	83
§ 13 Abs. 1 Nr. 3 + Aussage zur Entstehung	84
Steuerschuldner = B	85
C = VSt BVO in 1/12 = 9.500 + § 15 Abs. 1 Nr. 1 Satz 1, 2	86
Kein § 15 Abs. 1 Nr. 1 Satz 3 + Begründung	87
C = 12/11 = 51.300 + § 15 Abs. 1 Nr. 4 Satz 2	88
C = 1/12 = 34.200	89
C hat keinen Vorsteuerabzug bezüglich § 14c-Steuer des B + Begründung	90

Notentabelle		
Korrekturpunkte	**Punkte nach § 6 Abs. 1 StBAPO**	**Note**
90–86	15	1
85–82	14	
81–78	13	2
77–74	12	
73–70	11	

Korrekturpunkte	Punkte nach § 6 Abs. 1 StBAPO	Note
69–65	10	3
64–61	9	
60–57	8	
56–53	7	4
52–49	6	
48–45	5	
44–36	4	5
35–27	3	
26–18	2	
17–9	1	6
8–0	0	

Fall 8

Prüfungsklausur aus dem Gebiet Umsatzsteuer

Bearbeitungszeit: 5 Stunden
Hilfsmittel:

Beck'sche Bände

* Steuergesetze
* Steuerrichtlinien
* Steuererlasse

A.   Sachverhalt

Bei der **A** KG fand eine Umsatzsteuersonderprüfung statt. Die A-KG hat ihren Sitz in Freiburg (DE) und handelt mit Büchern und Zeitungen. Die Geschäftsräume sind angemietet. Dem Umsatzsteuersonderprüfer Urs Schmitt fielen folgende Vorgänge auf:

1.   Gründung A-KG

Die A-KG wurde zum 01.01.12 gegründet. Gesellschafter sind Komplementär **B**ernd Reibach (Beteiligung i.H.v. 75 %) und Kommanditistin **C**indy Cash (Beteiligung i.H.v. 25 %). Die Geschäftsführung wurde einem angestellten Betriebswirt übertragen.

B, wohnhaft in Rümmingen (DE) bei Lörrach (DE), betrieb bisher in Lörrach ebenfalls einen Handel mit Büchern und Zeitungen. Zum 31.12.11 stellte er folgende Schlussbilanz auf:

Aktiva	31.12.11		Passiva
Grund und Boden	120.000 €	Kapital	813.400 €
Gebäude	432.200 €	Hypothek Grundstück	4.600 €
Einrichtung	3.800 €	Umsatzsteuer	6.000 €
Fuhrpark (BMW)	50.000 €	Bank	15.000 €
Waren	211.000 €	RAP	3.000 €
Forderungen	21.000 €		
Kasse	4.000 €		
	842.000 €		**842.000 €**

Nach einem von B vorgelegten Gutachten betrugen die Teilwerte zum 31.12.11:

* Grund und Boden   250.000 €
* Gebäude   600.000 €
* Einrichtung   5.000 €
* Fuhrpark   49.000 €

B brachte seine Firma in die KG ein; Besitz, Nutzen und Lasten gingen mit Wirkung 01.01.12 auf die KG über. Die KG verpflichtete sich zur Zahlung aller ggf. anfallenden Umsatzsteuerbeträge und es wurde vereinbart, dass B eine Rechnung mit gesondertem Ausweis der Umsatzsteuer in allen gesetzlich zwingenden und möglichen Fällen erstellt. Das aktivierte bebaute Grundstück (bisher in vollem Umfang dem Handel dienend) behält B einschließlich der darauf entfallenden Hypothek zurück und überlässt es ab dem 03.03.12 auf Dauer unentgeltlich an einen befreundeten Studienkollegen für dessen Wohnzwecke. B hatte das Gebäude von einer Baufirma bezugsfertig bauen lassen (Nutzung nach Fertigstellung ab 08.06.03) und in der Voranmeldung 7/03 diesbezüglich einen Vorsteuerabzug i.H.d. ausgewiesenen Umsatzsteuer von 180.000 € vorgenommen (unstreitig). Einen Teil der Bücher (Bilanzwert 11.000 €) werden ebenfalls nicht übertragen, da B diese in Zukunft »aus Spaß an der Freud« auf Flohmärkten verkaufen will. Auch der Pkw wird zurückbehalten und an die KG vermietet (vgl. 2.). Die Einrichtung und Waren wurden von einem Schweizer **S**peditionsunternehmen (Sitz in Bern) im Auftrag der KG am 21.01.12 in Lörrach abgeholt und noch am gleichen Tag nach Freiburg verbracht; in der vom Speditionsunternehmen am 23.01.12 erteilten Rechnung wurden 7.200 € zzgl. 1.368 € ausgewiesener Umsatzsteuer berechnet.

C leistet eine Einlage von 80.000 €. Sie ist ansonsten als Betriebsprüferin beim Finanzamt Lörrach tätig.

Die KG trug sämtliche Beratungskosten, die bezüglich der Gründung angefallen sind. Der beratende Rechtsanwalt berechnete dafür 10.000 €. Die Abrechnung enthielt weder den Steuersatz noch den auf das Honorar entfallenden Steuerbetrag.

2. Überlassung BMW

B hatte in seinem Einzelunternehmen den auf eigene Rechnung im Jahr 11 für 60.000 € (netto) erworbenen BMW 530d genutzt (unverbindliche Preisempfehlung der BMW AG = 78.400 € brutto; Nutzungsdauer 6 Jahre), und damals auch zu Recht Vorsteuern zu 100 % in Abzug gebracht. Der BMW wird nach Auflösung seines Handelsbetriebs an die A-KG ab dem 01.01.12 für 3 Jahre vermietet. B erhält für die Überlassung nach den Vereinbarungen im Gesellschaftsvertrag 10.000 € (netto) für das gesamte Jahr am Jahressende vergütet. Die KG verbuchte den Betrag als Aufwand.

Folgende Angaben ergeben sich für 12 aus den Aufzeichnungen des B:

- laufende Betriebskosten mit Vorsteuerabzug (netto):   4.000 €
- Jahresfahrleistung (lt. Inspektionsrechnungen):   18.400 km
  - → Nutzung für Fahrten der KG, für eigene Privatfahrten sowie für eigene Fahrten Wohnung zur KG zwecks Besuch von befreundeten Kunden (Entfernung = 7 km).
  - → Unterlagen zur Ermittlung der einzelnen Nutzungsanteile lagen nicht vor; ertragsteuerlich handelte es sich unstreitig um notwendiges (Sonder-)Betriebsvermögen.

Durch ordnungsgemäße Rechnung im Dezember 12 berechnete B der KG 10.000 € zzgl. 19 %.

Aufgaben:

1. Beurteilen Sie den Sachverhalt für **B, S, C und die A-KG** für das Jahr 12 aus Sicht der Umsatzsteuer. Gehen Sie dabei – soweit nach den Angaben im Sachverhalt erforderlich – auf die Unternehmereigenschaft, den jeweiligen Rahmen des Unternehmens, die entsprechenden Umsätze (soweit möglich) und den Vorsteuerabzug ein. Unterstellen Sie Regelbesteuerung (Voranmeldungszeitraum = Monat) nach Soll-Grundsätzen.

2. Stellen Sie kurz dar, welche Änderungen sich für **B** in der umsatzsteuerlichen Beurteilung ergeben würden, wenn er:
   - die Bücher seines Einzelunternehmens vollständig in die KG eingebracht, und
   - den Pkw ohne besondere Vergütung an die KG überlassen hätte?

Begründen Sie Ihre Ausführungen unter Hinweis auf die einschlägigen gesetzlichen Vorschriften und – sofern erforderlich – Verwaltungsanweisungen.

B.   Lösungen
Aufgabe 1:
1. Gründung der A-KG

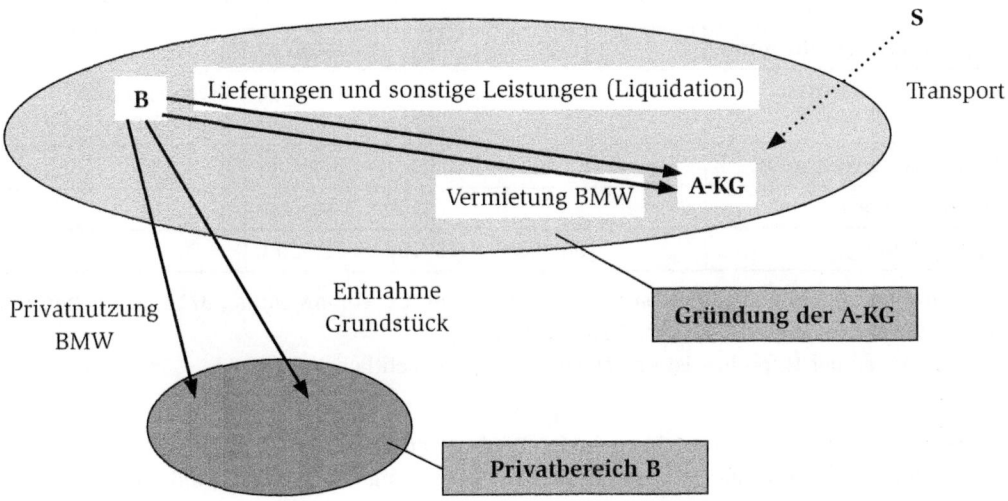

Bernd Reibach

B war bisher mit seinem Handel als Unternehmer tätig (§ 2 Abs. 1 Satz 1 und 3 UStG).

Zu prüfen ist, ob die Einbringung seiner Einzelfirma eine nicht steuerbare Geschäftsveräußerung im Ganzen nach § 1 Abs. 1a Satz 1 UStG darstellt. Voraussetzung dafür ist nach § 1 Abs. 1a Satz 2 UStG i.V.m. Abschnitt 1.5 Abs. 1 Satz 1 UStAE insbesondere, dass die wesentlichen Grundlagen des (Einzel-) Unternehmens in die KG eingebracht werden. Auch ein einzelnes Grundstück kann eine solche wesentliche Betriebsgrundlage sein (Abschnitt 1.5 Abs. 4 Satz 3 UStAE). Da das bebaute Grundstück ausschließlich dem Einzelunternehmen diente und in ihm erhebliche stille Reserven ruhen ist von einer wesentlichen Betriebsgrundlage auszugehen. Das Grundstück wird nicht auf die KG übertragen, sodass die Voraussetzungen für eine Geschäftsveräußerung im Ganzen nicht vorliegen. Die im Rahmen der Einbringung getätigten Umsätze sind nach den allgemeinen Regeln des UStG zu beurteilen (Auflösung durch Liquidation).

Grundstück

Die (dauerhafte) unentgeltliche Überlassung des bebauten Grundstücks an den Studienfreund ist eine einer Lieferung gegen Entgelt gleichgestellte Wertabgabe (§ 3 Abs. 1b Satz 1 Nr. 1 und Satz 2 UStG). Es liegt eine Entnahme eines Unternehmensgegenstandes vor, da private Motive die Überlassung begründen. In diesem Fall wird das gesamte Grundstück entnommen, da ab dem Zeitpunkt der unentgeltlichen Überlassung keine unternehmerische Nutzung des Grundstücks mehr vorliegt. Zudem hat das Grundstück bei seinem Erwerb zum vollen Vorsteuerabzug berechtigt. Der Ort der fiktiven Lieferung bestimmt sich nach § 3f Satz 1 UStG (Lörrach). Lörrach ist Inland (§ 1 Abs. 2 Satz 1 UStG). Die fiktive Lieferung ist demnach steuerbar (§ 1 Abs. 1 Nr. 1 Satz 1 UStG), jedoch nach § 4 Nr. 9 Buchst. a UStG steuerfrei (Abschnitt 4.9.1 Abs. 2 Nr. 6 UStAE).

Die abziehbaren Vorsteuern i.H.v. 180.000 € waren in der Voranmeldung 7/03 auch abzugsfähig (§ 15 UStG). Verwendet wurde das Grundstück (mittelbar) für die Abzugsumsätze des B.

Durch die steuerfreie fiktive Lieferung des Grundstücks liegt ein Anwendungsfall des § 15a Abs. 1 Satz 1 UStG vor. Das Berichtigungsobjekt ist das Grundstück, da es nicht nur einmalig zur Ausführung von Umsätzen verwendet wurde. Der Berichtigungszeitraum beträgt 10 Jahre = 01.06.03–31.05.13 (§ 15a Abs. 1 Satz 2 UStG i.V.m. § 45 Satz 1 UStDV). Ab dem Zeitpunkt der erstmaligen Verwendung (08.06.03) haben sich die maßgebenden Verhältnisse (mittelbare Verwendung für Abzugsumsätze) im Berichtigungszeitraum durch die steuerfreie fiktive Lieferung (Ausschlussumsatz) geändert (§ 15a Abs. 8 Satz 1 UStG). Die auf die Herstellungskosten entfallende Vorsteuer ist linear auf 10 Jahre zu verteilen (§ 15a Abs. 5 Satz 1 UStG). Nach § 15a Abs. 9 UStG berechnet sich der Berichtigungsbetrag wie folgt:

Beginn Berichtigungszeitraum	01.06.03	
Änderung der Verhältnisse (Lieferung)	01.03.12	(Rechtsgedanke § 45 UStDV)
Ende Berichtigungszeitraum	31.05.13	
Ausschlussumsätze	1 Jahr, 3 Monate	
Berichtigungsbetrag	180.000 € × 15/120 = 22.500 €	

Der Berichtigungsbetrag i.H.v. 22.500 € ist in einem Betrag in der Voranmeldung 3/12 anzugeben und das Finanzamt zurückzuzahlen (§ 44 Abs. 3 Satz 2 UStDV).

Das Zurückbehalten der Hypothek ist umsatzsteuerlich unbeachtlich.

Bücher

Die zum Verkauf auf Flohmärkten zurückbehaltenen Bücher werden nicht dem Unternehmensvermögen entnommen, sondern dienen weiterhin dem auf Einnahmeerzielung gerichteten Grundgeschäft »Handel mit Waren«, wenn auch in geänderter Form. Das Einzelunternehmen wird insoweit fortgesetzt; fiktive Lieferungen i.S.d. § 3 Abs. 1b Satz 1 Nr. 1 UStG finden nicht statt.

Pkw

Durch die Vermietung des Pkw an die KG gegen Sonderentgelt (vgl. 2.), wird ein neues Grundgeschäft begründet. Dadurch wird der Rahmen des Unternehmens erweitert (§ 2 Abs. 1 Satz 2 UStG). Eine fiktive Lieferung scheidet damit aus.

Sacheinlagen

Da eine Geschäftsveräußerung im Ganzen zu verneinen ist, sind die Übertragungen der einzelnen Vermögenswerte umsatzsteuerlich zu würdigen. Das Entgelt (§ 10 Abs. 1 Satz 1 und 2 UStG) für die steuerbaren Lieferungen und sonstigen Leistungen des B besteht zum einen aus der (nicht steuerbaren) Gewährung von Gesellschaftsrechten, und zum anderen aus der Übernahme von Verbindlichkeiten (Schuldbefreiung) durch die KG (Abschnitt 1.6 Abs. 2 Satz 4 bis 6 UStAE):

Gemeiner Wert Gesellschaftsrechte	240.000 €
Schuldübernahmen	+ 24.000 €
Zuzahlung Umsatzsteuer	+ –
Umsatzsteuer	./. –
Gesamtentgelt	**264.000 €**
übertragene Aktiva lt. Schlussbilanz (Einrichtung, Waren, Forderungen, Kasse)	./. 228.800 €
stille Reserven der übertragenen Einrichtung	./. 1.200 €
Firmenwert	**34.000 €**

Die Beurteilung der einzelnen Umsätze und deren Steuerpflicht sowie die Berechnung der Umsatzsteuer stellen sich wie folgt dar:

Einrichtung

Es liegen bewegte (Versendungs-)Lieferungen von B an die KG vor (§ 3 Abs. 1 UStG). Der Ort der Lieferungen bestimmt sich nach § 3 Abs. 6 Satz 1 i.V.m. Satz 3, 4 UStG und befindet sich in Lörrach. Lörrach ist Inland (§ 1 Abs. 2 Satz 1 UStG). Damit sind alle Voraussetzungen des § 1 Abs. 1 Nr. 1 Satz 1 UStG erfüllt. Die Lieferungen sind steuerbar. Mangels Befreiung nach § 4 UStG sind sie auch steuerpflichtig.

Bemessungsgrundlage ist das Entgelt = 5.000 € (§ 10 Abs. 1 Satz 1, 2 UStG). Der Steuersatz beträgt 19 % (§ 12 Abs. 1 UStG). Die Umsatzsteuer beträgt 950 €. Sie entsteht mit Ablauf des Voranmeldungszeitraums Januar 12 (§ 13 Abs. 1 Nr. 1 Buchst. a Satz 1 UStG). Steuerschuldner ist nach § 13a Abs. 1 Nr. 1 UStG der B.

Waren

Auch hier liegen Versendungslieferungen vor, die steuerbar und steuerpflichtig sind. Bemessungsgrundlage ist das Entgelt = 200.000 €. Die Umsatzsteuer beträgt 14.000 € (§ 12 Abs. 2 Nr. 1 UStG i.V.m. Anlage 2 Nr. 49). Sie entsteht mit Ablauf des Voranmeldungszeitraums Januar 12. Steuerschuldner ist auch hier der B.

Forderungen

Durch die Abtretung der Forderungen werden sonstige Leistungen von B an die KG bewirkt (§ 3 Abs. 9 Satz 1 UStG). Der Ort bestimmt sich nach § 3a Abs. 2 Satz 1 UStG (»B2B«-Umsatz) und befindet sich in Freiburg und damit im Inland. Die sonstigen Leistungen sind steuerbar. Die Abtretung von Forderungen fällt grundsätzlich unter § 4 Nr. 8 Buchstabe c UStG. Es wurde aber eine (mögliche) Option zur Umsatzsteuerpflicht nach § 9 UStG gewünscht. Die Option ist zulässig, da die Leistung an einen anderen Unternehmer (KG) für dessen Unternehmen (Gründung) erfolgte (§ 9 Abs. 1 UStG). Die Option ist auch durch den gesonderten Ausweis der Umsatzsteuer in der von B zu erstellenden Rechnung wirksam (Abschnitt 9.1 Abs. 3 Satz 5 bis 7 UStAE). Die Abtretungen sind somit steuerpflichtig.

Bei einem Entgelt von 21.000 € beträgt die Umsatzsteuer 3.990 €. Die Abtretungen erfolgten am 01.01.12 somit entsteht die Umsatzsteuer mit Ablauf des Voranmeldungszeitraums Januar 12. Steuerschuldner ist B.

Kasse

Die Übergabe des Kasseninhalts (kursgültige Münzen und Banknoten) wird (in diesem Ausnahmefall) in bewegten Lieferungen vollzogen. Der Ort bestimmt sich nach § 3 Abs. 6 Satz 1 UStG und befindet sich in Lörrach und damit im Inland. Die Lieferungen sind steuerbar, jedoch nach § 4 Nr. 8 Buchstabe b Satz 1 UStG von der Umsatzsteuer befreit. Es wurde aber eine (mögliche) Option zur Umsatzsteuerpflicht gewünscht. Die Option ist zulässig, da die Leistung an einen anderen Unternehmer (KG) für dessen Unternehmen (Gründung) erfolgte. Die Option ist auch durch den gesonderten Ausweis der Umsatzsteuer in der von B zu erstellenden Rechnung wirksam. Die Lieferungen sind somit steuerpflichtig.

Bei einem Entgelt von 4.000 € beträgt die Umsatzsteuer 760 €. Die Lieferungen erfolgten am 01.01.12 somit entsteht die Umsatzsteuer mit Ablauf des Voranmeldungszeitraums Januar 12. Steuerschuldner ist B.

Firmenwert

Die Übertragung des Firmenwerts zum 01.01.12 stellt eine sonstige Leistung dar (Abschnitt 3.1 Abs. 4 Satz 2 UStAE), deren Ort nach § 3a Abs. 2 Satz 1 UStG in Freiburg und damit im Inland liegt. Die Leistung ist steuerbar und steuerpflichtig. Bei einem Entgelt von 34.000 € beträgt die Umsatzsteuer 6.460 €. Die Umsatzsteuer entsteht mit Ablauf des Voranmeldungszeitraums Januar 12. Steuerschuldner ist B.

Verbindlichkeiten

Alle übernommenen, auf der Passivseite der Schlussbilanz stehenden Vermögenswerte haben als Schuldübernahme Entgeltscharakter. Auch der passive Rechnungsabgrenzungsposten, da er eine in der Zukunft zu erbringende Verpflichtung beinhaltet.

Transport S

Durch Selbsteintritt liegt eine Beförderungsleistung des Speditionsunternehmens an die KG vor (§ 3 Abs. 9 Satz 1 i.V.m. Abschnitt 4.3.2 Abs. 5 Satz 1 und 2 UStAE). Der Ort bestimmt sich nach § 3a Abs. 2 Satz 1 UStG. Da eine Güterbeförderung an einen Unternehmer vorliegt, ist der Leistungsempfängerort maßgebend = Freiburg. Sie ist somit steuerbar und steuerpflichtig. Es handelt sich um einen Fall des

»Reverse-Charge-Verfahrens« nach § 13b Abs. 2 Nr. 1 Alternative 2 UStG, da S ein im Ausland ansässiger Unternehmer i.S.d. § 13b Abs. 7 Satz 1 Halbsatz 1 UStG ist. Das Entgelt beträgt 7.200 € netto (auszugehen ist u.E. von dem Netto-Betrag, da die fälschlicherweise ausgewiesene Umsatzsteuer nicht zum Entgelt gehört, da ansonsten Umsatzsteuer auf (falsche) Umsatzsteuer bezahlt werden müsste; so auch Abschnitt 13b.13 Abs. 1 Satz 1 und 2 UStAE. Vertretbar ist auch die Meinung, dass nach § 10 Abs. 1 Satz 1 und 2 UStG Entgelt alles ist, was der Leistungsempfänger aufwendet. Zahlt der Leistungsempfänger den gesamten Rechnungsbetrag inklusive (falscher) Umsatzsteuer, ist das Entgelt brutto anzusetzen, da eine gesetzlich richtige Umsatzsteuer in diesem Entgelt nicht enthalten ist). Die Umsatzsteuer beläuft sich also auf 1.368 €. Steuerschuldner ist die KG (§ 13b Abs. 5 Satz 1 Halbsatz 1 UStG). Die Umsatzsteuer entsteht nach § 13b Abs. 2 Nr. 1 UStG am 23.01.12.

In der Rechnung hätte S auf die Steuerschuldnerschaft der KG hinweisen müssen und die Umsatzsteuer nicht ausweisen dürfen (§ 14a Abs. 5 UStG). Durch den fehlenden Hinweis wird die KG jedoch nicht von ihrer Steuerschuldnerschaft entbunden (Abschnitt 13b.14 Abs. 1 Satz 4 UStAE). S schuldet die zu Unrecht ausgewiesene Umsatzsteuer i.H.v. 1.368 € zusätzlich nach § 14c Abs. 1 Satz 1 UStG (Abschnitt 13b.14 Abs. 1 Satz 5 sowie Abschnitt 14c.1 Abs. 1 Satz 5 Nr. 2 UStAE). Diese entsteht nach § 13 Abs. 1 Nr. 3 Halbsatz 2 UStG im Zeitpunkt der Ausgabe der Rechnung = am 23.01.12 (s.a. Abschnitt 13.7 UStAE). Steuerschuldner ist S (§ 13a Abs. 1 Nr. 1 UStG). Diese Umsatzsteuer kann die KG nicht als Vorsteuer abziehen, da es sich insoweit nicht um die gesetzlich geschuldete Umsatzsteuer für die Beförderungsleistung handelt (§ 15 Abs. 1 Satz 1 Nr. 1 Satz 1 UStG i.V.m. Abschnitt 15.2 Abs. 1 Satz 1 und 2 sowie Abschnitt 14c.1 Abs. 1 Satz 6 UStAE).

Cindy Cash

Die von C erbrachte Bareinlage ist lediglich das Entgelt für die erhaltenen Gesellschaftsrechte. Der Vorgang entfaltet keine umsatzsteuerlichen Folgen (Abschnitt 1.1 Abs. 3 Satz 2 und 3 und Abschnitt 2.3 Abs. 1 Satz 4 UStAE). Als Finanzbeamtin ist C nicht selbständig tätig und insoweit auch kein Unternehmer (§ 2 Abs. 2 Nr. 1 UStG).

A-KG

Durch die Gründung wird die A-KG Unternehmerin i.S.d. § 2 Abs. 1 Satz 1 und 3 UStG. Ihre Unternehmereigenschaft beginnt im Jahr 12 und umfasst den Handel mit Büchern und Zeitungen (§ 2 Abs. 1 Satz 2 UStG).

Mit dem Verkauf der Waren tätigt die A-KG Lieferungen nach § 3 Abs. 1 UStG, die i.d.R. steuerbar und steuerpflichtig sind. Der Steuersatz beträgt jeweils 7 % (§ 12 Abs. 2 Nr. 1 UStG i.V.m. Anlage 2 Nr. 49). Steuerschuldner ist die A-KG (§ 13a Abs. 1 Nr. 1 UStG).

Die Gewährung von Gesellschaftsrechten anlässlich der Gründung ist mangels wirtschaftlichen Gehalts keine steuerbare Leistung i.S.d. UStG (Abschnitt 1.6 Abs. 2 Satz 1 UStAE).

Vorsteuerabzug

Die von B gesetzlich geschuldeten Umsatzsteuerbeträge für die an die KG getätigten Sacheinlagen sind für die KG jeweils als Vorsteuer nach § 15 Abs. 1 Satz 1 Nr. 1 Satz 1 UStG abziehbar und abzugsfähig. Die A-KG kann somit Vorsteuern i.H.v. insgesamt 26.160 € nach § 16 Abs. 2 Satz 1 UStG in dem Voranmeldungszeitraum ansetzen, in dem B die entsprechende Rechnung erstellt (§ 15 Abs. 1 Satz 1 Nr. 1 Satz 2 UStG i.V.m. Abschnitt 15.2 Abs. 2 Satz 7 und 8 UStAE).

Die von ihr nach § 13b UStG geschuldete Umsatzsteuer i.H.v. 1.368 € für die Beförderungsleistung des S ist im Voranmeldungszeitraum 1/12 abziehbar und abzugsfähig (§ 15 Abs. 1 Satz 1 Nr. 4 Satz 1 UStG).

Die von dem beratenden **Rechtsanwalt** erstellte Abrechung ist keine ordnungsgemäße Rechnung i.S.d. § 14 UStG. Nach § 14 Abs. 4 Satz 1 Nr. 8 UStG muss eine ordnungsgemäße Rechnung den anzuwendenden Steuersatz sowie den auf das Entgelt entfallenden Steuerbetrag enthalten. Da es insbesondere am gesonderten Ausweis der Umsatzsteuer fehlt, ist ein Vorsteuerabzug nicht möglich (§ 15 Abs. 1 Satz 1 Nr. 1 Satz 2 UStG i.V.m. Abschn. 15.2a Abs. 1 Satz 1 und 3 UStAE).

2. Überlassung BMW

Die Vergütung die B im Rahmen der Vermietung des BMW von der KG erhält, erfolgt gegen ein gewinn-unabhängiges und damit leistungsbezogenes Sonderentgelt (Abschnitt 1.6 Abs. 4 Satz 3 bis 5 UStAE). Da ein Sonderentgelt gezalt wird, liegt ein steuerbarer Leistungsaustausch zwischen B und der KG vor (Abschnitt 1.6 Abs. 3 Satz 1 und 2 UStAE). Durch die entgeltliche Vermietung des BMW begründet B ein neues Grundgeschäft und erweitert dadurch den Rahmen seines Unternehmens. Der Pkw verbleibt im Unternehmensvermögen.

Privatnutzung

Die private Nutzung des zum Unternehmensvermögen gehörenden Pkw führt zu einer fiktiven sonstigen Leistung nach § 3 Abs. 9a Nr. 1 Halbsatz 1 Alternative 1 UStG. Die Ortsbestimmung erfolgt nach § 3f Satz 1 UStG (Rümmingen). Die im Inland ausgeführte fiktive sonstige Leistung ist steuerbar und steuerpflichtig.

Die Bemessungsgrundlage bestimmt sich nach § 10 Abs. 4 Satz 1 Nr. 2 UStG. Eine Ermittlung der tatsächlichen Ausgaben scheitert daran, dass Anhaltspunkte für den Privatanteil nicht vorliegen. Da im Rahmen der ertragsteuerlichen Gewinnermittlung die 1 %-Methode zur Anwendung gelangt (§ 6 Abs. 1 Nr. 4 Satz 2 EStG), kann diese auch für Zwecke der Umsatzsteuer verwendet werden (Abschnitt 15.23 Abs. 5 Satz 4 Nr. 1 Buchstabe a UStAE). Der Privatanteil beträgt demnach: 78.400 € × 12 % = 9.408 € × 0,8 = 7.526 €. Es ergibt sich eine Umsatzsteuer i.H.v. 7.526 € × 19 % = 1.429,94 € für das Jahr 12. Die Steuer entsteht mit Ablauf eines jeden monatlichen Voranmeldungszeitraums i.H.v. 119,16 € (§ 13 Abs. 1 Nr. 2 UStG). Die Umsatzsteuer wird nach § 13a Abs. 1 Nr. 1 UStG von B geschuldet.

Fahrten Wohnung → KG

Die Fahrten des Unternehmers B zwischen Wohnung und Betriebsstätte der KG sind der privaten Nutzung des Fahrzeugs zuzurechnen, da ein unternehmerischer Anlass nicht zu erkennen ist. Sie sind im pauschal berechneten Privatanteil mit enthalten.

Vermietung

Die Vermietung stellt eine sonstige Leistung des B dar (§ 3 Abs. 9 Satz 1 und 2 UStG). Der Ort bestimmt sich nach § 3a Abs. 2 Satz 1 UStG (kein Fall des § 3a Abs. 3 Nr. 2 Satz 3 UStG) und liegt in Freiburg = Inland. Die sonstige Leistung ist steuerbar und steuerpflichtig. Bemessungsgrundlage ist das Entgelt = 10.000. Die Überlassung erfolgt an eine nahe stehende Person (Abschnitt 10.7 Abs. 1 Satz 2 UStAE), sodass die Mindestbemessungsgrundlage zu prüfen ist (§ 10 Abs. 5 Satz 1 Nr. 1 2. Alternative UStG). Diese entspricht der Bemessungsgrundlage nach § 10 Abs. 4 Satz 1 Nr. 2 UStG und ermittelt sich wie folgt:

• Betriebskosten (§ 10 Abs. 4 Satz 1 Nr. 2 Satz 1 UStG)	4.000 €
• »USt-AfA« (§ 10 Abs. 4 Satz 1 Nr. 2 Satz 2, 3 i.V.m. § 15a Abs. 1 Satz 1 UStG): 60.000 € × 20 %	12.000 €
Summe	**16.000 €**
Privatanteil nach der 1 %-Methode	./. 7.526 €
auf Fahrten der KG entfallen	**8.474 €**

Da dieser Wert das tatsächliche Entgelt unterschreitet kommt die Mindestbemessungsgrundlage nicht zum Ansatz. Bemessungsgrundlage ist demnach das Entgelt i.H.v. 10.000 €. Bei einem Steuersatz von 19 % ergibt sich eine Umsatzsteuer i.H.v. 1.900 €.

Die Umsatzsteuer entsteht grundsätzlich erst mit Ablauf des Voranmeldungszeitraums, in dem die Vermietung vollendet wird (Dezember 14, § 13 Abs. 1 Nr. 1 Buchst. a Satz 1 UStG). Die Jahresmiete ist Entgelt für eine Teilleistung i.S.d. § 13 Abs. 1 Nr. 1 Buchst. a Satz 3 UStG. Die Vermietung ist wirtschaftlich teilbar (Jahr) und das Entgelt dafür wurde gesondert vereinbart (Fälligkeit jeweils am Jahresende).

Insoweit entsteht die Umsatzsteuer i.H.v. jeweils 1.900 € mit Ablauf eines jeden Jahres (§ 13 Abs. 1 Nr. 1 Buchst. a Satz 2 i.V.m. Satz 1 UStG). Steuerschuldner ist B.

Für die A-KG ist der in der Rechnung von B ausgewiesene Umsatzsteuerbetrag als Vorsteuer abziehbar und abzugsfähig. Sie kann 1.900 € im Voranmeldungszeitraum 12/12 als Vorsteuer ansetzen.

Aufgabe 2:

1. Die Bücher werden ebenfalls im Rahmen von bewegten Lieferungen von B auf die KG übertragen. Das darauf entfallende Entgelt mindert entsprechend das Entgelt für den Firmenwert.
2. Der Pkw wird nicht gegen Sonderentgelt an die KG vermietet; ein Leistungsaustausch findet somit nicht statt. Die Überlassung vollzieht sich in einem unentgeltlichen und damit nicht steuerbaren Gesellschafterbeitrag.

   Da B nach Liquidation seines Einzelunternehmens kein Unternehmen mehr betreibt, hätte dies zur Folge, dass der Pkw – mangels originärer unternehmerischer Nutzung – in vollem Umfang aus dem Unternehmensvermögen im Wege einer steuerbaren und steuerpflichtigen fiktiven Lieferung entnommen werden müsste (§ 3 Abs. 1b Satz 1 Nr. 1 und Satz 2 UStG). Eine unentgeltliche Wertabgabe i.S.d. § 3 Abs. 9a Nr. 1 Halbsatz 1 Alternative 1 UStG wäre dann nicht mehr möglich.
3. Die Liquidation des Einzelunternehmens und die damit im Zusammenhang erfolgten fiktiven Lieferungen (Grundstück, Pkw) bewirken das Ende der Unternehmertätigkeit des B.

Punktetabelle zur Prüfungsklausur aus dem Gebiet Umsatzsteuer

	Punkte
Aufgabe 1/1. Gründung KG/B	
B = Unternehmer mit Handel + § 2 Abs. 1 Satz 1, 3	1
Geschäftsveräußerung im Ganzen prüfen + § 1 Abs. 1a	2
Alle wesentlichen Grundlagen müssen übergehen + A. 1.5 Abs. 1	3
Grundstück = wesentliche Grundlage + Begründung	4
Keine Geschäftsveräußerung im Ganzen + Folge	5
Grundstück: § 3 Abs. 1b Nr. 1 + Satz 2 erkennen	6
Begründung: private Motivation + Vorsteuerabzug	7
Entnahme des gesamten Grundstücks	8
Lörrach + § 3f Satz 1	9
Inland + § 1 Abs. 2 Satz 1 + steuerbar	10
Steuerfrei + § 4 Nr. 9a)	11
Abschnitt 4.9.1 Abs. 2 Nr. 6	12
§ 15a Abs. 1 erkennen	13
Berichtigungszeitraum: 01.06.03–31.05.13 + § 45 Satz 1 UStDV	14
§ 15a Abs. 8 + Begründung	15
§ 15a Abs. 5 Satz 1	16
§ 15a Abs. 9	17
Berechnung	18
Berechnung	19
22.500 im VAZ 3/12	20

	Punkte
§ 44 Abs. 3 Satz 2 UStDV	21
Waren	
Zurückbehalten der Waren keine Entnahme	22
Begründung	23
Neues Grundgeschäft o.Ä.	24
Sacheinlagen	
Entgelt + § 10 Abs. 1 Satz 1 und 2	25
= Gewährung Gesellschaftsrechte	26
= Übernahme Verbindlichkeiten	27
Gemeiner Wert Gesellschaftsrechte = 240.000	28
Schuldübernahmen = 24.000	29
Passiver RAP = Verbindlichkeiten + Begründung	30
+ / – Umsatzsteuer	31
– Aktiva (Buchwerte und stille Reserven)	32
Firmenwert = 34.000	33
Einrichtung: Lieferungen B - > KG + § 3 Abs. 1	34
§ 3 Abs. 6 Satz 1 i.V.m. Satz 3, 4 = Lörrach + stb, stpfl	35
Entgelt = 5.000 + Umsatzsteuer = 950 €	36
Ablauf 1/12 + § 13 Abs. 1 Nr. 1a) Satz 1	37
Steuerschuldner = B + § 13a Abs. 1 Nr. 1	38
Waren: Umsatzsteuer = 14.000 + § 12 Abs. 2 Nr. 1 i.V.m. Anlage 2 Nr. 49)	39
Forderungen: sonstige Leistung durch Abtretung + § 3 Abs. 9 Satz 1	40
§ 3a Abs. 2 Satz 1 = Freiburg	41
§ 4 Nr. 8 c)	42
Option zulässig + Begründung + § 9 Abs. 1	43
Option = wirksam + Begründung	44
Umsatzsteuer = 3.990, Ablauf 1/12	45
Kasse: stb Lieferungen	46
§ 4 Nr. 8 b) aber zulässige und wirksame Option	47
Umsatzsteuer = 760, Ablauf 1/12	48
Firmenwert: sonstige Leistung + A. 3.1 Abs. 4 Satz 2	49
§ 3a Abs. 2 Satz 1 = Freiburg	50
Umsatzsteuer = 6.460, Ablauf 1/12	51
Transport S	
Selbsteintritt - > sonstige Leistung + § 3 Abs. 9 Satz 1	52
§ 3a Abs. 2 Satz 1	53

	Punkte
§ 13b Abs. 2 Nr. 1 + Begründung	54
§ 13b Abs. 7 Satz 1 + Begründung	55
7.200 + 1.368 Umsatzsteuer	56
Steuerschuldner = KG + § 13b Abs. 5 Satz 1	57
Umsatzsteuer entsteht am 23.01.12	58
§ 14a Abs. 5	59
1.368 → § 14c Abs. 1 Satz 1 für Spediteur	60
C	
Bareinlage nicht stb + Begründung	61
Finanzbeamtin kein Unternehmer + § 2 Abs. 2 Nr. 1	62
KG	
= Unternehmer + Begründung	63
Beginn = 12 + Umfang	64
Verkauf von Waren = stb, stpfl Lieferungen, 7 %	65
Gewährung von Gesellschaftsrechten keine sonstige Leistung + Begründung	66
Vorsteuern auf Sacheinlagen des B = 26.160 abziehbar und abzugsfähig	67
§ 15 Abs. 1 Nr. 1 Satz 1 und 2, wenn Rechnung vorliegt	68
§ 13b Umsatzsteuer → § 15 Abs. 1 Nr. 4 im VAZ 1/12	69
§ 14c Abs. 1 Umsatzsteuer → kein Vorsteuerabzug + Begründung	70
Rechnung des Rechtsanwalts nicht ordnungsgemäß + Begründung	71
§ 14 Abs. 4 Nr. 8	72
Aufgabe 1/2. Überlassung BMW	
Vergütung = Sonderentgelt	73
Begründung	74
Sonderentgelt führt zu Leistungsaustausch + Begründung	75
Neues Grundgeschäft o.Ä.	76
Pkw verbleibt im UV o.Ä.	77
Privatnutzung = § 3 Abs. 9a Nr. 1	78
§ 3f Satz 1 = Rümmingen; stb und stpfl	79
Bemessungsgrundlage nach § 10 Abs. 4 Nr. 2	80
1 %-Methode + A. 15.23 Abs. 5 Nr. 1 a)	81
78.400 × 12 % = 9.408	82
x 0,8 = 7.526 × 19 % = 1.429,94/119,16	83
Ablauf Monat + § 13 Abs. 1 Nr. 2	84
Aussage zu Fahrten Wohnung → KG	85
Vermietung = soL + § 3 Abs. 9 Satz 1, 2	86

	Punkte
§ 3a Abs. 2 Satz 1 = Freiburg, stb + stpfl	87
Bemessungsgrundlage = 10.000	88
Mindestbemessungsgrundlage + Begründung + § 10 Abs. 5 Nr. 1	89
Betriebskosten = 4.000	90
„Umsatzsteuer-AfA": 60.000 × 20 %	91
§ 10 Abs. 4 Nr. 2 Satz 2, 3 i.V.m. § 15a Abs. 1 Satz 1	92
./. Privatanteil i.H.v. 7.526 = 8.474	93
Ansatz 10.000 × 19 % = 1.900	94
Jahresmiete = Teilleistung + § 13 Abs. 1 Nr. 1a) Satz 3 + Begründung	95
Entstehung mit Ablauf Jahr + § 13 Abs. 1 Nr. 1a) Satz 2	96
1.900 = Vorsteuer für KG, Voranmeldungszeitraum 12/12	97
Aufgabe 2	
Bücher = Lieferungen, Minderung Entgelt für Firmenwert	98
Pkw-Vermietung kein Leistungsaustausch + Begründung	99
Entnahme des PKW + Begründung	100
Ende der Unternehmertätigkeit des B	101
Begründung	102

Notentabelle		
Korrekturpunkte	Punkte nach § 6 Abs. 1 StBAPO	Note
102–97	15	1
96–93	14	
92–88	13	2
87–83	12	
82–79	11	
78–74	10	3
73–70	9	
69–65	8	
64–60	7	4
59–56	6	
55–51	5	
50–41	4	5
40–31	3	
30–20	2	
19–10	1	6
9–0	0	

Fall 9

Übungsklausur aus dem Gebiet Besteuerung der Gesellschaften

Bearbeitungszeit: 5 Stunden
Hilfsmittel:
Beck'sche Bände
- Steuergesetze
- Steuerrichtlinien
- Steuererlasse

A. Sachverhalt

Sachverhalt 1

Die Biene-GmbH betreibt einen Naturkostladen mit Sitz in Edenkoben. Anteilseigner sind Sabine Biene (B), geb. am 12.12.1967, Herbert Hummel (H), geb. am 28.01.1959 und Walpurga Wespe (W), geb. am 20.07.1972. B und H sind zu jeweils 30 %, W ist zu 40 % am Stammkapital der GmbH in Höhe von insgesamt 100.000 € beteiligt. Während B und H Gründungsgesellschafter sind, hat W ihren Anteil im Jahr 2014 für 200.000 € erworben.

Der Betrieb der GmbH befindet sich auf dem der BHW-GbR gehörenden Grundstück Luitpoldstraße 1. B, H und W sind zu jeweils einem Drittel am Vermögen sowie am Gewinn und Verlust der GbR beteiligt. Im Falle des Ausscheidens eines Gesellschafters werden auch die stillen Reserven abgefunden.

Gesellschafterbeschlüsse werden in beiden Gesellschaften nach dem Mehrheitsprinzip (nach der Anteilshöhe) getroffen.

Angaben zur Biene-GmbH:

Die zutreffenden Steuerbilanzen der GmbH zum 31.12.2017 und zum 31.12.2018 haben folgendes Aussehen:

Steuerbilanz Biene-GmbH 31.12.2017

Diverse Aktiva	3.000.000 €	Gezeichnetes Kapital	100.000 €
		Kapitalrücklagen	160.000 €
		Gewinnrücklagen	620.000 €
		Bilanzgewinn	120.000 €
		Verbindlichkeiten	2.000.000 €
	3.000.000 €		**3.000.000 €**

Steuerbilanz Biene-GmbH 31.12.2018

Diverse Aktiva	2.900.000 €	Gezeichnetes Kapital	100.000 €
		Kapitalrücklagen	160.000 €
		Gewinnrücklagen	690.000 €
		Bilanzgewinn	170.000 €
		Verbindlichkeiten	1.780.000 €
	2.900.000 €		**2.900.000 €**

Erläuterungen zu den Bilanzen:

Die Kapitalrücklagen beruhen auf dem Eintritt der W in die GmbH.

Aufgrund eines Gesellschafterbeschusses vom 16.03.2018 wurde der Bilanzgewinn 2017 in Höhe von 100.000 € an die Anteilseigner ausgeschüttet. Der Restbetrag wurde in die Gewinnrücklagen eingestellt. Die Gewinnausschüttung wurde am 20.03.2018 in Höhe des Nettobetrags auf die privaten Bankkonten der Gesellschafter überwiesen. Der gemeine Wert der GmbH-Anteile betrug zum 01.01.2018 insgesamt 1,1 Mio. € und zum 31.12.2018 insgesamt 1,2 Mio. €.

Angaben zur BHW-GbR

Die GbR ermittelt ihren Gewinn durch Betriebsvermögensvergleich. Die Gesamthandsbilanz der GbR zum 31.12.2017 hat folgendes Aussehen:

Steuerliche Hauptbilanz BHW-GbR 31.12.2017

Grundstück Luitpoldstr. 1		Kapital I B	100.000 €
Grund und Boden	80.000 €	Kapital I H	100.000 €
Verwaltungsgebäude	518.400 €	Kapital I W	100.000 €
Anteil X-GmbH	50.000 €	Kapital II B	194.000 €
Bank	39.600 €	Kapital II H	214.000 €
Kapital II W	120.000 €	Darlehen	100.000 €
	808.000 €		**808.000 €**

Erläuterungen zur Bilanz:

Die Bilanzansätze entsprechen den steuerlichen Vorschriften.

Auf den Kapitalkonten II werden Gewinne, Verluste, Entnahmen und Einlagen verbucht. Das negative Kapitalkonto II der W ist durch Entnahmen entstanden.

Das Grundstück Luitpoldstraße 1 wird für monatlich 10.000 € an die Biene-GmbH vermietet. Die Miethöhe ist angemessen. In dem aufstehenden Gebäude befinden sich die Verkaufs- und Verwaltungsräume der GmbH. Das Grundstück wurde von der GbR im Januar 2004 erworben. Die Anschaffungskosten betrugen 800.000 €, davon entfielen 720.000 € auf das im Jahr 1984 errichtete Gebäude. Der Teilwert (= gemeiner Wert) des Grund und Bodens betrug zum 01.01.2018 155.000 €, der des Gebäudes 750.000 €. Die Werte haben sich bis zum 31.12.2018 nicht verändert.

Der Anteil an der X-GmbH wurde zulässigerweise bilanziert. Der gemeine Wert (= Teilwert) des Anteils betrug zum 01.01.2018 80.000 €.

Ein originärer Firmenwert ist bei der GbR nicht vorhanden.

Personelle Veränderungen bei der GbR im Jahr 2018:

1. Zum 01.01.2018 schied W durch Kündigung aus der Gesellschaft aus. Für den Fall der Kündigung eines Gesellschafters sieht der Gesellschaftsvertrag eine Fortsetzung der Gesellschaft durch die verbleibenden Gesellschafter vor. Als Abfindung erhielt W am 01.01.2018 den aktivierten Anteil an der X-GmbH sowie eine Barabfindung aus Firmenmitteln in Höhe von 12.200 €. Die Abfindungshöhe entspricht dem tatsächlichen Wert des Gesellschaftsanteils.

2. Zum 31.12.2018 übertrug B ihren Gesellschaftsanteil mit Zustimmung des H unentgeltlich auf ihre Tochter T.

Im Übrigen ereigneten sich bei der GbR im Wirtschaftsjahr 2018 ausschließlich folgende Geschäftsvorfälle, die jeweils über das betriebliche Bankkonto abgewickelt wurden:

1. Eingang der Miete in Höhe von 120.000 € aus der Vermietung des Grundstücks Luitpoldstraße 1 an die Biene-GmbH.

2. Zahlung von Grundstückskosten in Höhe von 10.000 €.

3. Tilgung des zum 31.12.2017 passivierten Darlehens in Höhe von 100.000 €.

4. Zinszahlung für das Darlehen in Höhe von 4.000 €.

B und H haben im Wirtschaftsjahr 2018 keine Entnahmen oder Einlagen getätigt.

Aufgaben:

1. Stellen Sie die gesellschaftsrechtlichen Folgen des Ausscheidens von W aus der GbR dar.
2. Beurteilen Sie das Ausscheiden der W zum 01.01.2018 aus Sicht der Steuerbilanz der GbR. Erstellen Sie in diesem Zusammenhang die steuerliche Hauptbilanz der GbR zum 01.01.2018 nach dem Ausscheiden von W.
3. Stellen Sie dar, welche einkommensteuerrechtlichen Auswirkungen sich bei W aufgrund ihres Ausscheidens ergeben.
4. Entwickeln Sie die steuerliche Hauptbilanz der GbR zum 31.12.2018 (vor dem Ausscheiden der B), die dazu gehörende GuV sowie das Bankkonto. Nehmen Sie dabei Stellung zur Bewertung der einzelnen Aktivposten.
5. Stellen Sie die einkommensteuerrechtlichen Auswirkungen des zum 31.12.2018 stattgefundenen Gesellschafterwechsels für B und H dar.
6. Welche steuerlichen Folgen hat die im März 2018 stattgefundene Gewinnausschüttung der Biene-GmbH für deren Gesellschafter?
7. Ermitteln Sie den Jahresüberschuss 2018 der Biene-GmbH durch Betriebsvermögensvergleich.

Sachverhalt 2

A, B und C gründen zum 01.01.2018 eine KG.

A bringt sein Einzelunternehmen mit Ausnahme eines bebauten Grundstücks und eines damit zusammenhängenden Hypothekendarlehens in die KG ein. Die Einbringungsbilanz des A weist folgende zutreffenden Werte aus:

	Buchwert	Gemeiner Wert	AK
Grund und Boden	200.000 €	240.000 €	200.000 €
Gebäude	504.000 €	660.000 €	600.000 € (Januar 2010)
Übriges Anlagevermögen	196.000 €	250.000 €	400.000 €
Umlaufvermögen	100.000 €	100.000 €	100.000 €
Hypothekendarlehn	200.000 €	200.000 €	
Firmenwert		100.000 €	

Das übrige Anlagevermögen und das Umlaufvermögen werden auf Wunsch der KG zum Buchwert in deren Handelsbilanz inkl. der erforderlichen Ergänzungsbilanzen eingebracht und zum 31.12.2018 zutreffend bewertet.

A vermietet das bebaute Grundstück ab dem 01.01.2018 an die KG. Die monatliche Miete beläuft sich auf 10.000 €. Die Mietzahlungen werden in der GuV der KG als Aufwand behandelt. Die Miete für den Monat Dezember 2018 wird erst am 05.01.2019 beglichen und in der Handelsbilanz der KG zum 31.12.2018 als sonstige Verbindlichkeit passiviert. Das Hypothekendarlehn wird in 2018 in Höhe von 20.000 € getilgt. Die damit zusammenhängenden Zinsen belaufen sich im Jahr 2018 auf 10.000 €. Im Zusammenhang mit dem Grundstück und dem Darlehn werden keine Buchungen vorgenommen.

Aufgaben:

1. Wie sind das Grundstück, das Darlehen und die damit zusammenhängenden Einnahmen und Ausgaben bilanzsteuerrechtlich zu behandeln?
2. Erstellen Sie die in diesem Zusammenhang evtl. erforderlichen Sonderbilanzen zum 01.01.2018 und zum 31.12.2018.

> **Hinweise zu Sachverhalt 1 und 2!**
> 1. Begründen Sie Ihre Ausführungen unter Hinweis auf die einschlägigen Vorschriften (Gesetze und Richtlinien).
> 2. Erforderliche Anträge wurden gestellt.
> 3. Eurocentbeträge sind nach mathematischen Grundsätzen auf volle Eurobeträge zu runden.
> 4. Auf umsatzsteuerliche Probleme ist nicht einzugehen.

B. Lösungen
Sachverhalt 1
I. Gesellschaftsrechtliche Folgen

Die Kündigung eines Gesellschafters führt bei einer GbR grundsätzlich zur Auflösung der Gesellschaft (§ 723 BGB). Dies wurde im vorliegenden Fall durch die im Gesellschaftsvertrag enthaltene Fortsetzungsklausel vermieden. Die Klausel führt zu einem Ausscheiden der W aus der Gesellschaft (§ 736 Abs. 1 BGB). Ihr Gesellschaftsanteil wächst den Mitgesellschaftern B und H zu (§ 738 Abs. 1 S. 1 BGB). Diese sind in der Folge zu jeweils 50 % an der GbR beteiligt. W hat Anspruch auf Auseinandersetzungsguthaben (§ 738 Abs. 1 S. 2 BGB). Da dieses ihr negatives Kapitalkonto übersteigt (genaue Berechnung siehe nachfolgend II.), besteht für sie keine Nachschusspflicht.

II. Steuerliche Folgen für die GbR

Der Mitunternehmeranteil der W umfasst ihren Anteil am Gesamthandsvermögen der GbR sowie ihren Anteil an der Biene-GmbH als notwendiges Sonderbetriebsvermögen II (R 4.2 Abs. 2 S. 2 EStR). Die Betriebsvermögenseigenschaft des GmbH-Anteils ergibt sich aufgrund der vorliegenden Betriebsaufspaltung. Zwischen der GbR und der GmbH besteht eine personelle und sachliche Verflechtung. Die personelle Verflechtung setzt in beiden Betrieben einen einheitlichen geschäftlichen Betätigungswillen voraus. Bis zum 01.01.2018 lag in Besitz- und Betriebsgesellschaft zwar keine Beteiligungsidentität vor, da B, H und W in beiden Gesellschaften unterschiedlich hoch beteiligt waren, es bestand jedoch eine Beherrschungsidentität, welche für die Bejahung einer personellen Verflechtung ausreicht (H 15.7 Abs. 6 „Beherrschungsidentität" EStH). Auch nach dem Ausscheiden von W konnten B und H bis zum 31.12.2018 als alleinige Gesellschafter der GbR in der GmbH aufgrund ihrer Beteiligungshöhe (60 %) ihren Willen durchsetzen. Die sachliche Verflechtung ergibt sich aufgrund der Grundstücksvermietung. Das Grundstück stellt für die GmbH eine wesentliche Betriebsgrundlage dar. Aufgrund der Betriebsaufspaltung erzielt die GbR gewerbliche Einkünfte (§ 15 Abs. 1 Nr. 1 und Abs. 2 EStG). Das Grundstück Luitpoldstraße gehört somit zum notwendigen Betriebsvermögen (R 4.2 Abs. 11 EStR).

Der Teilwert des Mitunternehmeranteils W ergibt sich wie folgt:

Buchwert (Kap I 100.000 € – Kap II 120.000 €)		./. 20.000 €
Stille Reserven		
• Grund und Boden (155.000 € – 80.000 €)	75.000 €	
• Gebäude (750.000 € – 518.400 €)	+ 231.600 €	
• Anteil X-GmbH (80.000 € – 50.000 €)	+ 30.000 €	
Summe	**336.600 €**	
davon Anteil W ⅓	112.200 €	+ 112.200 €
Teilwert Mitunternehmeranteil W		**92.200 €**

Es erfolgt eine Abfindung zum Teilwert in Form einer Barabfindung in Höhe von 12.200 € und einer Sachabfindung aus dem Gesellschaftsvermögen (GmbH-Anteil) im Wert von 80.000 €. Der Vorgang ist buchungstechnisch in zwei fiktive Geschäftsvorfälle zu zerlegen. In einem ersten Schritt erwerben B und H die anteiligen Wirtschaftsgüter der W gegen eine Abfindungsverbindlichkeit. Die Bewertung erfolgt mit dem Teilwert (§ 6 Abs. 1 Nr. 7 EStG). Es kommt zu einer Aufstockung der anteiligen stillen Reserven (⅓) bei den betroffenen Aktivpositionen.

Die anteiligen stillen Reserven betragen:

- Grund und Boden   25.000 € = $\frac{1}{3}$ von 75.000 €,
- Gebäude   77.200 € = $\frac{1}{3}$ von 231.600 €,
- Anteil X-GmbH   10.000 € = $\frac{1}{3}$ von 30.000 €.

Die Abfindungsverbindlichkeit beläuft sich auf 92.200 € (= stille Reserven 112.200 € – negatives Kapitalkonto 20.000 €).

In einem zweiten Geschäftsvorfall erfolgt die Ausbuchung der Abfindungsverbindlichkeit gegen Bank und den hingegebenen GmbH-Anteil. Die Hingabe des GmbH-Anteils führt bei B und H zu einem laufenden Gewinn in Höhe von 20.000 € (80.000 € – aufgestockter Buchwert 60.000 €). Dieser erhöht in Höhe von jeweils 10.000 € deren Kapitalkonten II. Der Ertrag ist nach dem Teileinkünfteverfahren zu 40 % steuerfrei (§§ 3 Nr. 40 Buchst. a und 3c Abs. 2 EStG). Die Korrektur erfolgt außerbilanziell im Rahmen der Einkommensteuerveranlagungen von B und H (Bruttomethode).

Die steuerliche Hauptbilanz der GbR zum 01.01.2018 hat nach dem Ausscheiden der W folgendes Aussehen:

Steuerliche Hauptbilanz BH-GbR 01.01.2018

Grundstück Luitpoldstr. 1		Kapital I B	100.000 €
Grund und Boden	105.000 €	Kapital I H	100.000 €
Verwaltungsgebäude	595.600 €	Kapital II B	204.000 €
Bank	27.400 €	Kapital II H	224.000 €
		Darlehen	100.000 €
	728.000 €		**728.000 €**

III. Einkommensteuerliche Auswirkungen für W

W gibt zum 01.01.2018 ihren Mitunternehmeranteil auf (§ 16 Abs. 3 S. 1 i.V.m. Abs. 1 Nr. 2 EStG). Im Bereich des Gesamthandsvermögens erfolgt eine Veräußerung an B und H. Das Sonderbetriebsvermögen (GmbH-Anteil) als wesentliche Betriebsgrundlage wird in das Privatvermögen der W überführt. Der Aufgabegewinn ist wie folgt zu berechnen:

Veräußerungspreis (§ 16 Abs. 3 S. 6 EStG)		
= Barabfindung 12.200 € + Sachabfindung 80.000 €	92.200 €	
Buchwert des Kapitalkontos	20.000 €	
Aufgabegewinn Gesamthandsvermögen	**112.200 €**	112.200 €
Gemeiner Wert Anteil Biene-GmbH		
40 % von 1,1 Mio. € (§ 16 Abs. 3 S. 7 EStG)	440.000 €	
Anschaffungskosten	./. 200.000 €	
Aufgabegewinn Sonderbetriebsvermögen	**240.000 €**	+ 240.000 €
Aufgabegewinn insgesamt		352.200 €

Der auf die beiden GmbH-Anteile entfallende Teil des Aufgabegewinns (10.000 € + 240.000 €) ist nach dem Teileinkünfteverfahren nur zu 60 % steuerpflichtig (§§ 3 Nr. 40 Buchst. b und 3c Abs. 2 EStG). Die Steuerbefreiung wird erst im Rahmen der Einkommensteuerveranlagung berücksichtigt. Der steuerpflichtige Aufgabegewinn beträgt 252.200 € (352.200 € – 40 % von 250.000 €). Der Freibetrag nach § 16 Abs. 4 EStG kommt nicht in Betracht, da W weder das 55. Lebensjahr vollendet hat, noch dauernd berufsunfähig ist.

IV. Steuerliche Hauptbilanz 31.12.2018

Bei der Bewertung der Aktiva ist zwischen dem bisherigen Anteil von B und H in Höhe von $\frac{2}{3}$ und dem angeschafften Teil in Höhe von $\frac{1}{3}$ zu unterscheiden.

Der Grund und Boden gehört zum nicht abnutzbaren Anlagevermögen (§ 247 Abs. 2 HGB). Er ist mit den Anschaffungskosten zu bewerten (§ 6 Abs. 1 Nr. 2 S. 1 EStG). Die Anschaffungskosten betragen:

- ⅔-Anteil   53.333 € (⅔ von 80.000 €),
- ⅓-Anteil   51.667 € (⅓ von 155.000 €).

Der Bilanzansatz beläuft sich auf 105.000 €. Ein Ansatz des höheren Teilwerts (155.000 €) kommt nicht in Betracht (Umkehrschluss aus § 6 Abs. 1 Nr. 2 S. 2 EStG).

Das Gebäude gehört zum abnutzbaren Anlagevermögen. Es ist mit den Anschaffungskosten vermindert um die AfA zu bewerten (§ 6 Abs. 1 Nr. 1 S. 1 EStG). Die Abschreibung erfolgt linear mit 2 %, da der Bauantrag vor dem 01.04.1985 gestellt worden ist (§ 7 Abs. 4 S. 1 Nr. 2 lit. a EStG). Es ergeben sich folgende fortgeführten Anschaffungskosten:

⅔-Anteil

Buchwert 31.12.2017	345.600 €	= ⅔ von 518.400 €
AfA, 2 % von 480.000 €	./. 9.600 €	
(= ⅔ von 720.000 €)		
Buchwert 31.12.2018	**336.000 €**	

⅔-Anteil

Anschaffungskosten	250.000 €	= ⅓ von 750.000 €
AfA, 2 %	./. 5.000 €	
Buchwert 31.12.2018	**245.000 €**	

Der Bilanzansatz beläuft sich auf 581.000 €. Der Ansatz des höheren Teilwerts (750.000 €) ist unzulässig (Umkehrschluss aus § 6 Abs. 1 Nr. 1 S. 2 EStG).

Steuerliche Hauptbilanz BH-GbR 31.12.2018

Grundstück Luitpoldstr. 1		Kapital I B	100.000 €
Grund und Boden	105.000 €	Kapital I H	100.000 €
Verwaltungsgebäude	581.000 €	Kapital II B	249.700 €
Bank	33.400 €	Kapital II H	269.700 €
	719.400 €		**719.400 €**

Entwicklung des Bankkontos:

AB		27.400 €
Miete	+	120.000 €
Grundstückskosten	./.	10.000 €
Darlehenstilgung	./.	100.000 €
Zinszahlung	./.	4.000 €
EB		**33.400 €**

GuV 2018 BH-GbR

Grundstücksaufwand	10.000 €	Mietertrag	120.000 €
Zinsaufwand	4.000 €		
AfA Gebäude	14.600 €		
Gewinn	91.400 €		
	120.000 €		**120.000 €**

V. Einkommensteuerliche Folgen Gesellschafterwechsel B – T

Mit dem Ausscheiden der B aus der GbR endet die Betriebsaufspaltung. Es liegt keine personelle Verflechtung mehr vor. Eine Personenidentität in beiden Betrieben besteht nur noch hinsichtlich des Gesellschafters H. Dieser kann weder in der GbR noch in der GmbH seinen Willen durchsetzen. Es kommt zu einer Betriebsaufgabe (§ 16 Abs. 3 S. 1 EStG). Die Wirtschaftsgüter des Gesamthandsvermögens sowie die GmbH-Anteile im Sonderbetriebsvermögen werden in das Privatvermögen von B und H überführt. Die Bewertung erfolgt mit dem gemeinen Wert (§ 16 Abs. 3 S. 7 EStG). Der Aufgabegewinn ergibt sich wie folgt:

Grund und Boden	155.000 €	
Gebäude	+ 750.000 €	
Bank	+ 33.400 €	
Summe der gemeinen Werte	**938.400 €**	
davon ½	469.200 €	
Kapitalkonto B	./. 349.700 €	
Aufgabegewinn Gesamthandsvermögen B	**119.500 €**	**119.500 €**
Gemeiner Wert ½	469.200 €	
Kapitalkonto H	./. 369.700 €	
Aufgabegewinn Gesamthandsvermögen H	**99.500 €**	**99.500 €**
Gemeiner Wert GmbH-Anteile		
60 % von 1,2 Mio. €	720.000 €	
Buchwerte der Sonderbilanzen		
= 60 % des Stammkapitals von 100.000 €	./. 60.000 €	
Aufgabegewinn Sonderbetriebsvermögen	**660.000 €**	**+ 660.000 €**
Aufgabegewinn insgesamt		**879.000 €**

Der Aufgabegewinn aus dem Sonderbetriebsvermögen entfällt zu jeweils 50 % auf B und H. Er ist nur zu 60 % steuerpflichtig (§ 3 Nr. 40 Buchst. b EStG). Somit entfällt auf B ein steuerpflichtiger Aufgabegewinn in Höhe von 317.500 € (119.500 € + 198.000 €) und auf H ein solcher von 297.500 € (99.500 € + 198.000 €).

Für B kommt der Freibetrag nach § 16 Abs. 4 EStG nicht in Betracht, da sie weder das 55. Lebensjahr vollendet hat, noch dauernd berufsunfähig ist. H hat das 55. Lebensjahr vollendet. Sein Aufgabegewinn übersteigt die Grenze von 136.000 € um 161.500 €. Es kommt zu einer Kürzung des Freibetrags auf 0 € (§ 16 Abs. 4 S. 3 EStG).

VI. Steuerliche Folgen der Gewinnausschüttung

Die GmbH ist verpflichtet für die durchgeführte Gewinnausschüttung Kapitalertragsteuer in Höhe von 25 % und Solidaritätszuschlag einzubehalten (§§ 43 Abs. 1 Nr. 1 und 43a Abs. 1 Nr. 1 EStG). Die einbehaltenen Steuerbeträge sind bei den Anteilseignern nicht abzugsfähig (§ 12 Nr. 3 EStG). Die Einnahmen belaufen sich auf insgesamt 100.000 €, die KapSt beträgt insgesamt 25.000 € (Soli 5,5 % = 1.375 €).

Der GmbH-Anteil der W befindet sich nach deren Ausscheiden aus der GbR im Privatvermögen. W erzielt Einkünfte aus Kapitalvermögen gem. § 20 Abs. 1 Nr. 1 EStG in Höhe von 40.000 € (= 40 % von 100.000 €). Für sie gilt die ESt mit dem Abzug der KapSt als abgegolten (§ 43 Abs. 5 EStG).

Die Anteile von B und H sind im Zeitpunkt der Ausschüttung notwendiges Sonderbetriebsvermögen. Die Ausschüttung führt nach dem Subsidiaritätsprinzip zu gewerblichen Einkünften (§ 20 Abs. 8 EStG). Diese sind zu 60 % steuerpflichtig. Die Erträge in der Sonderbilanz belaufen sich auf insgesamt 60.000 €. Die Korrektur nach § 3 Nr. 40 S. 1 Buchst. d) und S. 2 EStG erfolgt außerbilanziell im Rahmen der Einkommensteuerveranlagungen. Die Forderung in Höhe der anzurechnenden Steuerbeträge (KapSt 15.000 € und Soli 825 €) gelangt im Wege der Entnahme jeweils hälftig in das Privatvermögen der Gesellschafter. Die Beträge werden auf die Einkommensteuer bzw. den Solidaritätszuschlag von B und H angerechnet (§ 36 Abs. 2 Nr. 2 EStG).

VII. Betriebsvermögensvergleich GmbH

Betriebsvermögen 31.12.2018	1.120.000 €
Betriebsvermögen 31.12.2017	./. 1.000.000 €
BV-Änderung	**120.000 €**
Gewinnausschüttung	+ 100.000 €
Jahresüberschuss 2018	**220.000 €**

Sachverhalt 2

Das Einzelunternehmen des A wird in die ABC-KG eingebracht und A wird Mitunternehmer der Personengesellschaft. Damit sind die Tatbestandsmerkmale des § 24 Abs. 1 UmwStG erfüllt. Das Grundstück ist funktional eine wesentliche Betriebsgrundlage des Einzelunternehmens. Seine Zurückbehaltung ist unschädlich, da es notwendiges Sonderbetriebsvermögen I i.S.v. R 4.2 Abs. 2 S. 2 und Abs. 12 S. 1 EStR und damit Bestandteil des Mitunternehmeranteils wird. Das mit dem Grundstück im Zusammenhang stehende Darlehen ist ebenfalls notwendiges Sonderbetriebsvermögen I (sog. Kopplungseffekt).

Grundsätzlich sind die Wirtschaftsgüter des Einzelunternehmens in der Steuerbilanz der KG mit dem gemeinen Wert anzusetzen (§ 24 Abs. 2 S. 1 UmwStG). Die KG hat sich auf Antrag für den Ansatz des Buchwerts entschieden (§ 24 Abs. 2 S. 2 UmwStG). Die Behandlung in Hauptbilanz und Ergänzungsbilanzen ist lt. Sachverhalt zutreffend. Das Sonderbetriebsvermögen ist ebenfalls zum Buchwert in einer Sonderbilanz auszuweisen. Diese hat zum 01.01.2018 folgendes Aussehen:

Sonderbilanz A 01.01.2018

Grund und Boden	200.000 €	Kapital	504.000 €
Gebäude	504.000 €	Darlehen	200.000 €
	704.000 €		**704.000 €**

Die Miete ist eine Sondervergütung gem. § 15 Abs. 1 Nr. 2 S. 1 2. HS EStG. Die Aufwandsbuchungen in der Gesamthandsbilanz sind zutreffend, die Miete darf den steuerlichen Gewinn jedoch nicht mindern. Die Zahlungen für die Monate Januar bis November 2018 sind in der Sonderbuchführung des A gegen Entnahme als Ertrag zu erfassen. Die Dezembermiete stellt ebenfalls einen Ertrag des Jahres 2018 dar. Sie ist als notwendiges Sonderbetriebsvermögen I zu aktivieren.

Die Bewertung der Wirtschaftsgüter hat gem. § 24 Abs. 4 i.V.m. § 23 Abs. 1 i.V.m. § 12 Abs. 3 S. 1 UmwStG wie im bisherigen Einzelunternehmen zu erfolgen. Der Grund und Boden ist zum 31.12.2018 als nicht abnutzbares Anlagevermögen mit den Anschaffungskosten in Höhe von 200.000 € zu bewerten (§ 6 Abs. 1 Nr. 2 S. 1 EStG).

Das Gebäude wird als abnutzbares Anlagevermögen mit den Anschaffungskosten – AfA bewertet (§ 6 Abs. 1 Nr. 1 S. 1 EStG). Es wurde im Einzelunternehmen gem. § 7 Abs. 4 Nr. 2 a) EStG mit 2 % abgeschrieben. Die AfA 2018 beläuft sich auf 12.000 € (2 % von 600.000 €). Sie stellt Sonderbetriebsausgaben dar. Der Bilanzansatz des Gebäudes zum 31.12.2018 beträgt 492.000 €.

Das Darlehen ist gem. § 6 Abs. 1 Nr. 3 + 2 EStG mit dem Erfüllungsbetrag in Höhe von 180.000 € zu bewerten. Die Darlehenstilgung erfolgt im Wege einer Einlage in Höhe von 20.000 €. Die Darlehenszinsen stellen Sonderbetriebsausgaben dar. Die Begleichung aus Privatmitteln führt ebenfalls zu einer Einlage in Höhe von 10.000 €.

Zum 31.12.2018 ergibt sich folgende Sonderbilanz des A:

Sonderbilanz A 31.12.2018

Grund und Boden	200.000 €	Kapital		
Gebäude	492.000 €	AB	504.000 €	
Sonst. Forderung	10.000 €	Einlagen	+ 30.000 €	
		Entnahmen	./. 110.000 €	
		Gewinn	+ 98.000 €	
		EB	522.000 €	522.000 €
		Darlehen		180.000 €
	702.000 €			702.000 €

Punktetabelle zur Übungsklausur aus dem Gebiet Besteuerung der Gesellschaften

	Punkte
Sachverhalt 1:	
I. Gesellschaftsrecht	
§ 723 BGB: Grundsatz Auflösung GbR	1
§ 736 BGB: Fortsetzungsklausel	2
Ausscheiden W	3
§ 738 Abs. 1 BGB: An- und Abwachsen	4
Abfindungsanspruch W, keine Nachschusspflicht	5
II. Steuerliche Folgen GbR	
R 4.2 Abs. 2 S. 2 EStR: GmbH-Anteil als notwendiges SoBV II	6
Umfang Mitunternehmeranteil = Anteil an GbR + GmbH-Anteil	7
Erkennen der Betriebsaufspaltung	8
Personelle Verflechtung durch Beherrschungsidentität BHW bis 01.01.2018	9
Beherrschungsidentität B und H in 2018	10
Sachliche Verflechtung durch Überlassung einer wesentlichen Betriebsgrundlage	11
§ 15 Abs. 1 Nr. 1 EStG: GbR ist ein Gewerbebetrieb	12
R 4.2 Abs. 11 EStR: Grundstück ist notwendiges Betriebsvermögen	13
Buchwert Kapital = minus 20.000 €	14
Berechnung stille Reserven Grund und Boden und Gebäude	15
Berechnung stille Reserven GmbH-Anteil + $\frac{1}{3}$-Anteil W	16
Teilwert des Mitunternehmeranteils = 92.200 €	17
Geschäftsvorfall 1: Erwerb der anteiligen WG gegen Verbindlichkeit	18
Aufstockung der Aktiva um $\frac{1}{3}$ der stillen Reserven	19
Berechnung der Aufstockungsbeträge	20
Berechnung der Aufstockungsbeträge	21
Abfindungsverbindlichkeit = 92.200 €	22

	Punkte
Geschäftsvorfall 2: Tilgung der Verbindlichkeit	23
Laufender Gewinn B und H = 20.000 €	24
Erhöhung der Kapitalkonten II um jeweils 10.000 €	25
§§ 3 Nr. 40a und 3c Abs. 2 EStG: Teileinkünfteverfahren	26
Berücksichtigung im Rahmen der ESt-Veranlagungen	27
Steuerliche Hauptbilanz 01.01.2018	28
Steuerliche Hauptbilanz 01.01.2018	29
III. ESt W	
§ 16 Abs. 3 und Abs. 1 Nr. 2 EStG: Aufgabe Mitunternehmeranteil	30
GmbH-Anteil wird notwendiges Privatvermögen	31
§ 16 Abs. 3 S. 6 EStG: Veräußerungspreis = 92.200 €	32
Aufgabegewinn Gesamthandsvermögen = 112.200 €	33
§ 16 Abs. 3 S. 7 EStG: Gemeiner Wert Anteil = 440.000 €	34
Aufgabegewinn Sonder-BV = 240.000 €	35
§§ 3 Nr. 40b und 3c Abs. 2 EStG: Teileinkünfteverfahren	36
Berücksichtigung in der ESt-Veranlagung W	37
Steuerpflichtiger Aufgabegewinn 252.200 €	38
§ 16 Abs. 4 EStG: Kein Freibetrag, da keine Vollendung 55. Lebensjahr	39
IV. Hauptbilanz 31.12.2018	
Getrennte Bewertung $\frac{2}{3}$ und $\frac{1}{3}$-Anteil	40
§ 6 Abs. 1 Nr. 2 EStG: Bewertung Grund und Boden mit AK	41
Bilanzansatz $\frac{2}{3}$-Anteil = 53.333 €	42
Bilanzansatz $\frac{1}{3}$-Anteil = 51.667 €	43
Höherer Teilwert ist unzulässig	44
§ 6 Abs. 1 Nr. 1 EStG: Bewertung Gebäude mit AK – AfA	45
§ 7 Abs. 4 Nr. 2a EStG: Abschreibung 2 %	46
Berechnung Buchwert $\frac{2}{3}$-Anteil = 336.000 €	47
Berechnung Buchwert $\frac{1}{3}$-Anteil = 245.000 €	48
Höherer Teilwert ist unzulässig	49
Steuerliche Hauptbilanz 31.12.2018	50
Steuerliche Hauptbilanz 31.12.2018	51
Entwicklung Bankkonto	52
Entwicklung Bankkonto	53
GuV GbR	54
GuV GbR	55

	Punkte
V. Folgen Gesellschafterwechsel	
Wegfall der personellen Verflechtung	56
Ende der Betriebsaufspaltung + Betriebsaufgabe	57
Überführung sämtlicher WG in das PV	58
§ 16 Abs. 3 S. 7 EStG: Bewertung mit dem gemeinen Wert	59
Berechnung Summe der gemeinen Werte = 938.400 €	60
Aufgabegewinn B aus Gesamthandsvermögen = 119.500 €	61
Aufgabegewinn H aus Gesamthandsvermögen = 99.500 €	62
Gemeiner Wert GmbH-Anteile = 720.000 €	63
Buchwerte GmbH-Anteile = 60.000 €	64
Steuerpflichtiger Aufgabegewinn B = 317.500 €	65
Steuerpflichtiger Aufgabegewinn H = 297.500 €	66
§ 16 Abs. 4 EStG: Kein Freibetrag für B	67
Kappung Freibetrag H auf 0 €	68
VI. Gewinnausschüttung	
§ 43 Abs. 1 Nr. 1 EStG: Einbehaltung KapSt	69
§ 43a Abs. 1 Nr. 1 EStG: 25 % + Soli	70
§ 12 Nr. 3 EStG: KapSt ist nicht abzugsfähig	71
Anteil W = Privatvermögen	72
§ 20 Abs. 1 Nr. 1 EStG: Kapitaleinkünfte W = 40.000 €	73
§ 43 Abs. 5 EStG: Abgeltungsteuer	74
§ 20 Abs. 8 EStG: Sonderbetriebseinnahmen B und H = 2 × 30.000 €	75
§ 3 Nr. 40 d) EStG: Teileinkünfteverfahren	76
§ 36 Abs. 2 Nr. 2 EStG: Anrechnung KapSt auf ESt	77
VII. BV-Vergleich GmbH	
BV 31.12.2018 = 1.120.000 €	78
BV 31.12.2017 = 1.000.000 €	79
+ Gewinnausschüttung 100.000 € = Jahresüberschuss 220.000 €	80
Sachverhalt 2:	
§ 24 Abs. 1 UmwStG: Einbringung Einzelunternehmen	81
R 4.2 Abs. 2 S. 2 EStR: Grundstück + Darlehen = SoBV I	82
Zurückbehaltung wesentlicher Betriebsgrundlage ist unschädlich	83
§ 24 Abs. 2 S. 1 UmwStG: Grundsatz gemeiner Wert	84
§ 24 Abs. 2 S. 2 UmwStG: Auf Antrag Buchwert	85
Buchwertansatz auch in der Sonderbilanz	86
Sonderbilanz 01.01.2018	87

	Punkte
Sonderbilanz 01.01.2018	88
§ 15 Abs. 1 Nr. 2 S. 1 EStG: Miete ist Sondervergütung	89
Dezembermiete = Forderung = notwendiges SoBV I	90
Mietertrag 120.000 €, Entnahmen 110.000 €	91
§§ 24 Abs. 4, 22 Abs. 1, 12 Abs. 3 UmwStG: Bewertung wie im Einzelunternehmen	92
§ 6 Abs. 1 Nr. 2 EStG: Grund und Boden mit AK	93
§ 6 Abs. 1 Nr. 1 EStG: Gebäude mit AK – AfA	94
§ 7 Abs. 4 Nr. 2 a) EStG: AfA 2 % = 12.000 €	95
Bilanzansatz = 492.000 €	96
§ 6 Abs. 1 Nr. 3 EStG: Darlehen mit Erfüllungsbetrag = 180.000 €	97
Zinsen = SoBA + Einlage 10.000 €	98
Sonderbilanz 31.12.2018	99
Sonderbilanz 31.12.2018	100

Notentabelle		
Korrekturpunkte	Punkte nach § 6 Abs. 1 StBAPO	Note
100–95	15	1
94–91	14	
90–86	13	2
85–82	12	
81–77	11	
76–73	10	3
72–68	9	
67–64	8	
63–59	7	4
58–55	6	
54–50	5	
49–40	4	5
39–30	3	
29–20	2	
19–10	1	6
9–0	0	

Fall 10

Prüfungsklausur aus dem Gebiet Besteuerung der Gesellschaften

Bearbeitungszeit: 5 Stunden
Hilfsmittel:
Beck'sche Bände
- Steuergesetze
- Steuerrichtlinien
- Steuererlasse

A.   Sachverhalt

Die Rostig & Beule GmbH & Co KG (KG) betreibt in Edenkoben einen Kfz-Handel mit Reparaturwerkstatt. Gesellschafter der KG sind Rudi Rostig (R) und Bodo Beule (B) als Kommanditisten sowie die Rostig & Beule GmbH (GmbH) als Komplementärin. R und B sind jeweils zu 45 %, die GmbH zu 10 % am Vermögen sowie am Gewinn und Verlust der KG beteiligt. Im Falle des Ausscheidens eines Gesellschafters werden aufgrund gesellschaftsvertraglicher Vereinbarung auch die stillen Reserven abgefunden.

Anteilseigner der GmbH sind R und B. Sie sind als Gründungsgesellschafter zu jeweils 50 % am Stammkapital von 50.000 € beteiligt. Die Stammeinlage des B ist voll eingezahlt, R hat eine ausstehende Einlage i.H.v. 5.000 €, welche von der GmbH eingefordert ist. Die Aktivitäten der GmbH beschränken sich ausschließlich auf die Geschäftsführung der KG.

Die von der KG zum 31.12.2017 erstellte Handelsbilanz entspricht der steuerlich zutreffenden Gesamthandsbilanz. Sie hat folgendes Aussehen:

Handelsbilanz KG 31.12.2017

Grundstück Luitpoldstraße		Kapital I R	180.000 €
Grund und Boden	80.000 €	Kapital I B	180.000 €
Gebäude	200.000 €	Kapital I GmbH	40.000 €
Maschine	64.000 €	Kapital II R	120.000 €
Sonstige Aktiva	2.656.000 €	Kapital II B	80.000 €
		Kapital II GmbH	30.000 €
		Verbindlichkeiten	2.370.000 €
	3.000.000 €		**3.000.000 €**

In den Aktiva sind folgende stillen Reserven enthalten:

Grund und Boden	50.000 €
Gebäude	180.000 €
Maschine	6.000 €

Das Grundstück Luitpoldstraße wurde im Januar 1993 angeschafft. Von den Anschaffungskosten entfielen 80.000 € auf den Grund und Boden und 400.000 € auf das aufstehende Verwaltungsgebäude. Das Gebäude (Baujahr 1965) wurde seither zutreffend linear abgeschrieben.

Die Maschine wurde im Januar 2017 für 80.000 € angeschafft. Die Nutzungsdauer beträgt 5 Jahre. Die Abschreibung erfolgte im Wirtschaftsjahr 2017 linear. Die Restnutzungsdauer beträgt zum 01.01.2018 noch 4 Jahre.

Die Wirtschaftsgüter wurden von der KG in ihrer steuerlichen Hauptbilanz zum 31.12.2018 zutreffend bewertet.

Für das Wirtschaftsjahr 2018 ergibt sich für die KG ein zutreffender handelsrechtlicher Gewinn in Höhe von 50.000 €. Der Wert ist aus steuerlicher Sicht nicht zu beanstanden.

Ereignisse des Jahres 2018 bei der KG:

1. Ausscheiden Gesellschafter B

B, geb. am 20.07.1955, entschloss sich bereits im Dezember 2017 aus Altersgründen aus dem Betrieb auszuscheiden. Er übertrug mit Wirkung zum 01.01.2018 seinen Kommanditanteil mit Zustimmung des R auf Heinz Heinzelmann (H). Die Gegenleistung wird auf Wunsch des H in Form von 13 unverzinslichen Halbjahresraten in Höhe von jeweils 40.000 € erbracht. Die Zahlungen erfolgen jeweils nachschüssig erstmals am 30.06.2018.

Ebenfalls zum 01.01.2018 übertrug B seinen GmbH-Anteil auf H. Dieser leistete hierfür eine Barzahlung in Höhe von 100.000 €.

2. Geschäftsführung

Geschäftsführerin der KG ist die GmbH. Die monatlich von der KG an die GmbH zu zahlende Geschäftsführungsvergütung beträgt netto 10.000 €. Die KG verbuchte in diesem Zusammenhang im Wirtschaftsjahr 2018 zunächst einen Lohnaufwand in Höhe von insgesamt 120.000 €.

Aufgrund eines kurzfristigen finanziellen Engpasses bei der KG verzichtete die GmbH Ende Dezember 2018 auf die Geschäftsführervergütung für den Zeitraum Oktober bis Dezember 2018. Die KG buchte die ausstehende Verbindlichkeit in Höhe von 30.000 € gegen Ertrag aus.

Die GmbH hat R mit der Erledigung der Geschäftsführungsarbeiten für die KG beauftragt. Seine Rechtsstellung entspricht hierbei der eines typischen Arbeitnehmers. Die GmbH zahlt R ein monatliches Gehalt in Höhe von 10.000 €, welches sie stets als Lohnaufwand verbucht.

Umsatzsteuerlich wurden die Vorgänge in den Buchführungen der KG und der GmbH zutreffend behandelt.

3. Grundstück „In den Seewiesen"

Der Betrieb der KG befindet sich zum Teil auf dem Grundstück „In den Seewiesen". Das Grundstück steht im Eigentum einer GbR, an der R und H hälftig beteiligt sind. Auf dem Grundstück befindet sich das Verkaufs- und Werkstattgebäude der KG. Die GbR vermietet das Grundstück umsatzsteuerfrei für monatlich 10.000 € an die KG. Die Höhe der Miete ist angemessen. Die KG hat die Mietzahlungen in ihrer Buchführung als Aufwand erfasst.

Das Grundstück wurde von der GbR im Oktober 2011 angeschafft (Bauantrag vor dem 01.04.1985). Die Anschaffungskosten beliefen sich auf 800.000 €, davon entfielen 100.000 € auf den Grund und Boden. Der gemeine Wert (= Teilwert) des Grundstücks betrug im Januar 2018 1 Mio. € (Anteil Grund und Boden = 150.000 €). Die laufenden Grundstückskosten beliefen sich im Wirtschaftsjahr 2018 auf 8.000 €.

Das Grundstück und die damit zusammenhängenden Einnahmen und Ausgaben wurden in der steuerlichen Gewinnermittlung der KG sowie in den Einkommensteuerveranlagungen von R und H der Jahre 2011 bis 2017 zutreffend behandelt.

4. Gewinnausschüttung

Die Gesellschafter der GmbH beschlossen am 20.12.2018 eine Ausschüttung in Höhe von insgesamt 30.000 €. Die hälftige Auszahlung an R und H erfolgte nach Abzug von Kapitalertragsteuer und Solidaritätszuschlag im Januar 2019.

5. Haftungsvergütung

Die GmbH erhält als Haftungsvergütung einen Vorabgewinn in angemessener Höhe von 5.000 €. Die KG verbucht die Vergütungen stets gewinnneutral.

Geschäftsvorfälle des Jahres 2018 bei der GmbH

1. Zinserträge

Neben den von der KG zustehenden Gewinnanteilen und Vergütungen erzielte die GmbH Zinserträge in Höhe von 2.000 €.

2. Aktien

Die GmbH hält Aktien einer inländischen AG. Die Anschaffungskosten betrugen im Jahr 1999 10.000 €. Aufgrund nachhaltiger Kursverluste nahm die GmbH zum 31.12.2000 eine Teilwertabschreibung in Höhe von 4.000 € und zum 31.12.2006 eine weitere Teilwertabschreibung in Höhe von 5.000 € vor. Beide Abschreibungen waren steuerlich nicht zu beanstanden. Zum 31.12.2018 stieg der Teilwert der Aktien auf 15.000 €. §8b

Aufgaben:

1. Welche einkommensteuerlichen Folgen ergeben sich im Veranlagungszeitraum 2018 für B aufgrund der Übertragung der Gesellschaftsanteile an der KG bzw. der GmbH?
2. Welche Auswirkungen hat das Ausscheiden des B für die Steuerbilanz der KG? Erstellen Sie die Steuerbilanz der KG einschließlich evtl. erforderlicher Ergänzungs- und Sonderbilanzen zum 01.01.2018 nach dem Ausscheiden des B.
3. Entwickeln Sie für die Aktivpositionen Gebäude Luitpoldstraße, Maschine und Firmenwert die Werte zum 31.12.2018 in der steuerlichen Hauptbilanz und der/den Ergänzungsbilanz/en.
4. Wie ist die Geschäftsführungstätigkeit der GmbH bzw. des R ertragsteuerlich zu beurteilen? Auf umsatzsteuerliche Fragen ist hier nicht einzugehen.
5. Beurteilen Sie die steuerliche Behandlung der Vermietungstätigkeit der GbR. Berechnen Sie in diesem Zusammenhang die Höhe der Einkünfte 2018 der Gesellschafter R und H. Gehen Sie dabei im Falle von Gewinneinkünften von einer Gewinnermittlung durch Einnahme-Überschuss-Rechnung nach § 4 Abs. 3 EStG aus.
6. Welche steuerlichen Auswirkungen hat die Gewinnausschüttung der GmbH für ihre Anteilseigner?
7. Erstellen Sie die zur Steuerbilanz der KG evtl. erforderlichen Sonderbilanzen von R und H zum 31.12.2018 einschließlich der dazu gehörenden GuV-Rechnungen.
8. Ermitteln Sie den steuerlichen Gesamtgewinn der KG und nehmen Sie eine Gewinnverteilung vor.
9. Nehmen Sie zu den Geschäftsvorfällen des Jahres 2018 der GmbH aus bilanzsteuerrechtlicher und körperschaftsteuerlicher Sicht Stellung.
10. Berechnen Sie den Jahresüberschuss bzw. Jahresfehlbetrag 2018 der GmbH. Auf die Steuerrückstellungen ist dabei **nicht** einzugehen.
11. Ermitteln Sie den Bilanzansatz des KG-Anteils in der Steuerbilanz der GmbH zum 31.12.2018 ausgehend von einem Vorjahreswert in Höhe von 15.000 €.

Weitere Hinweise!
1. Begründen Sie Ihre Ausführungen unter Hinweis auf die einschlägigen Vorschriften (Gesetze und Richtlinien).
2. Die Beteiligten wünschen möglichst niedrige Einkünfte.
3. Erforderliche Anträge wurden gestellt.

B. Lösungen

I. Einkommensteuerliche Folgen für B

B veräußert seinen Mitunternehmeranteil an H. Der Vorgang ist nach § 16 Abs. 1 Nr. 2 EStG steuerbar. Zum Mitunternehmeranteil des B gehört neben seinem KG-Anteil auch der GmbH-Anteil als notwendiges Sonderbetriebsvermögen II, da sich die Tätigkeit der GmbH auf die Geschäftsführung der KG beschränkt (R 4.2 Abs. 2 S. 2 EStR sowie H 4.2 Abs. 2 „Anteile an Kapitalgesellschaften", 7. Spiegelstrich EStH). Der Veräußerungsgewinn ist nach den Grundsätzen des § 16 Abs. 2 EStG zu berechnen. Für den KG-Anteil ist als Veräußerungspreis der Barwert der Ratenzahlungen anzusetzen (§ 12 Abs. 1 BewG). Dessen Ermittlung erfolgt mit Hilfe der Tabelle 2 des BMF-Schreibens vom 10.10.2010 (Beck'sche Erlasse 200 § 12/1), alternativ mit Hilfe der Anlage 3 des BMF-Schreibens vom 26.05.2005 (Beck'sche Erlasse 1 § 6/19). Die Laufzeit der Ratenzahlung beträgt 6,5 Jahre.

Berechnung:

80.000 € × 5,486 = ½ × (5,839 + 5,133)	438.880 €
Kapitalkonto B (180.000 € + 80.000 €)	./. 260.000 €
Veräußerungsgewinn Gesamthandsbereich	**178.880 €**

Der auf den GmbH-Anteil entfallende Veräußerungsgewinn unterliegt dem Teileinkünfteverfahren.

Berechnung (im Rahmen der ESt-Veranlagung des B):

Veräußerungspreis zu 60 % (§ 3 Nr. 40 Buchst. b EStG)	60.000 €	
Anschaffungskosten zu 60 % (§ 3c Abs. 2 EStG)	./. 15.000 €	
Veräußerungsgewinn Sonderbereich	**45.000 €**	**45.000 €**
Veräußerungsgewinn insgesamt		**223.880 €**

Aufgrund der Vollendung des 55. Lebensjahres steht B der Freibetrag nach § 16 Abs. 4 EStG zu. Der Veräußerungsgewinn übersteigt die Kappungsgrenze des § 16 Abs. 4 S. 3 EStG um 87.880 € (223.880 € – 136.000 €). Der Freibetrag beläuft sich auf 0 € (45.000 € – 87.880 €).

Die laufenden Ratenzahlungen führen in Höhe ihres Zinsanteils zu Einkünften aus Kapitalvermögen nach § 20 Abs. 1 Nr. 7 EStG. Der Tilgungsanteil der Ratenzahlungen ergibt sich aus einem Vergleich der Barwerte zu Beginn und zum Ende des Veranlagungszeitraums 2018.

Berechnung:

Barwert 01.01.2018	438.880 €
Barwert 31.12.2018	
= 80.000 € × 4,7605 = ½ × (5,133 + 4,388)	./. 380.840 €
Tilgungsanteil	**58.040 €**
Ratenzahlung	80.000 €
Zinsanteil	21.960 €

Nach Abzug des Sparer-Pauschbetrags in Höhe von 801 € (§ 20 Abs. 9 EStG) ergeben sich Einkünfte aus Kapitalvermögen in Höhe von 21.159 €.

II. Steuerbilanz 01.01.2018

H erwirbt steuerrechtlich die anteiligen Wirtschaftsgüter des B. Die Bewertung erfolgt mit dem Teilwert (§ 6 Abs. 1 Nr. 7 EStG). Die anteiligen stillen Reserven sind in einer positiven Ergänzungsbilanz des H zu aktivieren.

Barwert der Ratenzahlungen	438.880 €
Kapitalkonto I + II	./. 260.000 €
Anteilige stille Reserven des B (45 %):	
Grund und Boden	./. 22.500 €
Gebäude	./. 81.000 €
Maschine	./. 2.700 €
Mehrzahlung	**72.680 €**

Für die Mehrzahlung wird widerlegbar vermutet, dass es sich um Anschaffungskosten für den anteiligen Firmenwert handelt. Für diesen besteht als entgeltlich erworbenes immaterielles Wirtschaftsgut des Anlagevermögens ein Aktivierungsgebot (§ 5 Abs. 2 EStG).

Die Ratenschuld stellt notwendiges Sonderbetriebsvermögen II des H dar. Der in den Ratenzahlungen enthaltene Zinsanteil in Höhe von 21.960 € ist eine Sonderbetriebsausgabe.

Handelsbilanz 01.01.2018

Grundstück Luitpoldstraße		Kapital I R	180.000 €
Grund und Boden	80.000 €	Kapital I B	180.000 €
Gebäude	200.000 €	Kapital I GmbH	40.000 €
Maschine	64.000 €	Kapital II R	120.000 €
Sonstige Aktiva	2.656.000 €	Kapital II B	80.000 €
		Kapital II GmbH	30.000 €
		Verbindlichkeiten	2.370.000 €
	3.000.000 €		**3.000.000 €**

Ergänzungsbilanz H 01.01.2018

Grund und Boden	22.500 €	Mehrkapital	178.880 €
Gebäude	81.000 €		
Maschine	2.700 €		
Firmenwert	72.680 €		
	178.880 €		**178.880 €**

Sonderbilanz R 01.01.2018

GmbH-Anteil	25.000 €	Kapital	20.000 €
		Ausstehende Einlage	5.000 €
	25.000 €		**25.000 €**

Sonderbilanz H 01.01.2018

GmbH-Anteil	100.000 €	Ratenschuld	438.880 €
Kapital	338.880 €		
	438.880 €		**438.880 €**

III.   Steuerbilanz 31.12.2018

Das Gebäude gehört zum abnutzbaren Anlagevermögen. Die Bewertung erfolgt mit den Anschaffungs-kosten – AfA (§ 6 Abs. 1 Nr. 1 S. 1 EStG). Der AfA-Satz beträgt 2 % (§ 7 Abs. 4 S. 1 Nr. 2 Buchst. a EStG).

Hauptbilanz:

Buchwert 01.01.2018		200.000 €
AfA 2 % von 400.000 €		./. 8.000 €
Buchwert 31.12.2018		**192.000 €**

Ergänzungsbilanz H:

Buchwert 01.01.2018		81.000 €
AfA 2 % von 45 % von 380.000 € (= TW)	3.420 €	
Anteilige AfA HB 45 % von 8.000 €	./. 3.600 €	
Minder-AfA	180 €	+ 180 €
Buchwert 31.12.2018		**81.180 €**

Die Maschine ist als abnutzbares bewegliches Wirtschaftsgut des Anlagevermögens mit den Anschaf-fungskosten – AfA zu bewerten.

Hauptbilanz:

Buchwert 01.01.2018	64.000 €
Lineare AfA (§ 7 Abs. 1 EStG)	./. 16.000 €
Buchwert 31.12.2018	**48.000 €**

Ergänzungsbilanz H:

Buchwert 01.01.2018	2.700 €
Lineare AfA 25 % von 2.700 €	
(Restnutzungsdauer 4 Jahre)	
Vgl. Urteil des BFH vom 20.11.2014, IV R 1/11	
Mehr-AfA	./. 675 €
Buchwert 31.12.2018	**2.025 €**

Der Firmenwert wurde aus Sicht der Gesamthandsbilanz selbst geschaffen. Es besteht ein Aktivierungsverbot (§ 5 Abs. 2 EStG). In der Ergänzungsbilanz des H ist er linear auf 15 Jahre abzuschreiben (§ 7 Abs. 1 S. 3 EStG). Die AfA beträgt 4.845 €, der Buchwert zum 31.12.2018 beträgt 67.835 €.

IV. Geschäftsführungstätigkeit

Die Geschäftsführungsvergütung ist sowohl aus der Sicht der GmbH als auch aus der Sicht des R eine Sondervergütung i.s.v. § 15 Abs. 1 Nr. 2 EStG. Die Sondervergütung der GmbH beträgt 90.000 €, die des R 120.000 €. Die von der GmbH an R geleistete Vergütung führt bei der GmbH zu Sonderbetriebsausgaben in Höhe von 120.000 € (§ 4 Abs. 4 EStG). Die Aufwandsbuchungen der KG sind zutreffend. Außerbilanziell kommt es saldiert zu einer Hinzurechnung in Höhe von 90.000 €.

Der Forderungsverzicht ist in Höhe des Nettobetrags von 30.000 € in der Buchführung der KG als Ertrag bzw. Aufwandsminderung zu erfassen. Es handelt sich um eine verdeckte Gewinnausschüttung (§ 8 Abs. 3 S. 2 KStG, R 8.5 Abs. 1 KStR). Bei der GmbH liegt eine Vermögensminderung vor. Die gesellschaftsrechtliche Veranlassung ist gegeben, da die GmbH-Gesellschafter R und H in ihrer Eigenschaft als Kommanditisten der KG von dem Forderungsverzicht durch eine Erhöhung ihrer Gewinnanteile profitieren. Der Verzicht wirkt sich auf den Unterschiedsbetrag i.S.d. § 4 Abs. 1 EStG aus und beruht nicht auf einem ordnungsgemäßen Gewinnverteilungsbeschluss. Die Bewertung der verdeckten Gewinnausschüttung erfolgt mit dem gemeinen Wert. Dabei ist nur der R und H zukommende Vorteil in Höhe von 90 % von 30.000 € = 27.000 € zu berücksichtigen.

Bei der KG sind auf der ersten Stufe der additiven Gewinnermittlung der Gewinnanteil der GmbH um 27.000 € zu erhöhen und die Gewinnanteile von R und H um jeweils 13.500 € zu verringern. Beide Korrekturen erfolgen außerbilanziell. In den Sonderbilanzen von R und H entstehen Sonderbetriebseinnahmen in Höhe von jeweils 13.500 € (§ 20 Abs. 1 Nr. 1 und Abs. 8 EStG). Diese sind nach dem Teileinkünfteverfahren zu 40 % steuerfrei (§ 3 Nr. 40 S. 1 Buchst. d und S. 2 EStG). Die Steuerfreistellung erfolgt außerbilanziell im Rahmen der Einkommensteuerveranlagungen von R und H (Bruttomethode).

V. Vermietungstätigkeit GbR

Zwischen der GbR (Besitzgesellschaft) und der KG (Betriebsgesellschaft) besteht seit dem 01.01.2018 eine mitunternehmerische Betriebsaufspaltung. Es liegt eine personelle Verflechtung vor, da beide Gesellschaften von der Personengruppe R und H beherrscht werden (H 15.7 Abs. 6 „Beherrschungsidentität" EStH). Die sachliche Verflechtung ergibt sich durch die Vermietung des Grundstücks „In den Seewiesen", welches eine wesentliche Betriebsgrundlage darstellt. R und H erzielen durch die Vermietung gewerbliche Einkünfte nach § 15 Abs. 1 und 2 EStG. Das Grundstück „In den Seewiesen" ist bei der GbR als notwendiges Betriebsvermögen zu erfassen (R 4.2 Abs. 11 S. 1 EStR). Diese Erfassung geht der Zurechnung zum Sonderbetriebsvermögen der KG vor (H 15.7 Abs. 4 „Mitunternehmerische Betriebsaufspaltung" EStH).

Die Grundstückshälfte des H war bis zu dessen Eintritt in die KG notwendiges Privatvermögen. Zum 01.01.2018 erfolgt eine Einlage des anteiligen Grund und Bodens und des anteiligen Gebäudes (§ 4

Abs. 1 S. 8 EStG). Die Einlagen sind mit dem Teilwert zu bewerten (§ 6 Abs. 1 Nr. 5 S. 1 EStG). Eine Begrenzung auf die Höhe der Anschaffungskosten findet nicht statt, da die Anschaffung mehr als 3 Jahre zurückliegt. Der Einlagewert des Grund und Bodens beträgt 75.000 €, der des Gebäudes 425.000 €. Das Gebäude ist gem. § 7 Abs. 4 S. 1 Nr. 2 Buchst. a EStG mit 2 % abzuschreiben, da der Bauantrag vor dem 01.04.1985 gestellt wurde. Die AfA-Bemessungsgrundlage entspricht dem Einlagewert, vermindert um die im Rahmen der Einkünfte aus Vermietung und Verpachtung vorgenommenen Abschreibungsbeträge (§ 7 Abs. 1 S. 5 EStG).

Berechnung der AfA:

Einlagewert	425.000 €
AfA Oktober 2011 – Dezember 2017	
2 % von 350.000 € = 7.000 €	
davon 75/12	./. 43.750 €
AfA-Bemessungsgrundlage	**381.250 €**
(> fortgeführte AK i.H.v. 306.250 €)	
davon 2 %	**7.625 €**

Die Grundstückshälfte des R war bis zum 31.12.2017 notwendiges Sonderbetriebsvermögen I in der Steuerbilanz der KG, da es dieser unmittelbar diente (R 4.2 Abs. 2 S. 2 und Abs. 12 S. 1 EStR). Zum 01.01.2018 findet ein Wechsel zum Gesamthandsvermögen der GbR statt. Die Übertragung erfolgt zum Buchwert (§ 6 Abs. 5 S. 3 Nr. 2 und S. 1 EStG). Der Buchwert des Grund und Bodens beträgt 50.000 €, der des Gebäudes 306.250 € (350.000 € – 75/12 von 7.000 €). Die AfA 2018 beträgt weiterhin 7.000 €.

Gewinnermittlung	R	H
Mieteinnahmen	60.000 €	60.000 €
Grundstückskosten	./. 4.000 €	./. 4.000 €
AfA	./. 7.000 €	./. 7.625 €
Gewinn	**49.000 €**	**48.375 €**

VI. Gewinnausschüttung

Die Gewinnausschüttung führt bei R und H zu Sonderbetriebseinnahmen, da die GmbH-Anteile im Sonderbetriebsvermögen gehalten werden (§ 20 Abs. 1 Nr. 1 und Abs. 8 EStG). Die Forderungen stellen notwendiges Sonderbetriebsvermögen II von R und H dar. Zum 31.12.2018 ist in den Sonderbilanzen jeweils eine Forderung in Höhe des Bruttobetrags von 15.000 € zu erfassen. Der Betrag ist zu 40 % steuerfrei (§ 3 Nr. 40 S. 1 Buchst. d und S. 2 EStG). Die Freistellung erfolgt außerbilanziell im Rahmen der Einkommensteuerveranlagungen der Gesellschafter.

VII. Sonderbilanzen 31.12.2018

Sonderbilanz R 31.12.2018

GmbH-Anteil	25.000 €	Kapital	35.000 €
Forderung	15.000 €	Ausstehende Einlage	5.000 €
	40.000 €		**40.000 €**

Sonderbilanz H 31.12.2018

GmbH-Anteil	100.000 €	Ratenschuld	380.840 €
Forderung	15.000 €		
Kapital	265.840 €		
	380.840 €		**380.840 €**

Sonder-GuV R

Gewinn	28.500 €	Beteiligungsertrag	15.000 €
		VGA	13.500 €
	28.500 €		**28.500 €**

Sonder-GuV H

Zinsaufwand	21.960 €	Beteiligungsertrag	15.000 €
Gewinn	6.540 €	VGA	13.500 €
	28.500 €		**28.500 €**

VIII. Gewinnermittlung und -verteilung

HB-Gewinn				50.000 €
Ergänzungsbilanzverlust H				
Minder-AfA Gebäude	+	180 €		
Mehr-AfA Maschine	./.	675 €		
AfA Firmenwert	./.	4.845 €		
Ergänzungsbilanzverlust		**5.340 €**	./.	5.340 €
Sondervergütung GmbH			+	90.000 €
Sonderbetriebsausgaben GmbH			./.	120.000 €
Sondervergütung R			+	120.000 €
Sonderbilanzgewinn R			+	28.500 €
Sonderbilanzgewinn H			+	6.540 €
Außerbilanzielle Korrekturen				
Gewinnanteil GmbH			+	27.000 €
Gewinnanteile R und H			./.	27.000 €
Steuerlicher Gesamtgewinn				**169.700 €**

Gewinnverteilung	gesamt	R	H	GmbH
Gewinn	169.700 €			
Ergänzungsbilanz H	+ 5.340 €		./. 5.340 €	
Haftungsvergütung	./. 5.000 €			5.000 €
GF-Vergütung	./. 90.000 €			90.000 €
Sonder-BA	+ 120.000 €			./. 120.000 €
GF-Vergütung	./. 120.000 €	120.000 €		
Sonderbilanz R	./. 28.500 €	28.500 €		
Sonderbilanz H	./. 6.540 €		6.540 €	
Rest 45/45/10	45.000 €	20.250 €	20.250 €	4.500 €
Außerbilanziell		./. 13.500 €	./. 13.500 €	27.000 €
Gewinnanteile		**155.250 €**	**7.950 €**	**6.500 €**

IX. Geschäftsvorfälle 2018 der GmbH

Bei den Aktien kommt es durch die Wertsteigerung zwingend zu einer Zuschreibung auf die Höhe der Anschaffungskosten (§ 6 Abs. 1 Nr. 2 S. 3 i.V.m. § 6 Abs. 1 Nr. 1 S. 4 EStG), verbunden mit einer Erhöhung des Jahresüberschusses um 9.000 €. Die zum 31.12.2006 vorgenommene Teilwertabschreibung hatte keine Einkommensauswirkung (§ 8b Abs. 3 S. 3 KStG), die Teilwertabschreibung des Jahres 2000 war steuerwirksam, da im Veranlagungszeitraum 2000 die Vorschrift des § 8b Abs. 3 S. 3 KStG noch nicht anwendbar war (§ 34 Abs. 7 Nr. 2 KStG). Der Wertaufholungsgewinn ist grundsätzlich steuerfrei (§ 8b Abs. 2 S. 3 KStG). Dies gilt nicht, soweit die steuerwirksame Teilwertabschreibung des Jahres 2000 rückgängig gemacht wird (§ 8b Abs. 2 S. 4 KStG). Außerbilanziell ist der Jahresüberschuss um 5.000 € zu mindern und um 5 % = 250 € zu erhöhen (§ 8b Abs. 3 S. 1 KStG).

X. Jahresüberschuss der GmbH

Erträge:

Haftungsvergütung	5.000 €	
Gewinnanteil KG	+ 4.500 €	
GF-Vergütung	+ 90.000 €	
Zinsertrag	+ 2.000 €	
Ertrag aus Wertaufholung Aktien	+ 9.000 €	
Summe der Erträge	**110.500 €**	110.500 €

Aufwendungen:

Geschäftsführergehalt R	120.000 €	
Summe Aufwendungen	**120.000 €**	./. 120.000 €
Jahresfehlbetrag		**9.500 €**

XI. Bilanzansatz KG-Anteil

Der Mitunternehmeranteil ist kein nach § 6 EStG bewertbares Wirtschaftsgut. Der Ausweis in der Steuerbilanz der GmbH erfolgt in Höhe des Kapitalkontos der GmbH in der Steuerbilanz der KG (sog. Spiegelbildmethode).

Bei der Berechnung sind nur diejenigen Anteile der GmbH am Steuerbilanzgewinn der KG zu berücksichtigen, die das Kapitalkonto der GmbH in der Steuerbilanz der KG beeinflussen. Außerbilanzielle Korrekturen (Geschäftsführergehalt, vGA) bleiben außer Betracht.

Vorjahreswert	15.000 €
Haftungsvergütung	+ 5.000 €
Gewinnanteil	+ 4.500 €
Wert des KG-Anteils	**24.500 €**

Punktetabelle zur Übungsklausur aus dem Gebiet Besteuerung der Gesellschaften

	Punkte
I. Einkommensteuerliche Folgen für B	
§ 16 Abs. 1 Nr. 2 EStG: Veräußerung Mitunternehmeranteil	1
R 4.2 Abs. 2 S. 2 EStR: GmbH-Anteil ist notwendiges SoBV II + Begründung	2
Umfang des Mitunternehmeranteils = KG-Anteil + GmbH-Anteil	3
§ 12 Abs. 1 BewG: Barwert der Ratenzahlungen	4
Laufzeit 6,5 Jahre	5
Berechnung 438.880 €	6
Berechnung Veräußerungsgewinn Gesamthandsbereich = 178.880 €	7
§ 3 Nr. 40 b) EStG: Veräußerungspreis zu 60 %	8
§ 3c Abs. 2 EStG: AK zu 60 %	9

	Punkte
§ 16 Abs. 4 EStG: Freibetrag, da 55. Lebensjahr vollendet	10
Berechnung Freibetrag = 0 €	11
§ 20 Abs. 1 Nr. 7 EStG: Zinsanteil = Kapitaleinkünfte	12
Berechnung Barwert 31.12.2018 = 380.840 €	13
Berechnung Tilgungsanteil = 58.040 €	14
Berechnung Zinsanteil = 21.960 €	15
§ 20 Abs. 9 EStG: Sparer-Pauschbetrag = 801 €	16
II. Steuerbilanz 01.01.2018	
Erwerb der anteiligen WG	17
Aktivierung der stillen Reserven in einer positiven Ergänzungsbilanz	18
Barwert Ratenzahlung – Kapitalkonten I + II	19
Berechnung Mehrzahlung 72.680 €	20
Mehrzahlung = AK Firmenwert	21
§ 5 Abs. 2 EStG: Aktivierungsgebot als immaterielles WG	22
Ratenschuld = notwendiges SoBV II	23
Zinsanteil = SoBA	24
Handelsbilanz 01.01.2018	25
Handelsbilanz 01.01.2018	26
Ergänzungsbilanz H 01.01.2018	27
Ergänzungsbilanz H 01.01.2018	28
Sonderbilanz R 01.01.2018	29
Sonderbilanz H 01.01.2018	30
III. Steuerbilanz 31.12.2018	
§ 6 Abs. 1 Nr. 1 EStG: Bewertung Gebäude mit AK – AfA	31
§ 7 Abs. 4 Nr. 2a EStG: AfA-Satz 2 %	32
AfA Hauptbilanz = 8.000 €, Buchwert = 192.000 €	33
Steuerliche AfA H = 3.420 €	34
Anteilige AfA H lt. HB = 3.600 €	35
Minder-AfA 180 € + Buchwert 81.180 €	36
§ 7 Abs. 1 EStG: AfA Maschine in Hauptbilanz = 16.000 €	37
AfA in Ergänzungsbilanz H = 2.700 € : 4 Jahre Restnutzungsdauer	38
Mehr-AfA 675 € + Buchwert 2.025 €	39
§ 7 Abs. 1 S. 3 EStG: AfA Firmenwert = 4.845 € + Buchwert 67.835 €	40
IV. Geschäftsführertätigkeit	
§ 15 Abs. 1 Nr. 2 EStG: Sondervergütung GmbH = 90.000 €	41

	Punkte
Sondervergütung R = 120.000 €	42
Sonder-BA GmbH = 120.000 €	43
Außerbilanzielle Korrektur + 90.000 €	44
Forderungsverzicht = Aufwandsminderung KG	45
§ 8 Abs. 3 S. 2 KStG: vGA	46
Vermögensminderung bei GmbH + gesellschaftsrechtliche Veranlassung	47
Auswirkung auf den Unterschiedsbetrag + kein Gesellschafterbeschluss	48
Bewertung mit 90 % = 27.000 €	49
Erhöhung Gewinnanteil GmbH um 27.000 €	50
Verringerung Gewinnanteile R + H um jeweils 13.500 €	51
§ 20 Abs. 1 Nr. 1 und Abs. 8 EStG: SoBE R + H jeweils 13.500 €	52
§ 3 Nr. 40 d) EStG: Teileinkünfteverfahren	53
Berücksichtigung erst in ESt-Veranlagung	54
V. Vermietungstätigkeit GbR	
Mitunternehmerische Betriebsaufspaltung ab 01.01.2018	55
Personelle Verflechtung durch Beherrschungsidentität	56
Sachliche Verflechtung durch Überlassung Grundstück	57
§ 15 Abs. 1 und 2 EStG: Gewerbliche Einkünfte	58
R 4.2 Abs. 11 EStR: Grundstück ist notwendiges BV	59
Vorrang vor SoBV	60
Grundstückshälfte H bisher notwendiges PV	61
§ 4 Abs. 1 S. 8 EStG: Einlage	62
§ 6 Abs. 1 Nr. 5 EStG: Bewertung mit TW	63
Keine Begrenzung, da Anschaffung vor > 3 Jahren	64
Einlagewerte 75.000 € bzw. 425.000 €	65
§ 7 Abs. 4 Nr. 2a EStG: AfA-Satz 2 %	66
§ 7 Abs. 1 S. 5 EStG: AfA-Bemessungsgrundlage = TW – AfA im PV	67
AfA im PV = 43.750 €	68
Berechnung AfA = 7.625 €	69
R 4.2 Abs. 12 EStR: Grundstückshälfte R bisher notwendiges SoBV I	70
§ 6 Abs. 5 S. 3 Nr. 2 EStG: Wechsel ins Gesamthandsvermögen zum Buchwert	71
Buchwert = 50.000 € bzw. 306.250 €	72
AfA 2018 = 7.000 €	73
Gewinnermittlung R	74
Gewinnermittlung H	75

	Punkte
VI. Gewinnausschüttung	
§ 20 Abs. 1 Nr. 1 und Abs. 8 EStG: SoBE	76
Forderung ist notwendiges SoBV II	77
§ 3 Nr. 40 d) EStG: Teileinkünfteverfahren in ESt-Veranlagungen	78
VII. Sonderbilanzen 31.12.2018	
Sonderbilanz R	79
Sonderbilanz H	80
Sonder-GuV R	81
Sonder-GuV H	82
VIII. Gewinnermittlung und -verteilung	
HB-Gewinn 50.000 € – Ergänzungsbilanzverlust 5.340 €	83
Sondervergütungen und Sonderbilanzgewinne	84
Außerbilanzielle Korrekturen + Ergebnis 169.700 €	85
Gewinnverteilung	86
Gewinnverteilung	87
IX. Geschäftsvorfälle 2018 GmbH	
§ 6 Abs. 1 Nr. 2 S. 2 EStG: Zuschreibung Aktien auf AK	88
§ 8b Abs. 3 S. 3 KStG: TWA 2006 einkommensneutral	89
TWA 2000 einkommenswirksam	90
§ 8b Abs. 2 S. 2 KStG: Wertaufholungsgewinn auf TWA 2006 ist steuerfrei	91
§ 8b Abs. 2 S. 4 KStG: Wertaufholungsgewinn auf TWA 2000 nicht steuerfrei	92
JÜ + 9.000 €, außerbilanziell minus 5.000 €	93
§ 8b Abs. 3 KStG: + 5 % = 250 €	94
X. Jahresüberschuss GmbH	
Haftungsvergütung + Gewinnanteil KG + GF-Vergütung	95
Zinsertrag + Wertaufholungsgewinn	96
Geschäftsführergehalt R 120.000, Jahresfehlbetrag = 9.500 €	97
XI. Bilanzansatz KG-Anteil	
Spiegelbildtheorie → Summe der Kapitalkonten	98
Vorjahreswert + Haftungsvergütung	99
Gewinnanteil + Ergebnis = 24.500 €	100

Notentabelle		
Korrekturpunkte	Punkte nach § 6 Abs. 1 StBAPO	Note
100–95	15	1
94–91	14	
90–86	13	2
85–82	12	
81–77	11	
76–73	10	3
72–68	9	
67–64	8	
63–59	7	4
58–55	6	
54–50	5	
49–40	4	5
39–30	3	
29–20	2	
19–10	1	6
9–0	0	

B. Mündliche Prüfung

I. Mündliche Prüfung aus dem Gebiet Steuern vom Einkommen und Ertrag

Prüfer: Meine Damen und Herren, zunächst möchte auch ich Sie zur mündlichen Prüfung im Ertragsteuerrecht begrüßen und wünsche Ihnen im folgenden – ca. 30 Minuten dauernden – Prüfungsgespräch viel Erfolg.
Zu Beginn der Prüfung möchte ich mich mit Ihnen über das Thema »Gesamtrechtsnachfolge« unterhalten.
Was bedeutet eigentlich »Gesamtrechtsnachfolge«?

Student: Die zivilrechtliche Gesamtrechtsnachfolge ist in § 1922 BGB geregelt und bedeutet, dass mit dem Tod einer Person deren gesamtes Vermögen als Ganzes auf eine oder mehrere andere Personen übergeht.

Prüfer: Das ist korrekt. Nun kann ja der von Ihnen angesprochene Übergang von Vermögen in verschiedenen Konstellationen erfolgen. Auf welche Art kann ganz allgemein – unabhängig von der Gesamtrechtsnachfolge – Vermögen übertragen werden?

Student: Eine Vermögensübertragung kann unentgeltlich, teilentgeltlich oder vollentgeltlich erfolgen.

Prüfer: Genau! Angenommen, der Steuerpflichtige S stirbt am 15.07.2018, Alleinerbe des Vermögens ist sein Sohn Max. Welche steuerlichen Folgen löst der Tod beim Erblasser sowie beim Erben aus?

Student: Die persönliche Steuerpflicht des Erblassers endet mit dem Tod. Ihm sind die aus dem übertragenen Vermögen erzielten Einkünfte bis zum Todeszeitpunkt zuzurechnen.
  Der Erbe ist unentgeltlicher Gesamtrechtsnachfolger des Erblassers (§ 1922 BGB). Das Erbe geht als Ganzes in dem Zustand auf den Erben über, in dem es sich beim Erblasser zum Todeszeitpunkt befand. Der Erbe setzt gleichsam die Person des Erblassers fort.

Prüfer: Sehr schön. Wie ist der Erbanfall ertragsteuerlich zu werten? Löst das Erbe selbst eine sachliche Einkommensteuerpflicht aus?

Student: Der Erbanfall löst eine sachliche Steuerpflicht beim Erben aus, da die Vermögensgegenstände auf ihn übergehen.

Prüfer: Verstehe ich Sie richtig, dass die Erbschaft ein steuerbarer Vermögensanfall ist, welcher der Einkommensteuer unterliegt?

Student: Meine Aussage war wohl nicht richtig. Der Erbanfall selbst stellt eine nichtsteuerbare Vermögensumschichtung dar, die sich auf der privaten Vermögenssphäre abspielt.

Prüfer: Welche Vorschrift im EStG regelt denn die sachliche Steuerpflicht?

Student: Die sachliche Einkommensteuerpflicht ist in § 2 EStG geregelt; sie ist gegeben, wenn der Steuerpflichtige zumindest eine der in § 2 Abs. 1 Satz 1 EStG aufgeführten sieben Einkunftsarten erzielt.

Prüfer: Genau, Sie haben das jetzt richtig erkannt. Ich möchte aber noch einmal genauer nachfragen: Unterliegt die Gesamtrechtsnachfolge nach der Reinvermögenszuwachstheorie nicht doch der sachlichen Einkommensteuerpflicht?

Student: Jetzt haben Sie mich aber verunsichert. Lassen Sie mich nochmal laut nachdenken: Der Erbanfall selbst ist ein Vermögenszuwachs beim Erben. Wie ich eben schon sagte, findet die Gesamtrechtsnachfolge auf der privaten Vermögensebene statt. Nach der Reinvermögenszuwachstheorie unterliegt grundsätzlich jeder Vermögenszugang der Einkommensbesteuerung. Danach würden unter anderem auch Erwerbe von Todes wegen oder Schenkungen unter Lebenden zum Einkommen gehören. In § 2 EStG ist aber nicht die absolute Reinvermögenszuwachstheorie normiert, sondern die sachliche Steuerpflicht geht von den Erträgen aus, die dem Steuerpflichtigen aus den dort genannten Einkunftsarten zufließen. Die Regelung des § 2 EStG entspricht somit eher der Quellentheorie.

Prüfer: Sie haben das jetzt sehr schön herausgearbeitet. Was glauben Sie, unterliegt nun der sachlichen Steuerpflicht: der Vermögenszuwachs oder der Ertragszufluss?

Student: Im Grunde besteht ein Mischsystem. Die Gewinneinkünfte (§ 2 Abs. 2 Nr. 1 EStG) orientieren sich an der Reinvermögenszuwachstheorie, die Überschusseinkünfte (§ 2 Abs. 2 Nr. 2 EStG) an der Quellentheorie. Diese Zweiteilung bezeichnet man auch als Dualismus der Einkünfteberechnung.

Prüfer: Sehr schön. Wenn nun das Vermögen des verstorbenen Steuerpflichtigen S – wie eingangs schon erwähnt – am 15.07.2018 auf den Sohn Max übergeht, wem sind dann eigentlich die daraus erzielten Einkünfte im Veranlagungszeitraum 2018 zuzurechnen?

Student: Die persönliche Einkommensteuerpflicht des Erblassers S endet mit seinem Tod. Der verkürzte Ermittlungszeitraum für die Einkommensteuer-Veranlagung endet somit am 15.07.2018. Die Einkommensteuer beim Erblasser entsteht mit Ablauf des Veranlagungszeitraums 2018, wobei dessen Steuerschuld auf den Rechtsnachfolger Max übergeht. Mit Ablauf des Veranlagungszeitraums 2018 entsteht auch die Steuerschuld des Rechtsnachfolgers Max. Die insgesamt entstandene Einkommensteuer für den Veranlagungszeitraum 2018 wird durch die Tatbestandsverwirklichung sowohl durch den Erblasser S als auch durch dessen Erben Max ausgelöst.

Prüfer: Moment, habe ich Sie richtig verstanden? Sie sind der Meinung, dass die gesamte Einkommensteuer 2018 durch zwei getrennte Entstehungstatbestände verwirklicht wird? Können Sie Ihre Auffassung durch ein Beispiel präzisieren?

Student: Genauso habe ich das gemeint. Wenn z.B. ein Gewerbebetrieb durch Gesamtrechtsnachfolge auf den Erben übergeht, dann verwirklicht der Erblasser bis zu seinem Tod selbst die Tatbestände, an die das Gesetz die Steuerpflicht knüpft. Mit Eintritt der Gesamtrechtsnachfolge verwirklicht der Erbe selbst diese Tatbestände.

Prüfer: Die Einkünfte aus Gewerbebetrieb, die der Rechtsnachfolger bezieht, gelten die nicht nach dem Prinzip der Rechtsnachfolge aus der ehemaligen Tätigkeit des Erblassers als bezogen – Stichwort: Fußstapfentheorie?

Student: Eine Verbindung der einzelnen Merkmale der Steuertatbestände findet nicht statt. Die Gesamtrechtsnachfolge des § 45 Abs. 1 AO bewirkt, dass der Gesamtrechtsnachfolger an Stelle seines Rechtsvorgängers Gläubiger oder Schuldner wird. Der Erbe bezieht allerdings seine Einkünfte nicht unter dem Gesichtspunkt der Rechtsnachfolge aus einer ehemaligen Tätigkeit des Erblassers, sondern kraft eigener Verwirklichung des Einkünftetatbestandes.

Prüfer: Ist es nicht egal, ob der Erbe die Steuer insgesamt als seine eigene schuldet oder ob er sie lediglich nur zum Teil als seine eigene und zum Teil als Rechtsnachfolger schuldet?

Student: Nein, der wesentliche Unterschied besteht darin, dass für die eigene Schuld des Erben die Erbenhaftung des § 1967 Abs. 1 BGB nicht in Betracht kommt.

Prüfer: Nehmen wir an, der Erblasser erzielte bis zu seinem Tod am 15.07.2018 Einkünfte aus allen sieben Einkunftsarten. Erben sind die beiden Söhne Max und Matthias je zur Hälfte.
Nehmen wir weiter an, die Einnahmen (Lohn) des Erblassers aus § 19 EStG betrugen für Januar bis Juni des Kalenderjahres 2018 monatlich 10.000 €; im Juli (Todesmonat) ebenfalls 10.000 € und ab August sind laut Vertrag an die Hinterbliebenen für 6 Monate jeweils 6.000 €, danach monatlich 2.000 € zu zahlen. Die Auszahlung soll immer am letzten Werktag des jeweiligen Monats erfolgen. Stellen Sie sich vor, Sie sind der Arbeitgeber. Welche Überlegungen stellen Sie an?

Student: Ich würde zunächst denken: Muss der Mensch jetzt sterben und mir so viele Probleme bereiten! Nein, Spaß beiseite.
  Die Überlegung ist doch, an wen zahle ich nach dem Tod meines Arbeitnehmers das Geld aus. Ich würde mich dafür entscheiden, das Geld an die Erbengemeinschaft Max und Matthias auszuzahlen.

Prüfer: Sie würden demzufolge an die Erbengemeinschaft Max und Matthias im Juli 2018 am letzten Werktag 10.000 € auszahlen?

Student: Ja, oder ist das falsch? Moment, ich muss ja als Arbeitgeber die Steuern und die Sozialversicherungsbeiträge vom Bruttolohn einbehalten und für den Arbeitnehmer abführen. Jetzt sehe ich schon ein Problem. Die Frage ist, wie wird die Lohnsteuer für einen Verstorbenen einbehalten? Da ja nach dem Prinzip der Einkommensteuer die Steuerpflicht mit dem Tode endet, kann nach dem Tod des Steuerpflichtigen für diesen keine Einkommensteuer respektive Lohnsteuer mehr entstehen.

Prüfer: Die zu klärende Frage ist zunächst, ob die Steuerschuld auf den vom Erblasser oder auf den von den Erben verursachten Tatbestandsverwirklichungen beruht.
Konkret gefragt: Wann bzw. wie werden die Tatbestandsmerkmale des § 19 EStG verwirklicht?

Student: Maßgeblich für die Verwirklichung des Steueranspruchs i.S.d. § 19 EStG ist das Zuflussprinzip des § 11 Abs. 1 EStG, welches bei den Überschusseinkünften grundsätzlich anzuwenden ist. Die Besonderheit des § 38a Abs. 1 Satz 2 EStG kann in unserem Fall außer Betracht bleiben. Für die Monate Januar bis Juni 2018 verwirklicht der Erblasser selbst die Tatbestände des § 19 EStG. Er selbst ist Arbeitnehmer und die Lohnsteuer ist nach seinen steuerlichen Merkmalen einzubehalten. Nach § 38 Abs. 3 Satz 1 EStG ist die Lohnsteuer bei jeder Lohnzahlung vom Arbeitslohn einbehalten.
  Für den Todesmonat Juli stellt sich die Frage, nach wessen Lohnsteuerabzugsmerkmalen die Lohnsteuer einzubehalten ist. Man könnte den Bruttoarbeitslohn:
1. zeitanteilig – hier zur Hälfte – dem Erblasser und den Erben,
2. insgesamt dem Erblasser oder
3. insgesamt den Erben
zurechnen.

Prüfer: Das sind ja ganz tolle Überlegungen und Schlussfolgerungen, die Sie anstellen. Von den drei Alternativen, die Sie so zutreffend herausgearbeitet haben, hat sich die Verwaltung für die zweite Möglichkeit entschieden.
»Bei laufendem Arbeitslohn, der im Sterbemonat oder für den Sterbemonat gezahlt wird, kann der Steuerabzug aus Vereinfachungsgründen noch nach den steuerlichen Merkmalen des Verstorbenen vorgenommen werden; die Lohnsteuerbescheinigung ist jedoch auch in diesem Falle für den Erben auszustellen und zu übermitteln (R 19.9 Abs. 1 Satz 2 LStR).«
Definieren Sie mir bitte den Begriff des Arbeitnehmers!

Student: Arbeitnehmer sind Personen, die in öffentlichem oder privatem Dienst angestellt oder beschäftigt sind oder waren und die aus diesem Dienstverhältnis oder einem früheren Dienstverhältnis Arbeitslohn beziehen. Arbeitnehmer sind auch die Rechtsnachfolger dieser Personen, soweit sie Arbeitslohn aus dem früheren Dienstverhältnis ihres Rechtsvorgängers beziehen (§ 1 Abs. 1 LStDV).

Prüfer: Definieren Sie mir bitte den Begriff des Arbeitslohns!

Student: Arbeitslohn sind alle Einnahmen, die dem Arbeitnehmer aus dem Dienstverhältnis zufließen. Es ist unerheblich, unter welcher Bezeichnung oder in welcher Form die Einnahmen gewährt werden. Zum Arbeitslohn gehören auch Einnahmen aus einem früheren Dienstverhältnis, unabhängig davon, ob sie dem zunächst Bezugsberechtigten oder seinem Rechtsnachfolger zufließen (§ 2 Abs. 1 und Abs. 2 Nr. 2 LStDV).

Prüfer: Laut unserem Sachverhalt sind ab August sechs Monate jeweils 6.000 € an die Hinterbliebenen zu zahlen. Können Sie diese Zahlungen bitte lohnsteuerlich einordnen?

Student: Nach § 19 Abs. 1 Nr. 2 EStG handelt es sich um Arbeitslohn aus einem früheren Dienstverhältnis. Hinterbliebenenbezüge stellen dabei nach § 19 Abs. 2 Satz 2 Nr. 2 EStG Versorgungsbezüge dar. Hierfür ist die Altersgrenze des 63. Lebensjahres nicht anzuwenden.

Prüfer: Wie werden diese Versorgungsbezüge versteuert?

Student: Es wird ein Versorgungsfreibetrag und ein Zuschlag zum Versorgungsfreibetrag nach der Tabelle in § 19 Abs. 2 Satz 3 EStG berücksichtigt.

Prüfer: Richtig, aber abgesehen von diesen Freibeträgen muss der Arbeitgeber doch auch Lohnsteuern und Annexsteuern hierzu einbehalten. Dazu sind die steuerlichen Merkmale des Arbeitnehmers erforderlich. Welches Problem stellt sich dabei für den Arbeitgeber?

Student: Zu klären ist:
1. an wen zahlt der Arbeitgeber den Arbeitslohn aus und
2. wessen steuerliche Merkmale werden dem Lohnsteuerabzug zugrunde gelegt.

Ich würde vorschlagen, der Arbeitgeber sucht sich einen Zahlungsempfänger aus und legt dabei dessen Merkmale für den Lohnsteuerabzug zugrunde.

Durch die Zahlung von dem Erblasser zustehenden Arbeitslohn an die Erben oder Hinterbliebenen werden diese steuerlich ebenfalls zu Arbeitnehmern (§ 1 Abs. 1 Satz 2 LStDV).

Prüfer: Sehr schön. Das weitere Verfahren möchte jetzt hier nicht weiter verfolgen. Das Verfahren ist in R 19.9 LStR und den Hinweisen dazu beschrieben.
Angenommen, der Erblasser hatte Einkünfte aus Gewerbebetrieb nach § 15 Abs. 1 Nr. 1 EStG. Welche Rechtsfolgen treten in diesem Fall für die Erben ein?

Student: Die Erbengemeinschaft wird ab dem Zeitpunkt der Gesamtrechtsnachfolge als Mitunternehmerschaft behandelt (BMF-Schreiben vom 14.03.2006, BStBl I 2006, 253, Rz. 1 und 3). Die laufenden Einkünfte sind den einzelnen Miterben als Mitunternehmer nach dem allgemeinen Gewinnverteilungsschlüssel zuzurechnen, der sich bei den Miterben grundsätzlich nach ihren Erbteilen bestimmt (§ 2038 Abs. 2, § 743 Abs. 1 BGB).

Prüfer: Weiter angenommen, die Erben wickeln den Betrieb sofort nach dem Erbfall ab und stellen die betriebliche Tätigkeit ein. Gelten dann die von Ihnen soeben dargestellten Grundsätze ebenfalls?

Student: Die Beurteilung hängt nicht von der Länge des Zeitraums ab, in dem die Erbengemeinschaft das Unternehmen weiterführt. Auch wenn die Erben ein Unternehmen frühzeitig nach dem Erbfall abwickeln und einstellen oder es auf eine andere Person übertragen, haben sie zunächst die Eigenschaft von Mitunternehmern erlangt und behalten diese bis zur Betriebsbeendigung oder Auseinandersetzung über den Betrieb.

Prüfer: Können Sie sich eine Konstellation vorstellen, nach der die laufenden Gewinneinkünfte nicht den einzelnen Miterben quotal, sondern nur einem Erben in voller Höhe zugerechnet werden?

Student: Ich kann mich an einen Fall aus dem Unterricht erinnern, nach dem im Zusammenhang mit der Erbauseinandersetzung die laufenden Einkünfte rückwirkend allein dem Erben zuzuordnen sind, der den Betrieb übernimmt. Voraussetzung dafür ist allerdings die Erbauseinandersetzung innerhalb eines Zeitraums von sechs Monaten nach dem Erbfall (BMF-Schreiben vom 14.03.2006, BStBl I 2006, Rz. 8).

Prüfer: Ganz genau. Angenommen, der Erblasser hatte den Betrieb verpachtet. Hatte der Erblasser Einkünfte aus § 15 EStG und sind dies auch weiterhin Einkünfte aus § 15 EStG bei den Erben?

Student: Bei einer Betriebsverpachtung im Ganzen hat der Verpächter dann Einkünfte aus § 15 EStG, wenn er sein Verpächterwahlrecht nicht ausgeübt hat. Es ist grundsätzlich ohne zeitliche Begrenzung so lange von einer Fortführung des Betriebs auszugehen, wie eine Betriebsaufgabe nicht erklärt worden ist (§ 16 Abs. 3b EStG).

Prüfer: Sie haben den zweiten Teil meiner Frage noch nicht beantwortet, ob die Erben des verpachteten Betriebs ebenfalls Einkünfte aus § 15 EStG haben können.

Student: Nach Übergang eines im Ganzen verpachteten, noch nicht aufgegebenen Betriebs durch Erbfall kann der Erbe selbst das Verpächterwahlrecht ausüben. Als Aufgabezeitpunkt kann er frühestens den Zeitpunkt des Betriebsübergangs bestimmen (s.a. H 16 (5) [Rechtsnachfolger] EStH).

Prüfer: Sehr schön.
Ich beende das Thema der Gesamtrechtsnachfolge und möchte mit Ihnen gegen Ende des Prüfungsgesprächs noch den Begriff der Versorgungsleistungen klären. Was versteht man also unter Versorgungsleistungen?

Student: Versorgungsleistungen sind unter den weiteren Voraussetzungen des § 10 Abs. 1a Nr. 2 EStG in unbegrenzter Höhe als Sonderausgaben zu berücksichtigen. Das Gesetz selbst enthält allerdings keine Definition dieses Begriffs. Versorgungsleistungen sind nur wiederkehrende Leistungen, die lebenslang – auf die Lebenszeit des Empfängers – gezahlt werden (Rz. 56 des BMF-Schreibens vom 11.03.2010, BStBl I 2010, 227).

Prüfer: Sind Versorgungsleistungen, die auf die Lebenszeit des Empfängers gezahlt werden, in jedem Fall beim Empfänger zu versteuern und beim Geber Steuer mindernd als Sonderausgaben zu berücksichtigen?

Student: Es kommt darauf an, warum die Versorgungsleistungen gewährt werden.

Prüfer: Nehmen wir an, der Sohn gewährt seinem Vater eine lebenslängliche Rente in Höhe von monatlich 600 €. Wie sind diese Versorgungsleistungen steuerlich zu behandeln?

Student: Aus welchem Grund gewährt der Sohn die Rente?

Prüfer: Lediglich zur Versorgung seines Vaters ohne jegliche Gegenleistung.

Student: Da den wiederkehrenden Leistungen kein übertragenes Vermögen gegenübersteht, handelt es sich um eine Zuwendung i.S.d. § 12 Nr. 2 EStG. Der Sohn kann die Zuwendung nicht Steuer mindernd berücksichtigen, dem Vater sind keine steuerpflichtigen Einnahmen zuzurechnen.

Prüfer: Nehmen wir an, der Versorgungsleistung des Sohnes steht eine Vermögensübertragung des Vaters gegenüber. Wie sind die Versorgungsleistungen jetzt steuerlich zu behandeln?

Student: Das ist nicht so einfach zu beantworten. Die steuerliche Behandlung der Versorgungsleistungen beim Sohn als auch beim Vater ist davon abhängig, welches Vermögen übertragen wird.

Prüfer: Gegenstand der Vermögensübertragung soll der laufende Betrieb des Vaters sein.

Student: Der Betrieb ist eine Wirtschaftseinheit, die in § 10 Abs. 1a Nr. 2 Buchst. b EStG genannt ist. Es handelt sich somit um eine begünstigte Vermögensübertragung i.S.d. § 10 Abs. 1a EStG (s.a. Rz. 7 des BMF-Schreibens vom 11.03.2010, BStBl I 2010, 227), das heißt die Vermögensübertragung erfolgt unentgeltlich. Es spricht eine widerlegbare Vermutung dafür, dass die wiederkehrenden Leistungen unabhängig vom Wert des übertragenen Vermögens nach dem Versorgungsbedürfnis des Berechtigten und nach der wirtschaftlichen Leistungsfähigkeit des Verpflichteten bemessen worden sind.

Prüfer: Welche Rechtsfolgen treten nun ein?

Student: Der Sohn kann die tatsächlichen Versorgungsleistungen von monatlich 600 € – im Jahr somit 7.200 € – als Sonderausgaben abziehen. Der Vater muss den gleichen Betrag nach § 22 Nr. 1a EStG als sonstige Einkünfte versteuern. Es handelt sich hierbei um das Korrespondenzprinzip bei Versorgungsleistungen (s.a. Rz. 51 ff. des BMF-Schreibens vom 11.03.2010, BStBl I 2010, 227).

Prüfer: Kann man diese sonstigen Einkünfte des Vaters auch als Versorgungsbezüge bezeichnen?

Student: Warum eigentlich nicht! Der Sohn zieht Versorgungsleistungen als Sonderausgaben ab, der Vater muss die Versorgungsbezüge versteuern.

Prüfer: Können Sie den Begriff des Versorgungsfreibetrages zuordnen?

Student: Jetzt haben Sie mir weitergeholfen. Die sonstigen Einkünfte des Vaters sind keine Versorgungsbezüge. Versorgungsbezüge sind Einkünfte aus einem früheren Dienstverhältnis, bei denen unter den Voraussetzungen des § 19 Abs. 2 EStG ein Versorgungsfreibetrag sowie ein Zuschlag zum Versorgungsfreibetrag berücksichtigt werden.

Prüfer: Vielen Dank für das angenehme und erfolgreiche Gespräch.

II. Mündliche Prüfung aus dem Gebiet Bilanzsteuerrecht und Betriebliches Rechnungswesen

Prüfer: Verehrte Kolleginnen und Kollegen. Ich begrüße Sie zur mündlichen Prüfung im Fach Bilanzsteuerrecht. Für die kommenden ca. 30 Minuten wünsche ich Ihnen viel Erfolg.
Zunächst möchte ich von Ihnen wissen, welche »Bilanzierungs- und Bewertungsgrundsätze« Sie kennen.
Nennen Sie mir einen Bilanzierungsgrundsatz und erläutern Sie diesen!

Student: Da gibt es z.B. den Grundsatz der Bilanzierungsvorsicht. Dazu gehört das Realisations- und das Imparitätsprinzip, das in § 252 Abs. 1 Nr. 4 HGB geregelt ist. Das Realisationsprinzip besagt, dass noch nicht verwirklichte Gewinne nicht ausgewiesen werden dürfen. Imparitätsprinzip bedeutet dem Wortlaut nach eine Ungleichbehandlung zwischen noch nicht verwirklichten Gewinnen und Verlusten. Noch nicht verwirklichte Verluste (z.B. Rückstellungen) müssen zum Bilanzstichtag bereits berücksichtigt werden.

Prüfer: Gut. Was hat das mit folgendem Beispiel zu tun? Es handelt sich um einen Warenverkauf. Am 15.11.01 erfolgt der Abschluss des Kaufvertrages, am 20.12.01 die Übergabe der Ware, am 10.01.02 die Rechnungserteilung und am 01.02.02 die Zahlung durch den Kunden.

Student: Nach dem Realisationsprinzip erfolgt die Gewinnrealisierung im Zeitpunkt der Lieferung, hier also am 20.12.01. Das Datum des Kaufvertrags, der Rechnungserteilung und der Zahlungstag spielen hierbei keine Rolle.

Prüfer: Und wie muss der Steuerpflichtige am 20.12.01 buchen?

Student: Forderung an Warenverkauf und Umsatzsteuer.

Prüfer: Wandeln wir den Fall ab. Die Lieferung der Ware erfolgt im Februar 02. Der Kunde leistet im Dezember 01 eine Anzahlung i.H.v. 11.900 €.

Student: Die Anzahlung des Kunden im Dezember 01 ist als »Erhaltene Anzahlung« mit dem Bruttobetrag i.H.v. 11.900 € zu passivieren. Nach § 13 Abs. 1 Nr. 1a S. 4 UStG entsteht durch die Anzahlung Umsatzsteuer. Diese ist als Umsatzsteuerverbindlichkeit i.H.v. 1.900 € zu passivieren. Nach § 5 Abs. 5 S. 2 Nr. 1 EStG muss ein aktiver Rechnungsabgrenzungsposten gebildet werden.

Prüfer: Und wie muss der Steuerpflichtige im Dezember 01 buchen?

Student: Bank an Erhaltene Anzahlung 11.900 €; ARAP an USt 1.900.

Prüfer: Wie würden Sie folgenden Fall beurteilen? Beim Warenendbestand zum 31.12. ist der Teilwert größer als die Anschaffungskosten.

Student: Die Waren sind gem. § 6 Abs. 1 Nr. 2 S. 1 EStG grundsätzlich mit den Anschaffungskosten zu bewerten. Nach S. 2 kann bei dauernder Wertminderung der niedrigere Teilwert angesetzt werden. Dies hat im Umkehrschluss die Folge, dass der höhere Teilwert, sprich die Wiederbeschaffungskosen, nicht angesetzt werden darf. Außerdem würde der höhere Teilwert gegen das Realisationsprinzip verstoßen.

Prüfer: Und wie begründen Sie Ihre Lösung, wenn der Teilwert kleiner als die Anschaffungskosten ist? Gehen Sie dabei auch auf das Verhältnis zwischen Handels- und Steuerbilanz ein.

Student: Ein niedrigerer Teilwert darf angesetzt. Der Steuerpflichtige hat also in der Steuerbilanz ein Wahlrecht. Handelsrechtlich muss gem. § 253 Abs. 4 HGB auf den niedrigeren beizulegenden Wert abgeschrieben werden. Wenn jetzt der Steuerpflichtige in seiner Steuerbilanz keine Teilwertabschreibung vornehmen will, dann muss er diese Abweichung von der Handelsbilanz nach § 5 Abs. 1 S. 1 HS 2 und S. 2 EStG in ein besonderes, laufend zu führendes Verzeichnis aufnehmen.

Prüfer: Und wie lautet der Buchungssatz, wenn der Steuerpflichtige eine Teilwertabschreibung bei den Waren vornehmen will?

Student: Teilwertabschreibung an Waren.

Prüfer: Überlegen Sie noch mal genau.

Student: Meine Antwort war falsch, denn die Waren werden bei der Inventur erfasst und im Inventar mit dem niedrigeren Teilwert angesetzt. Die Abschlussbuchung lautet immer: SBK an WBK. Die Teilwertabschreibung ergibt sich durch die geänderte Warenbestandsveränderung bzw. den geänderten Wareneinsatz.

Prüfer: Kommen wir zurück zu den Bewertungsgrundsätzen. Nennen Sie mir einen solchen und bilden Sie ein Beispiel dazu.

Student: Der Grundsatz der Einzelbewertung gehört zu den Bewertungsgrundsätzen. Als typisches Beispiel lässt sich hier die Bewertung eines bebauten Grundstücks anführen. Auch wenn das bebaute Grundstück zivilrechtlich als ein Vermögensgegenstand behandelt wird, so müssen in der Steuerbilanz zwei Wirtschaftsgüter ausgewiesen werden. Der Grund und Boden wird nach § 6 Abs. 1 Nr. 2 S. 1 EStG grundsätzlich mit den Anschaffungskosten bewertet. Der Ansatz des Gebäudes erfolgt mit den fortgeführten Anschaffungs- oder Herstellungskosten nach § 6 Abs. 1 Nr. 1 S. 1 EStG.

Prüfer: Bilden Sie bitte ein konkretes Beispiel mit Zahlen.

Student: Die Anschaffungskosten des Grund und Bodens betragen 100.000 €. Sein Teilwert zum Bilanzstichtag ist auf 150.000 € gestiegen. Die fortgeführten Herstellungskosten des Gebäudes betragen 200.000 €. Sein Teilwert ist dauerhaft auf 150.000 € gesunken. Nach dem Grundsatz der Einzelbewertung kann der niedrigere Teilwert des Gebäudes nach § 6 Abs. 1 Nr. 1 S. 2 EStG angesetzt werden. Der höhere Teilwert des Grund und Bodens darf nach § 6 Abs. 1 Nr. 2 S. 2 EStG nicht angesetzt werden.

Prüfer: Wechseln wir das Thema. Wo liegt der Unterschied zwischen einer Bilanzberichtigung und einer Bilanzänderung?

Student: Die Bilanzberichtigung ist in § 4 Abs. 2 S. 1 EStG geregelt. Sie ist dann zu prüfen, wenn der Steuerpflichtige gegen zwingende handelsrechtliche oder steuerrechtliche Vorschriften verstoßen hat, wenn also ein fehlerhafter Bilanzansatz vorliegt. Die Bilanzänderung nach § 4 Abs. 2 S. 2 EStG kann der Steuerpflichtige bei Bilanzierungswahlrechten beantragen, wenn sie in einem engen zeitlichen und sachlichen Zusammenhang mit einer Bilanzberichtigung nach Satz 1 steht.

Prüfer: Wie würden Sie folgenden Fall lösen? Ein unbebautes Grundstück wird seit 2001 als Lagerplatz genutzt, aber nicht aktiviert. Bei einer Betriebsprüfung in 2019 für die Jahre 2017 bis 2018 wird dieser Fehler entdeckt. Die Bescheide für die Prüfungsjahre sind unter dem Vorbehalt der Nachprüfung ergangen. Die Vorjahre sind nach der AO nicht mehr änderbar. Der Quadratmeterpreis betrug 2001 15 €; für die Jahre 2017 bis 2018 150 €.

Student: Bei dem als Lagerplatz genutzten Grund und Boden handelt es ich um notwendiges Betriebsvermögen nach R 4.2 Abs. 7 EStR, das der Steuerpflichtige aktivieren muss. Es liegt also ein fehlerhafter Bilanzansatz für die Jahre 2001 bis 2018 vor. Dieser Fehler hat keine steuerliche Auswirkung, da die Einbuchung »Grund und Boden an Geldkonto oder Privateinlage« erfolgsneutral gewesen wäre. Daher kann die Bilanzberichtigung von der Fehlerquelle 2001 bis 2018 erfolgen. Aus Vereinfachungsgründen kann die Berichtigung zum 01.01.2017 oder zum 31.12.2017 bis 2018 erfolgen. Bei der Berichtigung zum 01.01.2017 würde es sich um eine »Scheinbare Durchbrechung des Bilanzenzusammenhangs« handeln. Die Einbuchung in einer Schlussbilanz des Prüfungszeitraums müsste mit »Grund und Boden an buchtechnische Einlage« erfolgen.

Prüfer: Ergänzen wir unseren Fall wie folgt: Ein seit 2001 ausschließlich genutztes Büro im privaten Wohnhaus wurde nicht aktiviert.

Student: Der anteilige Grund und Boden ist wie im vorhergehenden Beispiel zu behandeln. Das Gebäude besteht nach R 4.2 Abs. 3 i.V.m. Abs. 4 EStR aus den Wirtschaftsgütern I und IV. Das eigenbetrieblich genutzte Büro ist als Wirtschaftsgut I gem. R 4.2 Abs. 7 Satz 1 EStR notwendiges Betriebsvermögen und muss aktiviert werden. Der Rest des zu eigenen Wohnzwecken genutzten Hauses ist als Wirtschaftsgut IV notwendiges Privatvermögen und darf daher nicht bilanziert werden. Der fehlende Bilanzansatz

»Büro – Wirtschaftsgut I« für die Jahre 2001 bis 2018 hat über die AfA steuerliche Auswirkung. Da das Fehlerjahr 2001 und die Folgejahre bis 2016 nach der AO nicht mehr änderbar sind, erfolgt nach R 4.4 Abs. 1 S. 9 EStR grundsätzlich eine erfolgswirksame Bilanzberichtigung im ersten noch offenen Jahr, hier zum 31.12.2017. Hier liegt aber die Besonderheit eines »AfA-Fehlers« vor. Hierbei erfolgt eine erfolgsneutrale Einbuchung der richtigen fortgeführten Anschaffungs- oder Herstellungskosten, die mit Hilfe einer »Schattenrechnung« ermittelt werden. Die AfA wird nach der Einbuchung des Gebäudes mit den richtigen ursprünglichen Herstellungskosten abzüglich der richtigen AfA unter Anwendung des richtigen AfA-Prozentsatzes berechnet.

> **Prüfer:** Prima. Welche weitere Problematik ist zu beachten, wenn das Büro eine Fläche von 15 Quadratmetern hat und die Gesamtwohnfläche 200 Quadratmeter beträgt?

Student: Es könnte sich um einen Grundstücksteil von untergeordneter Bedeutung i.S.d. R 4.2 Abs. 8 EStR handeln. Würde das Büro zuzüglich des anteiligen Grund und Bodens weniger als 20 % des Gesamtwerts des Grundstücks und weniger als 20.500 € betragen, dann hätte der Steuerpflichtige ein Wahlrecht, ob er das Büro und den anteiligen Grund und Boden aktiviert oder nicht.

> **Prüfer:** Nennen Sie mir eine Bilanzposition, die kein Wirtschaftsgut ist.

Student: Zu den Bilanzpositionen, die keine Wirtschaftsgüter sind, gehören die Rechnungsabgrenzungsposten, die Rückstellungen und die Rücklagen, z.B. die § 6b-Rücklagen.

> **Prüfer:** Welche Voraussetzungen müssen für eine § 6b-Rücklage vorliegen?

Student: Bei der Veräußerung bestimmter begünstigter Wirtschaftsgüter, z.B. Grund und Boden und Gebäude, kann der entstandene Veräußerungsgewinn auf bestimmte Reinvestitionsgüter, z.B. Grund und Boden und Gebäude, übertragen werden. Dadurch wird eine sofortige Versteuerung von stillen Reserven vermieden. Die Voraussetzungen sind in § 6b Abs. 4 EStG geregelt. Danach muss z.B. das veräußerte Wirtschaftsgut mindestens für sechs Jahre zum Anlagevermögen gehört haben. Die Reinvestition muss nach § 6b Abs. 3 EStG innerhalb von 4 bzw. 6 Jahren erfolgen.

> **Prüfer:** Schauen wir uns hierzu den folgenden Fall an. Da der Sachverhalt etwas länger ist, habe ich Ihnen bereits eine Kopie auf den Tisch gelegt. Lesen Sie sich den Text bitte durch: „E veräußert am 15.04.10 sein im Januar 01 angeschafftes Betriebsgrundstück (Buchwert zum 31.12.09: 40.000 €) und sein gleichzeitig angeschafftes, nicht zu Wohnzwecken dienendes Betriebsgebäude (ursprüngliche Herstellungskosten: 120.000 €, Buchwert zum 31.12.09: 87.600 €) für insgesamt 500.000 €, wovon auf das Grundstück 50.000 € entfallen. Am 07.12.14 erwirbt E ein anderes bebautes Betriebsgrundstück zum Preis von 800.000 € (es entfallen davon 300.000 € auf das Grundstück und 500.000 € auf das das ebenfalls nicht zu Wohnzwecken dienende Gebäude). E möchte einen möglichst geringen Gewinn versteuern. Veräußerungs- und Erwerbsnebenkosten sollen aus Vereinfachungsgründen nicht angefallen sein. Es ist keine Umsatzsteuer oder Vorsteuer angefallen". Bitte erläutern Sie nur die Vorgehensweise. Auf Berechnungen können Sie verzichten.

Student: E hat ein steuerliches Wahlrecht, im Jahr der Veräußerung in Höhe des Veräußerungsgewinns eine Rücklage zu bilden. Dabei handelt es sich um ein passives Bestandskonto, das Gegenkonto ist ein Aufwandskonto. Somit ist die Buchung Gewinn mindernd. Dadurch wird der Veräußerungsgewinn im Wirtschaftsjahr der Veräußerung neutralisiert. Im Jahr der Reinvestition erfolgt die Gewinn erhöhende Auflösung der Rücklage gem. § 6b Abs. 3 Satz 4 EStG und der Abzug der Rücklage von den Anschaffungs- bzw. Herstellungskosten des Reinvestitionsgutes, sofern die stillen Reserven des veräußerten Wirtschaftsguts auf das Reinvestitionsgut übertragbar sind. Der Buchungssatz lautet: Abschreibung auf Sachanlagen an Grund und Boden bzw. Gebäude. Somit ergibt sich auch im Jahr der Reinvestition keine

Gewinnauswirkung. Allerdings mindern sich bei der Übertragung der stillen Reserven auf das neue Gebäude dessen Abschreibungen. Dies ist in § 6b Abs. 6 EStG geregelt.

> **Prüfer:** Nennen Sie mir Unterschiede zwischen der § 6b-Rücklage und der Rücklage für Ersatzbeschaffung.

Student: Begünstigt sind bei der Rücklage für Ersatzbeschaffung gem. R 6.6 EStR alle betrieblichen Wirtschaftsgüter des Anlage- oder Umlaufvermögens, die zwangsweise, z.B. infolge höherer Gewalt, aus dem Betriebsvermögen ausscheiden. Wie vorhin schon erwähnt, ist bei der § 6b-Rücklage nur die Veräußerung bestimmter Wirtschaftsgüter des Anlagevermögens, insbesondere Grund und Boden und Gebäude, begünstigt. Im Gegensatz zur § 6b-Rücklage wird bei der Rücklage für Ersatzbeschaffung die Funktionsgleichheit des Ersatzwirtschaftsguts und die Reinvestitionsabsicht gefordert.

> **Prüfer:** Wie unterstützt der Gesetzgeber die Investitionspläne kleinerer Betriebe?

Student: Wenn ein Steuerpflichtiger die Anschaffung von abnutzbarem, beweglichen Anlagevermögen beabsichtigt, dann kann er nach § 7g EStG 40 % der voraussichtlichen Anschaffungs- oder Herstellungskosten außerhalb der Bilanz Gewinn mindernd zum Abzug bringen. Dieser Investitionsabzugsbetrag kann im Investitionsjahr außerbilanziell wieder hinzugerechnet werden. Zusätzlich ist eine innerbilanzielle Gewinnminderung möglich. Durch diese Aufwandsbuchung mindert sich gleichzeitig die AfA-Bemessungsgrundlage. Neben der normalen Abschreibung nach § 7 Abs. 1 EStG kann der Steuerpflichtige noch die Sonderabschreibung nach § 7g Abs. 5 EStG i.H.v. 20 % geltend machen.

> **Prüfer:** Wie beurteilen Sie folgenden Sachverhalt? Der Steuerpflichtige macht für 01 einen Investitionsabzugsbetrag i.H.v. 600 € (40 % von 1.500 €) geltend. Bei der Anschaffung des begünstigten Wirtschaftsguts in 02 fallen 1.500 € Anschaffungskosten an.

Student: Nach § 7g Abs. 2 Satz 1 EStG erfolgt in 02 zunächst eine außerbilanzielle Zurechnung i.H.v. 600 €. Macht der Steuerpflichtige auch den innerbilanziellen Abzug nach § 7g Abs. 2 Satz 2 EStG i.H.v. maximal 600 € geltend, so mindert sich die AfA-Bemessungsgrundlage von 1.500 auf 900 €. Der Steuerpflichtige hat dann das Wahlrecht, dieses Wirtschaftsgut in einen Sammelposten gem. § 6 Abs. 2a EStG einzustellen und auf fünf Jahre abzuschreiben.

> **Prüfer:** Was würden Sie dem Steuerpflichtigen raten, wenn das Wirtschaftsgut nur eine Nutzungsdauer von drei Jahren hätte?

Student: In diesem Fall wäre die Sammelpostenregelung wegen der längeren Abschreibungsdauer ungünstig. Hätte der Steuerpflichtige bereits die Sammelpostenregelung für andere Wirtschaftsgüter gewählt, so müsste er wegen des wirtschaftsjahrbezogenen Wahlrechts auch dieses Wirtschaftsgut in den Sammelposten einstellen. Dies kann er nur dadurch vermeiden, dass er den innerbilanziellen Abzug auf 499 € begrenzt und dadurch die Anschaffungskosten über der 1.000 €-Grenze liegen. Neben der normalen linearen AfA könnte er zusätzlich noch die Sonder-AfA nach § 7g Abs. 5 EStG geltend machen.

> **Prüfer:** Was ist in folgendem Fall zu veranlassen? Der Steuerpflichtige plant, in 02 eine Maschine für 400.000 € anzuschaffen. Hierfür macht er in 01 einen Investitionsabzugsbetrag i.H.v. 160.000 € geltend. Die tatsächlichen Anschaffungskosten in 02 betragen aber nur 300.000 €. Weitere Investitionen sind nicht geplant und werden auch nicht durchgeführt.

Student: Die außerbilanzielle Zurechnung in 02 ist begrenzt auf 40 % der tatsächlichen Anschaffungskosten von 300.000 €, sie beträgt also 120.000 €. Der innerbilanzielle Aufwand ist ebenfalls auf diesen Betrag begrenzt. Da der Steuerpflichtige in 01 160.000 € abgezogen hat und in 02 nur 120.000 € hinzurechnen konnte, erfolgt für 01 eine Änderung des Einkommensteuerbescheides gem. § 7g Abs. 3 EStG. Der Investitionsabzugsbetrag wird darin um 40.000 € gemindert.

Prüfer: Gut. Wechseln wir noch mal das Thema. Ein Gebäude mit Anschaffungskosten von 1.000.000 € wurde in den Jahren 01 bis 10 zu Vermietungszwecken genutzt. Die AfA betrug jährlich 2 %. Das Gebäude wird zu Beginn des Jahres 11 in das Betriebsvermögen eingelegt und zu eigenbetrieblichen Zwecken genutzt. Der Teilwert zu diesem Zeitpunkt beträgt 900.000 €. Machen Sie eine übliche bilanzsteuerrechtliche Stellungnahme.

Student: Hier liegt eine Privateinlage i.S.d. § 4 Abs. 1 S. 8 EStG vor, da aus Privatvermögen notwendiges Betriebsvermögen wird. Die Einlage ist nach § 6 Abs. 1 Nr. 5 Satz 1 EStG mit dem Teilwert von 900.000 € zu bewerten. Die Bemessungsgrundlage für die AfA richtet sich nach § 7 Abs. 1 Satz 5 EStG. Diese Vorschrift soll eine doppelte Berücksichtigung von AfA-Beträgen vermeiden. Bei Wirtschaftsgütern, die nach einer Verwendung zur Erzielung von Überschusseinkünften im Sinne des § 2 Abs. 1 Satz 1 Nr. 4 bis 7 in ein Betriebsvermögen eingelegt worden sind, mindert sich der Einlagewert um die AfA-Beträge, die bis zum Zeitpunkt der Einlage vorgenommen worden sind (hier: TW 900.000 € – AfA 200.000 € = 700.000 €), höchstens jedoch bis zu den fortgeführten Anschaffungskosten (hier: AK 1.000.000 € – AfA 200.000 € = 800.000 €). Die AfA-Bemessungsgrundlage berechnet sich in diesem Fall nach den fortgeführten Anschaffungskosten i.H.v. 800.000 €. In den folgenden Jahren bekommt der Steuerpflichtige die AfA gem. § 7 Abs. 4 Satz 1 Nr. 1 EStG i.H.v. je 3 %. Dies entspricht einem Betrag von 24.000 €. Nach 34 Jahren ist die AfA-Bemessungsgrundlage auf 0 € abgeschrieben.

Prüfer: Das ist richtig. Aber was passiert mit dem Restwert?

Student: Das Gebäude hat noch einen Restbuchwert von 100.000 €, da die Einlage nach § 6 Abs. 1 Nr. 5 EStG mit dem Teilwert von 900.000 € erfolgen musste. Der verbleibende Buchwert von 100.000 € wird nicht weiter abgeschrieben und wirkt sich erst bei der Veräußerung des Grundstücks oder bei einer Betriebsaufgabe Gewinn mindernd aus.

Prüfer: Zum Abschluss wechseln wir noch mal das Thema. Der Steuerpflichtige erwirbt für 100.000 € eine Maschine und finanziert diese zum Teil mit einem Darlehen von 80.000 €. Die Maschine mit einem Restbuchwert von 40.000 € wird für 50.000 € verkauft. Der Kaufpreis wird auf ein Privatkonto überwiesen. Die Restschuld beträgt 55.000 €. Wie muss der Steuerpflichtige diesen Vorgang behandeln?

Student: Nach dem »Koppelungseffekt« des R 4.2 Abs. 15 EStR teilt das Darlehen das Schicksal des finanzierten Wirtschaftsgutes. Soweit der Veräußerungserlös, der zur Tilgung der Betriebsschuld ausreichen würde, entnommen wird, wird auch die Betriebsschuld entnommen. Sie wird also insoweit zur Privatschuld. Die hiermit zusammenhängenden Schuldzinsen sind künftig privat veranlasst.

Prüfer: Letzte Frage. Wie muss der Steuerpflichtige den Vorgang buchen?

Student: Da der Steuerpflichtige den Veräußerungserlös auf dem Privatkonto vereinnahmt hat, liegt eine **Geldentnahme** vor. Die Buchung lautet daher: Privatentnahme 50.000 € an Maschine 40.000 € und sonstiger betrieblicher Ertrag 10.000 €. Außerdem muss noch das Darlehen entnommen werden. Die Buchung lautet: Darlehen an Einlage 50.000 €. Dadurch verbleibt eine Restschuld von 5.000 €, die auch weiterhin zum Betriebsvermögen gehört. Die hierfür anfallenden Schuldzinsen sind auch künftig Betriebsausgaben.

Prüfer: Vielen Dank.

III. Mündliche Prüfung aus dem Gebiet Abgabenrecht

Prüfer: Meine Damen und Herren, es folgt nun das Prüfungsgespräch im Fach Abgabenrecht. Als Einstieg schildere ich Ihnen einen kurzen Fall:
A ist Inhaber einer Kfz-Reparaturwerkstatt. Seit einigen Wochen ist er in wirtschaftlichen Schwierigkeiten. Er ist bereits bei mehreren Gläubigern in Zahlungsverzug. Nun steht die Einkommensteuerabschlusszahlung zur Zahlung an. Er fragt Sie als Steuerexperten, wie er sich beim Finanzamt ein wenig Luft verschaffen kann.

Student: Er könnte zum Beispiel eine Stundung beantragen.

Prüfer: Ist das denn in jedem Fall möglich? Welche Frage müssten Sie sich zunächst stellen?

Student: Nun, natürlich muss der zu zahlende Betrag fällig sein und der Fall sollte besser noch nicht bei der Vollstreckungsstelle gelandet sein, dann könnte auch ein Vollstreckungsaufschub in Betracht kommen.

Prüfer: Beginnen wir mit der ersten von Ihnen genannten Alternative. Welche Voraussetzungen müssen für eine Stundung erfüllt sein?

Student: Zusammenfassend gesagt müssen Stundungswürdigkeit und Stundungsbedürftigkeit vorliegen.

Prüfer: Sind das die Voraussetzungen, die das Gesetz nennt?

Student: Nein, da war ich etwas vorschnell. Gem. § 222 AO, der die Stundung regelt, kann eine Stundung erfolgen, wenn die Einziehung der Steuer bei Fälligkeit eine erhebliche Härte für den Schuldner bedeuten würde und der Anspruch durch die Stundung nicht gefährdet erscheint.

Prüfer: Genau. Konkretisieren Sie bitte den Begriff der erheblichen Härte.

Student: Eine erhebliche Härte kann aus persönlichen oder sachlichen Stundungsgründen bestehen. Sachliche Gründe können z.B. bei Naturkatastrophen wie Hagelstürmen vorliegen oder im Falle einer Verrechnungsstundung, wenn dem Schuldner in absehbarer Zeit eine größere Erstattung zustehen wird. Bei den persönlichen Gründen kommt es dann tatsächlich auf die Stundungswürdigkeit und die Stundungsbedürftigkeit an. Die Stundungsbedürftigkeit stellt darauf ab, dass der Steuerpflichtige vorübergehend die Mittel zur Fortführung seines Betriebs und zum Bestreiten des Lebensunterhalts nicht mehr aufbringen und sie sich auch nicht in zumutbarer Weise beschaffen kann.

Prüfer: Berücksichtigen Sie denn hier das Verhalten des Steuerpflichtigen in der Vergangenheit?

Student: Nein, das ist u.a. Gegenstand der Prüfung der Stundungswürdigkeit. Hier geht es darum, ob der Steuerpflichtige Vorsorge zur Vermeidung der Notlage hätte treffen müssen oder ob er sie sonst selbst verschuldet hat.

Prüfer: Wie kann das Finanzamt die Stundung für den Fall fortdauernder Probleme oder sich ändernder Verhältnisse „absichern"?

Student: Z.B. könnte man eine Sicherheitsleistung verlangen.

Prüfer: Können Sie das näher erläutern, wie eine solche Absicherung zu formulieren wäre?

Student: Das Finanzamt könnte dies im Wege einer aufschiebenden Bedingung formulieren.

Prüfer: Aha, was ist das denn, eine aufschiebende Bedingung?

Student: Hierbei handelt es sich um eine Nebenbestimmung i.S.v. § 120 Abs. 2 Nr. 2 AO. Es bedeutet, dass erst wenn die Bedingung erfüllt wird, hier also wenn die Sicherheitszahlung geleistet worden ist, die Wirkung der Stundung eintritt.

Prüfer: Welche Wirkungen hat denn die Stundung eigentlich?

Student: Sie schiebt die Fälligkeit der Zahlung hinaus. Es fallen also auch keine Säumniszuschläge an, wohl aber Stundungszinsen. Diese sind aber nur halb so hoch, nämlich ein halbes Prozent pro Monat.

Prüfer: Welche weiteren Nebenbestimmungen kennen Sie?

Student: Es gibt noch die auflösenden Bedingungen.

Prüfer: Können Sie ein Anwendungsbeispiel nennen?

Student: Man könnte z.B. dem Steuerpflichtigen eine Stundung gewähren unter der auflösenden Bedingung, dass er sich in der folgenden Zeit mit der Abgabe seiner Steueranmeldungen verspätet oder neu fällig werdende Beträge nicht pünktlich und vollständig entrichtet.

Prüfer: Gut, das ist sicher eine Möglichkeit. Was würde denn dann konkret passieren, wenn der Steuerpflichtige bei künftigen Zahlungen entgegen der Anweisungen doch einmal in Verzug gerät?

Student: Das würde bedeuten, dass in diesem Fall die Stundung automatisch wegfällt.

Prüfer: Ist dies gesetzlich geregelt?

Student: Ja, das ist § 124 Abs. 2 AO zu entnehmen. Danach bleibt ein Verwaltungsakt wirksam, u.a. solange er nicht zurückgenommen, widerrufen oder aufgehoben wurde. Die hier vorliegende Alternative ist die Erledigung auf andere Weise.

Prüfer: Dieser Satz, den Sie da eben zitiert haben, was drückt der denn letztlich aus? Warum gibt es diese Regelung?

Student: Letztlich wird durch die Norm deutlich, dass Verwaltungsakte, wenn sie einmal wirksam bekannt gegeben worden sind, eine Bindungswirkung entfalten. Der Adressat kann sich im Normalfall auf den Bestand der Regelung verlassen, die Finanzverwaltung hingegen braucht eine gesetzliche Grundlage, um den Verwaltungsakt aus der Welt schaffen oder seinen Inhalt ändern zu können.

Prüfer: Schön. Zurück zu Ihrem Beispiel für eine auflösende Bedingung. Die Stundung fiele also automatisch weg, wenn die Bedingung nicht eingehalten wird. Halten Sie dies für günstig in der Praxis?

Student: Naja, es hat den Vorteil, dass man mit dem Steuerpflichtigen nicht noch weiter diskutieren muss, der Druck, der durch die Regelung ausgeübt wird, ist automatisch größer. Andererseits nehme ich mir als Sachbearbeiter natürlich den Spielraum, bei Zuwiderhandlungen des Steuerpflichtigen noch reagieren zu können und erst mit ihm das Gespräch zu suchen, bevor Maßnahmen getroffen werden.

Prüfer: Wie könnte denn eine Alternative aussehen?

Student: Ich könnte die Stundung mit der Auflage – auch einer Nebenbestimmung – mit dem Inhalt verbinden, dass die künftigen Steuererklärungen pünktlich abzugeben sind.

Prüfer: Was wäre dann die Konsequenz, wenn der Steuerpflichtige dem nicht nachkommt?

Student: In diesem Fall wäre es möglich, die Stundung zu widerrufen. Es handelt sich um einen sonstigen Verwaltungsakt, d.h. für eine Änderung oder Aufhebung sind allein die Vorschriften der §§ 129,

130 und 131 AO anzuwenden. Wird eine Auflage bei einer Stundung nicht erfüllt, befinden wir uns im § 131 Abs. 2 AO. Ich gehe mal davon aus, es handelte sich um eine rechtmäßige Stundung. Diese wirkte begünstigend. Nach § 131 Abs. 2 Nr. 2 AO kann eine Stundung aufgehoben werden, wenn eine damit verbundene Auflage nicht erfüllt worden ist. Dies ist aber eben nochmals eine Ermessensentscheidung, sodass ich als Sachbearbeiter wiederum fallbezogene Erwägungen anstellen kann, ob der Widerruf in diesem Fall wirklich geboten ist.

Prüfer: Sehr schön! Sie haben vorhin vom Hinausschieben der Fälligkeit durch die Stundung gesprochen. Wann werden Leistungen an das Finanzamt eigentlich fällig?

Student: Das kommt darauf an, um welche Art von Zahlung es sich handelt. Generell ist hier § 220 Abs. 1 AO anzuwenden. Danach richtet sich die Fälligkeit grundsätzlich nach den Einzelsteuergesetzen. Hier ist z.B. § 36 Abs. 4 EStG zu nennen, außerdem § 18 UStG.

Prüfer: Kennen Sie Zahlungspflichten, für die die Steuergesetze keinen speziellen Fälligkeitstermin geregelt haben?

Student: Hier wären z.B. Verspätungszuschläge und Zwangsgelder zu nennen. Dabei handelt es sich um steuerliche Nebenleistungen gem. § 3 Abs. 4 AO, für die sich in der AO selbst keine speziellere Fälligkeitsregelung findet. Die Folge ist, dass § 220 Abs. 2 Satz 1 2. Hs. AO zum Tragen kommt. Danach tritt die Fälligkeit mit der Entstehung des Anspruchs ein, es sei denn, ein Leistungsgebot ist erforderlich oder es ist überhaupt noch keine Festsetzung erfolgt.

Prüfer: Können Sie dies durch ein Beispiel veranschaulichen? Wann wird ein Zwangsgeld fällig?

Student: Zwangsgelder werden gem. § 328 AO festgesetzt. Wann sie fällig werden, ist in den §§ 328 ff. AO nicht geregelt. Da es sich um eine Geldleistung handelt, ist gem. § 254 Abs. 1 Satz 1 AO ein Leistungsgebot zu ihrer Vollstreckung erforderlich.

Prüfer: Was ist denn ein Leistungsgebot?

Student: Das ist quasi die Aufforderung zur Zahlung, die in vielen Bescheiden enthalten ist. In Einkommensteuerbescheiden steht sie unter der Berechnung der zu zahlenden Steuer und sonstiger Beträge und der Anrechnung gezahlter Kapitalertragssteuer oder ähnlichem. Es handelt sich um einen eigenen Verwaltungsakt.

Prüfer: Gibt es denn Ansprüche, die nach § 220 Abs. 2 Satz 1 AO schon mit ihrer Entstehung fällig werden?

Student: Da sind nur die Säumniszuschläge zu nennen, wenn sie gem. § 254 Abs. 2 AO zusammen mit der nicht gezahlten Steuer beigetrieben werden.

Prüfer: Sehr schön. Kommen wir noch kurz zu einem anderen Thema: Die Besteuerungsgrundsätze. Welche kennen Sie und wo erlangen diese Bedeutung?

Student: Da wäre zunächst einmal der Grundsatz der Gleichmäßigkeit der Besteuerung zu nennen. Er ist bereits aus Art. 3 Abs. 1 GG herzuleiten, wurde aber in § 85 AO für das Steuerrecht konkretisiert. Der Grundsatz besagt, dass die Steuergesetze gleichmäßig auf alle Bürger anzuwenden sind. Niemand darf bevorzugt werden oder ungerechtfertigt benachteiligt.

Prüfer: Wird dies denn in der Praxis so umgesetzt? Wird jeder Steuerfall im Finanzamt gleich behandelt?

Student: Grundsätzlich schon. Aufgrund der starken Arbeitsbelastung ist jedoch in den vergangenen Jahren immer stärker das Risikomanagement in den Vordergrund gerückt. Verschiedene Steuerfälle können unterschiedlich stark risikobehaftet sein mit der Folge, dass sie auch unterschiedlich intensiv geprüft werden. Das bedeutet jedoch nicht wirklich eine Ungleichbehandlung der Steuerpflichtigen, immerhin sind diese ja ohnehin verpflichtet, wahrheitsgemäße Angaben zu machen, die einer Überprüfung standhalten würden. Niemand kann verlangen, dass seine „Steuerlüge durchgeht". Art. 3 GG gewährleistet schließlich keine Gleichheit im Unrecht.

Prüfer: Es sind ja gerade in dem Bereich des Risikomanagements zuletzt einige gesetzliche Neuerungen beabsichtigt bzw. schon vollzogen worden, was wissen Sie darüber?

Student: Mit Wirkung zum 01.01.2017 hat der Gesetzgeber in § 88 Abs. 5 AO genauer geregelt, wie solche Systeme beschaffen sein müssen, damit Sie in rechtmäßiger Weise in der Steuerverwaltung eingesetzt werden können. Unter anderem muss eine gewisse Zufallsauswahl intensiv zu prüfender Fälle gewährleistet sein, auch muss sicher sein, dass am Ende immer ein Amtsträger ausgewählte Fälle intensiv prüft. Schließlich muss auch das System selbst ständig überprüft und hinterfragt werden.

Prüfer: Sehr schön. Welche weiteren Besteuerungsgrundsätze gibt es?

Student: In § 85 AO wird außerdem die Gesetzmäßigkeit der Besteuerung genannt. Sie besagt, dass die Finanzbehörden verpflichtet sind, die Steuern, so wie sie nach dem Gesetz entstanden sind, auch wirklich zu erheben. Es darf z.B. grundsätzlich keinerlei Absprachen über die Steuerfestsetzung mit dem Steuerpflichtigen geben. Dies ist allenfalls im Rahmen von tatsächlichen Verständigungen möglich.

Prüfer: Was ist das denn?

Student: Tatsächliche Verständigungen kommen dann vor, wenn sich der wirkliche Sachverhalt in einem Fall aus verschiedenen Gründen nicht mehr ermitteln lässt. Dann können Finanzbehörde und Steuerpflichtiger Absprachen über die Besteuerungsgrundlagen treffen. Über Rechtsfragen ist aber eine Absprache nicht zulässig, es muss sich um Sachverhaltsfragen handeln.

Prüfer: Das ist korrekt. Gibt es noch andere Besteuerungsgrundsätze?

Student: Es gilt der Untersuchungsgrundsatz gem. § 88 AO. Die Finanzbehörde ermittelt den Sachverhalt von Amts wegen, d.h. sie bestimmt, was zur Festsetzung der Steuer noch zu erforschen ist. Dieser Grundsatz wird natürlich wie schon gesagt durch den Einsatz von Risikomanagementsystemen begrenzt. Wichtig zu erwähnen ist auch, dass der Steuerpflichtige zur Mitwirkung bei der Steuerfestsetzung verpflichtet ist. Insbesondere für ihn günstige Umstände muss er auch nachweisen, da kann er sich nicht auf die Ermittlungen des Finanzamts verlassen.

Prüfer: In welchem Bereich kommt denn diese Kollision von Ermittlungspflicht und Mitwirkungspflicht besonders zum Tragen?

Student: Insbesondere bei Korrekturen von Steuerbescheiden wegen nachträglich bekannt gewordener Tatsachen oder Beweismitteln nach § 173 Abs. 1 Nr. 1 AO kann dies von Bedeutung sein. Wenn eine Tatsache, z.B. Einnahmen des Steuerpflichtigen nachträglich bekannt wird, kommt es ja immer auf die Frage an, ob das Finanzamt eventuell nach Treu und Glauben daran gehindert sein könnte, den Steuerbescheid gem. § 173 Abs. 1 Nr. 1 AO zu ändern. Das wäre nämlich dann der Fall, wenn das Finanzamt bei Erlass des ursprünglichen Bescheides schon von den Einnahmen hätte wissen können, aber nicht richtig ermittelt hat und diese daher nicht angesetzt hatte. In derartigen Fällen ist dann zu prüfen, ob der Steuerpflichtige auch seine Mitwirkungspflicht verletzt hat. Gegebenenfalls muss man dann eine

Abwägung treffen, wessen Fehlverhalten schwerer wiegt. Immerhin hat ja der Steuerpflichtige sich auch falsch verhalten, wenn er Einnahmen dem Finanzamt nicht erklärt.

> **Prüfer:** Sehr schön. Fällt Ihnen noch ein Besteuerungsgrundsatz ein?

Student: Der Grundsatz der Gewährung rechtlichen Gehörs wurde noch nicht genannt. Er stammt bereits aus dem Grundgesetz, Art. 103 Abs. 1 GG. In der AO ist er in § 91 manifestiert, wonach den Beteiligten vor Erlass eines Verwaltungsakts Gelegenheit gegeben werden soll, sich zu den entscheidungserheblichen Tatsachen zu äußern.

> **Prüfer:** Gilt das für alle Verwaltungsakte?

Student: Nein, der Verwaltungsakt muss schon belastend sein oder zumindest in die Rechte des Beteiligten eingreifen. Das im Gesetz genannte Beispiel ist hier die im Verwaltungsakt vorgenommene wesentliche Abweichung von den Angaben in einer Steuererklärung.

> **Prüfer:** Welche Konsequenzen hat denn hier ein Verstoß?

Student: Die Konsequenzen können unterschiedlich sein. Zunächst mal muss man wissen, dass der Verwaltungsakt, der ohne eine erforderliche Anhörung ergangen ist, an einem formellen Fehler leidet. Daher greifen § 126 und § 127 AO. Nach letzterer Norm ist ein derartiger Fehler bei gebundenen Verwaltungsakten – wie z.B. dem Steuerbescheid – insoweit unbeachtlich, als in der Sache ohnehin keine andere Entscheidung getroffen werden könnte. Der Fehler würde dann also nicht zur Aufhebung des Bescheides führen. Es ist nach § 126 Abs. 1 Nr. 3 AO auch eine Heilung möglich, man kann die Anhörung nachholen. Dies ist schon dann anzunehmen, wenn der Steuerpflichtige in einem Schreiben an das Finanzamt ausführlich seine Ansichten äußern konnte.

> **Prüfer:** Also ist der Verstoß gegen dieses Prinzip eigentlich gar nicht so gravierend?

Student: Das kann man sicher so nicht sagen. Immerhin kann gem. § 126 Abs. 3 AO aufgrund der fehlenden Anhörung ein Wiedereinsetzungsgrund gegeben sein. Dann muss aber der Steuerpflichtige auch darlegen, dass er gerade aufgrund dieses Fehlers nicht rechtzeitig Einspruch einlegen konnte. Das könnte ihm im Einzelfall schwerfallen. Weiterhin hat es aber auch schon Gerichtsentscheidungen gegeben, die der Finanzbehörde in Fällen unterlassener Erläuterungen im Bescheid und fehlender Anhörung des Steuerpflichtigen die Kosten für den in Anspruch genommenen Steuerberater aufgebürdet haben. Der Fehler sollte daher auch im Sinne einer bürgerorientierten Verwaltung vermieden werden.

> **Prüfer:** Vielen Dank für Ihre Ausführungen, die Prüfung im Abgabenrecht ist damit beendet!

IV. Mündliche Prüfung aus dem Gebiet Umsatzsteuer

> **Prüfer**: Meine Damen und Herrn, zunächst möchte auch ich Sie zur mündlichen Prüfung zum Umsatzsteuerrecht begrüßen und wünsche Ihnen in dem folgenden Prüfungsgespräch viel Erfolg.
> Beginnen wollen wir mit einem aktuellen Fall aus der Fußballbundesliga. Wie Sie bestimmt mitbekommen haben, hat der FC Bayern München Lionel Messi vom FC Barcelona für 100 Millionen € verpflichtet.
> Welchen Umsatz erkennen Sie dabei?

Student: Nun, man muss abgrenzen, ob es sich hier um eine Lieferung oder sonstige Leistung handelt.

Prüfer: Das ist korrekt. Für welche Umsatzart entscheiden Sie sich?

Student: Eine Lieferung kann wohl nicht vorliegen. Dafür müsste an einem Gegenstand Verfügungsmacht verschafft werden. Menschen sind keine Gegenstände. Demnach kann es sich nur um eine sonstige Leistung handeln.

Prüfer: Ja, genau! Worin besteht denn diese sonstige Leistung?

Student: Da muss ich erstmal überlegen. Der Verein hat ja einen Arbeitsvertrag mit dem Spieler geschlossen, sodass der Spieler seine Arbeitskraft, also sein fußballerisches Können, schuldet. Wenn jetzt ein Spieler »verkauft« wird, schuldet er seine Arbeitskraft dem neuen Verein. Man könnte also sagen, dass das Recht an der Arbeitskraft des Spielers vom alten auf den neuen Verein übergeht, so eine Art Nutzungsrecht. Also erbringt der FC Barcelona eine sonstige Leistung an den FC Bayern München.

Prüfer: Das haben Sie gut erläutert. Wie prüft man den Sachverhalt weiter?

Student: Ich muss prüfen, ob diese sonstige Leistung in Deutschland steuerbar ist.

Prüfer: Und wie prüfen Sie das?

Student: Indem ich die Voraussetzungen für die Steuerbarkeit durchprüfe.

Prüfer: Dann tun Sie das bitte.

Student: Das ein Unternehmer, hier der FC Barcelona, im Rahmen seines Unternehmens, es dürfte sich hier um eine Art Hilfsgeschäft handeln, gegen Entgelt eine sonstige Leistung ausführt, ist unstreitig. Problematisch ist, ob die sonstige Leistung des FC Barcelona im Inland erbracht wird.

Prüfer: Genau das ist das Problem. Entscheiden Sie.

Student: Ich muss nach dem Ort der sonstigen Leistung schauen. Im UStG klärt das § 3a UStG. Aber das ist eine sehr umfangreiche Vorschrift. Kann ich in das Gesetz schauen?

Prüfer: Nein, versuchen Sie systematisch an die Vorschrift heranzugehen.

Student: Wie meinen Sie das?

Prüfer: § 3a UStG wird doch geprägt von einem Grundprinzip. Vielleicht hilft Ihnen dieser Ansatz?

Student: Ach ja, Sie meinen die Grundregeln?

Prüfer: Genau die meine ich.

Student: Ok. Es gibt zwei Grundregeln. Es kommt nämlich darauf an, an wen die sonstige Leistung erbracht wird. Wird sie an eine Privatperson erbracht, ist der Sitzort des leistenden Unternehmers entscheidend, wird sie an einen anderen Unternehmer für dessen Unternehmen ausgeführt, dann ist der Ort dort, wo der Empfänger sein Unternehmen betreibt.

Prüfer: Schön. Wissen Sie auch, wie man diese Umsätze bezeichnet?

Student: Nein, das weiß ich leider nicht.

Prüfer: Ist auch nicht entscheidend. Man unterscheidet zwischen den »B2C-Umsätzen« = business to consumer und den »B2B-Umsätzen« = business to business. Und wie bestimmen Sie jetzt den Ort?

Student: Nun, hier liegt dann ein »B2B-Umsatz« vor, sodass die sonstige Leistung an dem Ort ausgeführt wird, von dem der FC Bayern München sein Unternehmen betreibt.

Prüfer: Richtig. Und das ist wo?

Student: Na das müsste dort sein, wo der FC Bayern seinen Sitz hat, also der Ort der Geschäftsleitung. Das ist eindeutig München, ich glaube in der Säberner Straße.

Prüfer: Sie kennen sich aber genau aus.

Student: Ja, ich war schon einige Male dort. München ist natürlich Inland, sodass die sonstige Leistung des FC Barcelona in Deutschland steuerbar ist.

Prüfer: Das haben Sie folgerichtig subsumiert. Also muss der FC Barcelona die Umsatzsteuer in Deutschland abführen?

Student: Ich muss jetzt erst noch prüfen, ob vielleicht eine Steuerbefreiung greift. Aber mir fällt keine naheliegende ein.

Prüfer: Gibt es auch hier nicht. Also muss sich der FC Barcelona in Deutschland registrieren lassen?

Student: Ja, eigentlich schon. Denn es ist ja egal, ob der Unternehmer seinen Sitz im Ausland hat. Entscheidend ist alleine, ob sein Umsatz in Deutschland steuerbar und steuerpflichtig ist.

Prüfer: Grundsätzlich haben Sie Recht. Aber ist das in unserem Fall so?

Student: Ich glaube schon.

Prüfer: Ist es denn immer so, dass der leistende Unternehmer die USt schuldet und abführen muss?

Student: Ach, jetzt weiß ich, worauf Sie hinaus wollen. Sie denken an das »Reverse-Charge-Verfahren«, also die Umkehr der Steuerschuldnerschaft nach § 13b UStG.

Prüfer: Genau daran denke ich, sehr gut erkannt! Ist das ein Fall des § 13b UStG?

Student: Oh, das weiß ich nicht auswendig. Kann ich jetzt dazu das Gesetz aufschlagen?

Prüfer: Ja, das dürfen Sie.

Student: Danke. Also, das hier ist ein Fall, der unter § 13b Abs. 1 UStG fällt. Der Ort der steuerpflichtigen sonstigen Leistung bestimmt sich nach § 3a Abs. 2 UStG und der FC Barcelona ist ein im übrigen Gemeinschaftsgebiet = Spanien ansässiger Unternehmer. Das steht so im § 13b Abs. 7 Satz 2 Halbsatz 1 UStG. Somit schuldet der FC Bayern die Umsatzsteuer nach § 13b Abs. 5 Satz 1 Halbsatz 1 UStG.

Prüfer: Das haben Sie perfekt subsumiert und auch die korrekte Schlussfolgerung gezogen. Wie hoch ist die Umsatzsteuer?

Student: Wenn alles richtig gelaufen ist, hat der FC Barcelona eine Rechnung ohne Ausweis der USt erteilt. Demnach sind die 100 Millionen € netto, sodass die USt i.H.v. 19 % = 19 Millionen € beträgt. Diese muss der FC Bayern in seiner Voranmeldung erklären.

Prüfer: Und was kann der FC Bayern noch tun?

Student: Er zieht diese USt in derselben Voranmeldung als Vorsteuer, wenn die Voraussetzungen der Abziehbarkeit und Abzugsfähigkeit erfüllt sind.

Prüfer: Schön. Damit haben wir den ersten Fall gelöst. Was wissen Sie über den Begriff »Kleinunternehmer«?

Student: Das ist ein besonderer Unternehmer, der grundsätzlich die Umsatzsteuer für seine Umsätze nicht abführen muss, dafür aber auch grundsätzlich keine Vorsteuer bekommt.

Prüfer: Das stimmt. Kann denn jeder Unternehmer auch Kleinunternehmer sein?

Student: Nein, natürlich nicht. Er darf bestimmte Grenzen nicht übersteigen.

Prüfer: Welche Grenzen sind das?

Student: Ich glaube, man muss immer zwei Jahre betrachten. Im Vorjahr dürfen 17.500 € nicht überschritten werden, im aktuellen Jahr darf es nicht über 50.000 € hinausgehen.

Prüfer: Richtig. Wonach richtet sich denn diese Grenze?

Student: Nach den Umsätzen.

Prüfer: Gehören alle Umsätze des Unternehmers dazu?

Student: Nein. Welche Umsätze dazu gehören und welche nicht, wird in § 19 UStG definiert. Man nennt diese Grenze »Gesamtumsatz«. Die Umsatzsteuer wird dazu gerechnet.

Prüfer: Ok. Muss man die Kleinunternehmerschaft beantragen?

Student: Denke schon.

Prüfer: Sicher?

Student: Ja.

Prüfer: Und warum gibt es dann die Option zur Regelbesteuerung?

Student: Oh, stimmt ja. Dann war meine Antwort wohl falsch. Man ist Kleinunternehmer von Gesetzes wegen, wenn die Voraussetzungen dafür erfüllt werden. Will man kein Kleinunternehmer sein, muss man zur Regelbesteuerung optieren.

Prüfer: Genau so ist die Rechtslage. Wollen wir jetzt über die »GiG« sprechen. Was fällt Ihnen dazu ein?

Student: Damit ist die Geschäftsveräußerung im Ganzen gemeint.

Prüfer: Das ist korrekt. Erzählen Sie mehr darüber.

Student: Das Umsatzsteuerrecht behandelt diesen Vorgang in § 1 Abs. 1a UStG. Zu vergleichen ist eine »GiG« mit einer Betriebsveräußerung i.S.d. EStG. Sie ist aber nicht identisch mit diesem Begriff. Die »GiG« soll verhindern, dass z.B. bei einem Verkauf des ganzen Unternehmens, für jede dabei stattfindende Lieferung und sonstige Leistung, die USt zu ermitteln ist. Sie trägt also dem praktischen Vereinfachungsgedanken Rechnung.

Prüfer: Soweit so gut. Nennen Sie die Voraussetzung für eine solche »GiG«?

Student: Ein Unternehmen oder ein Teilunternehmen muss als Ganzes entgeltlich oder unentgeltlich auf einen Erwerber übergehen. Ganz entscheidend dabei ist, dass der Erwerber die Absicht hat, das Unternehmen fortzuführen.

Prüfer: Gut. Und wenn er das nicht tut, also das Unternehmen z.B. sofort nach Kauf auflösen möchte?

Student: Dann kann es sich nicht um eine »GiG« handeln.

Prüfer: Sondern?

Student: Wenn keine »GiG« vorliegt, dann muss jeder Umsatz, der bei einem solchen Verkauf stattfindet, auf seine umsatzsteuerlichen Auswirkungen untersucht werden.

Prüfer: Bilden Sie doch bitte Beispiele dazu.

Student: Nehmen wir an, es werden Maschinen übertragen. Dann stellt jeder Übertragung für sich eine Lieferung dar, die auf ihre Steuerbarkeit und Steuerpflicht zu überprüfen ist. Werden Kundenforderungen übertragen, also abgetreten, so sind diese ebenfalls auf Steuerbarkeit und Steuerpflicht zu prüfen.

Prüfer: Ja, so ist es. Wenn eine »GiG« vorliegt, hat das welche Auswirkungen für den Erwerber?

Student: Der Erwerber zieht die Vorsteuern.

Prüfer: Kann das wirklich so sein?

Student: Ja, denke schon.

Prüfer: Überlegen Sie, was die Folge einer »GiG« ist!

Student: Na, die Nichtsteuerbarkeit der dabei stattfindenden Umsätze.

Prüfer: Und?

Student: Oh, jetzt bemerke ich meinen Gedankenfehler. Wenn der leistende Unternehmer keine steuerbaren Umsätze hat, kann der Leistungsempfänger natürlich auch nicht den Vorsteuerabzug in Anspruch nehmen.

Prüfer: Gibt es noch andere Auswirkungen für den Erwerber.

Student: Soweit ich mich noch erinnern kann, tritt er umsatzsteuerlich in die »Fußstapfen« des Veräußerers.

Prüfer: Das bedeutet?

Student: Er wird sozusagen USt-Rechtsnachfolger des Veräußerers. Das ist insbesondere interessant für die Anwendung des § 15a UStG. Hat z.B. der Veräußerer ein Grundstück mit Vorsteuerabzug erworben und nutzt es der Erwerber innerhalb des 10-Jahreszeitraums nur noch zu Ausschlussumsätzen, muss er insoweit Vorsteuern im Rahmen des § 15a UStG zurückzahlen.

Prüfer: Das haben Sie gut erkannt. Wollen wir uns zum Schluss einen kleinen Sachverhalt notieren: A, Hamburg, verkauft einen Neuwagen an Privatmann P, Bremen für 80.000 € zzgl. USt. Es wird eine Ratenzahlung i.H.v. 1.200 € pro Monat vereinbart, außerdem soll A bis zur vollständigen Bezahlung Eigentümer bleiben. Nach 10 Ratenzahlungen stellt P die Zahlungen ein und gibt den Wagen an A zurück. A und P verständigen sich darauf, dass A die bereits erhaltenen Raten als Nutzungsentschädigung behalten darf. Wie beurteilen Sie diesen Sachverhalt umsatzsteuerrechtlich?

Student: Ich glaube, hier handelt es sich um einen Eigentumsvorbehalt.

> **Prüfer**: Korrekt. Und was bedeutet das für die Umsatzsteuer?

Student: Zivilrechtlich bleibt das Eigentum an dem Neuwagen bis zur vollständigen Bezahlung bei A. In der Umsatzsteuer ist das aber anders. Es geht ja darum zu entscheiden, ob und wann die Lieferung erfolgt.

> **Prüfer**: Da haben Sie Recht. Ob und wann erfolgt denn eine Lieferung?

Student: Also, eine Lieferung liegt unstreitig vor, weil A dem P an dem Neuwagen Verfügungsmacht verschafft.

> **Prüfer**: Wie soll das denn gehen, wenn A zivilrechtlicher Eigentümer des Wagens bleibt?

Student: Im Steuerrecht gibt es ja noch das wirtschaftliche Eigentum. Im Grunde kann ja B mit Übergabe des Wagens wie ein richtiger Eigentümer darüber verfügen. Er kann ihn nur nicht weiterverkaufen. Und wenn er die Ratenzahlungen einhält, wird er ja auch zivilrechtlicher Eigentümer. Ich denke, dass bei einem Verkauf unter Eigentumsvorbehalt mit Übergabe des Wagens bereits das wirtschaftliche Eigentum übergeht und somit umsatzsteuerlich Verfügungsmacht verschafft wird.

> **Prüfer**: Richtig! Und wie errechnet sich dann die zu zahlende USt für A?

Student: Wenn A nach vereinbarten Entgelten versteuert, muss er den vollen Umsatzsteuerbetrag in dem Voranmeldungszeitraum abführen, in dem die Lieferung ausgeführt wurde; also hier 80.000 € × 19 % = 15.200 €. Die Ratenzahlung ist für diese Entscheidung ohne Bedeutung.

> **Prüfer**: Dem ist so. Welche Auswirkung hat denn die Rückgabe des Wagens durch B?

Student: Ich würde sagen, dass dies eine Lieferung durch P darstellt, die aber mangels Unternehmereigenschaft des P nicht steuerbar ist.

> **Prüfer**: Ein interessanter Ansatz. Also müsste A das volle Entgelt versteuern, obwohl er tatsächlich wesentlich weniger bekommen hat?

Student: Nein, das klingt irgendwie unlogisch.

> **Prüfer**: Das ist auch unlogisch. Warum, glauben Sie, hat sich A das Eigentum an dem Wagen vorbehalten?

Student: Na ja, wenn B die Raten nicht zahlen kann, hat A das Eigentum am Wagen nicht verloren und kann den Wagen zurück verlangen.

> **Prüfer**: Eben. Und das soll keine Auswirkung auf die Umsatzsteuer haben?

Student: Natürlich, jetzt fällt es mir wieder ein. Das ist eine Rückgängigmachung der ursprünglichen Lieferung.

> **Prüfer**: Gut erkannt. Und das führt jetzt zu welchen Konsequenzen?

Student: Das führt zu einem Fall des § 17 UStG. Das bedeutet, dass A im Monat der Rückgängigmachung, hier wohl die Rückgabe des Wagens, das Entgelt und die USt in voller Höhe auf 0 € berichtigen muss. A erhält also die bereits abgeführten 15.200 € in voller Höhe zurück.

> **Prüfer**: Das sind die Konsequenzen im Rahmen des § 17 UStG. Was passiert eigentlich mit den 12.000 € die A behalten kann?

Student: Stimmt ja. A hat ja die geleisteten Raten i.H.v. 12.000 € als Nutzungsentschädigung einbehalten. Ist das jetzt ein Umsatz?

> **Prüfer**: Da dürfen Sie mich nicht fragen. Sie sollen das ja entscheiden!

Student: Ok. Eigentlich hat ja A dem B den Wagen im Endeffekt nicht verkauft, sondern ihm überlassen und dafür 12.000 € bekommen. Das kann man ja so wie eine Vermietung sehen, obwohl jetzt kein direkter Mietvertrag geschlossen wurde. Aber eine Duldung durch A liegt zweifellos vor. Ich entscheide mich für eine sonstige Leistung.

> **Prüfer**: Gut erkannt. Ist diese denn steuerbar und steuerpflichtig?

Student: Da dieser Fall im Inland stattfindet, sehe ich keine Gründe, dass dem nicht so sein sollte. Folglich muss A aus den 12.000 €, die ja brutto sind, die USt herausrechnen.

> **Prüfer**: So sehe ich das auch. Und wann muss A diese USt anmelden?

Student: Für den Voranmeldungszeitraum, in dem die sonstige Leistung ausgeführt wurde.

> **Prüfer**: Und das ist wann?

Student: Wann die Duldung durch A endet, also wenn B den Wagen dem A wieder zurückgibt.

> **Prüfer**: Liegen hier keine Teilleistungen vor?

Student: Ich denke nicht. Diese liegen ja nur dann vor, wenn das Entgelt für eine teilbare wirtschaftliche Leistung gesondert vereinbart wird. Daran scheitert es hier, weil eine Art Mietvertrag zu Beginn gar nicht beabsichtigt war.

> **Prüfer**: Sehr schön. Damit haben Sie auch diesen Teil der mündlichen Prüfung hinter sich gebracht. Ich bedanke mich bei Ihnen für das gute und lockere Prüfungsgespräch.

V. Mündliche Prüfung aus dem Gebiet Besteuerung der Gesellschaften

> **Prüfer**: Meine Damen und Herren, die nächsten 30 Minuten gehören dem Fach Besteuerung der Gesellschaften. Hier möchte ich mit Ihnen zunächst ein paar gesellschaftsrechtliche Überlegungen anstellen. Mein Mitprüfer und ich möchten ein Restaurant eröffnen. Welche Gesellschaftsformen kommen für uns in Betracht?

Student: Zum Beispiel die BGB-Gesellschaft.

> **Prüfer**: Jawohl! Wie kommt eine BGB-Gesellschaft (GbR) zustande?

Student: Sie müssen mit Ihrem Kollegen einen Gesellschaftsvertrag abschließen und dann müssen Sie beide einen Beitrag leisten.

> **Prüfer**: Sie haben zwei Aspekte genannt. Zunächst zum Gesellschaftsvertrag. Welche Formvorschriften sind hier einzuhalten?

Student: Es gibt keine vorgeschriebene Form. Sie können den Vertrag schriftlich oder mündlich abschließen. Sogar ein konkludentes Verhalten ist ausreichend.

Prüfer: Sehr schön! In welcher Form können wir unsere Beiträge erbringen?

Student: In Geld, in einer Sache oder in einer Dienstleistung.

Prüfer: Jawohl! Welche Dienstleistung käme hier in Betracht?

Student: Vielleicht kann einer von Ihnen kochen oder vielleicht die Bücher des Betriebs führen.

Prüfer: Gut! Können Sie mir sagen, in welcher Vorschrift die Beiträge geregelt sind?

Student: So um den § 705 BGB herum.

Prüfer: OK, es ist der § 706 BGB. Welche weitere Gesellschaftsform ist denkbar?

Student: Vielleicht eine KG.

Prüfer: Einverstanden. Worin bestehen die Unterschiede zu einer GbR?

Student: Die KG ist im HGB geregelt, sie ist also eine Handelsgesellschaft und es gibt Komplementäre und Kommanditisten. Ich glaube, dass auch eine Firma erforderlich ist.

Prüfer: Das sind ein paar gute Ansätze, die wir einmal näher untersuchen wollen. Was verstehen Sie unter Komplementären und Kommanditisten?

Student: Komplementäre sind die Vollhafter und Kommanditisten die Teilhafter.

Prüfer: Was bedeutet das konkret?

Student: Der Komplementär haftet mit seinem gesamten Privatvermögen, während die Haftung des Kommanditisten auf die Höhe seiner Einlage beschränkt ist.

Prüfer: Richtig! Sie haben den Begriff „Handelsgesellschaft" genannt. Was verstehen Sie darunter?

Student: Das sind Gesellschaften, die im Handelsregister eingetragen sind.

Prüfer: Können Sie einige Beispiele nennen?

Student: Wie gesagt die KG oder auch die OHG.

Prüfer: Kommen auch Kapitalgesellschaften als Handelsgesellschaften in Betracht?

Student: Ich glaube ja.

Prüfer: Sie glauben richtig! Wodurch wird die KG zu einer Handelsgesellschaft?

Student: Sie betreibt ein Handelsgewerbe.

Prüfer: Gut! Was bedeutet der Begriff „Handelsgewerbe" und wo ist dieser definiert?

Student: Der Begriff „Handelsgewerbe" ist in § 1 Abs. 2 HGB geregelt. Es muss sich um einen größeren Gewerbebetrieb handeln.

Prüfer: Was verstehen Sie unter einem „größeren Gewerbebetrieb"?

Student: Er muss einen in kaufmännischer Weise eingerichteten Geschäftsbetrieb erfordern, z.B. aufgrund der Umsatzhöhe, der Beschäftigung von Arbeitnehmern und so weiter.

Prüfer: Können mein Kollege und ich im Falle einer KG den Gewinn durch Einnahme-Überschuss-Rechnung gem. § 4 Abs. 3 EStG ermitteln?

Student: Nein, bei der KG handelt es sich um einen Kaufmann und als solcher ist sie gem. § 238 HGB buchführungspflichtig. Dies gilt dann gem. § 141 AO auch für das Finanzamt.

Prüfer: In Ordnung! Wir entwickeln den Fall einmal etwas weiter. Mein Kollege soll Komplementär werden und ich Kommanditist. Wer von uns beiden ist geschäftsführungsbefugt?

Student: Die Geschäftsführungsbefugnis liegt ausschließlich beim Komplementär.

Prüfer: Richtig! Mein Kollege erhält für die Geschäftsführung ein jährliches Gehalt in Höhe von 60.000 €. Wie verbucht die KG die Gehaltszahlungen?

Student: Die KG bucht in ihrer Handelsbilanz einen Lohnaufwand.

Prüfer: Ist diese Buchung steuerlich korrekt?

Student: Steuerlich handelt es sich um eine Sondervergütung i.S.v. § 15 Abs. 1 Nr. 2 EStG und somit um gewerbliche Einkünfte. Das Gehalt darf den steuerlichen Gewinn der KG nicht mindern und ist daher zu korrigieren.

Prüfer: Wie geschieht diese Korrektur technisch?

Student: Entweder durch eine Ertragsbuchung in einer Sonderbuchführung oder durch eine außerbilanzielle Gewinnkorrektur.

Prüfer: Gut! Wie ist die Geschäftsführungsleistung umsatzsteuerlich zu würdigen?

Student: Hier ist zunächst zu prüfen, ob ihr Kollege nach dem Gesamtbild der Verhältnisse selbständig ist. Falls dies der Fall ist, muss für die Bejahung eines Leistungsaustauschs ein Sonderentgelt vorliegen. Dies ist bei einer Aufwandsbuchung zu bejahen.

Prüfer: Sehr schön! Nun zu einem anderen Aspekt. Aufgrund des Gesellschaftsvertrags und der entsprechenden Handelsregistereintragung bin ich als Kommanditist zu einer Einlage in Höhe von 30.000 € verpflichtet. Ich habe davon aber erst 10.000 € erbracht. In welchem Umfang hafte ich mit meinem Privatvermögen für Schulden der KG?

Student: Ich glaube in Höhe Ihrer Einlage von 30.000 €.

Prüfer: Denken Sie noch einmal genau nach, ich habe von meiner Einlage einen Teilbetrag von 10.000 € eingezahlt.

Student: Dann erstreckt sich Ihre Haftung wohl auf den Betrag der noch ausstehenden Einlage von 20.000 €.

Prüfer: Richtig! Nehmen Sie an unsere KG erwirtschaftet im ersten Jahr einen Verlust. An diesem Verlust bin ich mit einem Betrag von 40.000 € beteiligt. Welche einkommensteuerlichen Folgen hat das für mich?

Student: Der Verlust wird einheitlich und gesondert festgestellt und dabei auf die Gesellschafter verteilt. Das Betriebsfinanzamt der KG teilt dann ihrem Wohnsitzfinanzamt ihren Verlustanteil mit und dieser wird im Rahmen ihrer ESt-Veranlagung berücksichtigt.

Prüfer: Was verstehen Sie unter „berücksichtigt"?

Student: Es erfolgt ein Ausgleich mit anderen Einkunftsarten.

Prüfer: In welcher Höhe?

Student: Das ist ein Fall von § 15a EStG.

Prüfer: Sehr gut! In welcher Höhe ist mein Verlustanteil gem. § 15a EStG ausgleichsfähig?

Student: Grundsätzlich in Höhe des Kapitalkontos von 10.000 €.

Prüfer: Sie sagen grundsätzlich; gibt es im vorliegenden Fall irgendwelche Besonderheiten?

Student: Aufgrund der bestehenden Außenhaftung in Höhe von 20.000 € besteht in dieser Höhe eine weitere Ausgleichfähigkeit des Verlustes. Somit sind von ihrem Verlust von 40.000 € insgesamt 30.000 € ausgleichsfähig.

Prüfer: Sehr gut! Ist der nicht ausgleichsfähige Verlust in Höhe von 10.000 € für mich verloren?

Student: Nein, es handelt sich um einen sog. „verrechenbaren Verlust". Dieser wird vom Betriebsfinanzamt gesondert festgestellt und kann in den Folgejahren berücksichtigt werden.

Prüfer: In welcher Weise kann dieser verrechenbare Verlust in den Folgejahren berücksichtigt werden?

Student: Er ist mit künftigen Gewinnanteilen aus dem KG-Anteil zu verrechnen.

Prüfer: Mit allen Gewinnen aus diesem KG-Anteil?

Student: Nein, nur mit den Gewinnanteilen aus der ersten Stufe der additiven Gewinnermittlung.

Prüfer: Sehr schön! Würden Sie den Begriff der „additiven Gewinnermittlung" bitte etwas näher erläutern?

Student: Die erste Stufe der additiven Gewinnermittlung betrifft Gewinne aus dem Gesamthandsbereich. Auf der zweiten Stufe werden die Sondervergütungen bzw. die Sonderbetriebseinnahmen und Sonderbetriebsausgaben erfasst.

Prüfer: Gut! Welche Bilanzen der KG betreffen die erste und welche Bilanzen die zweite Stufe der additiven Gewinnermittlung?

Student: Auf der ersten Stufe sind die Gesamthandsbilanz und die Ergänzungsbilanzen und auf der zweiten Stufe die Sonderbilanzen angesiedelt.

Prüfer: Sehr schön! Können Sie mir kurz den Unterschied zwischen einer Ergänzungsbilanz und einer Sonderbilanz erklären?

Student: In einer Sonderbilanz steht das Sonderbetriebsvermögen, also Wirtschaftsgüter im Eigentum eines Mitunternehmers, welche z.B. der Personengesellschaft dienen. Ergänzungsbilanzen hingegen betreffen das Gesamthandsvermögen. In Ihnen erscheinen Korrekturen zur Gesamthandsbilanz.

Prüfer: Richtig! Wie kann eine Ergänzungsbilanz beispielsweise zustande kommen?

Student: Zum Beispiel dadurch, dass bei Gründung der Personengesellschaft ein Mitunternehmer ein Einzelunternehmen einbringt.

Prüfer: Ich greife Ihren Gedanken einmal auf und entwickele unseren kleinen Restaurantfall weiter. Mein Kollege hatte bisher bereits als Einzelunternehmer ein Restaurant betrieben. Dieses bringt er nun in die KG ein. Wie kann er zivilrechtlich die Vermögensgegenstände und Schulden des Betriebs auf die KG übertragen?

Student: Im Wege der Einzelrechtsnachfolge oder im Wege der Gesamtrechtsnachfolge.

Prüfer: Gut! Wie kann es zu einer Gesamtrechtsnachfolge kommen?

Student: Im Wege einer Umwandlung nach dem UmwG.

Prüfer: Richtig! Welche Umwandlungsformen sind hier denkbar?

Student: Zum Beispiel eine Verschmelzung.

Prüfer: Was passiert im Rahmen einer Verschmelzung?

Student: Der übertragende Rechtsträger geht unter. Ich möchte mich korrigieren, eine Verschmelzung ist natürlich nicht möglich. Vielleicht eine Ausgliederung.

Prüfer: Gut! Wie funktioniert eine Ausgliederung?

Student: Ihr Kollege gliedert aus seinem gesamten Vermögen das Einzelunternehmen aus und überträgt dieses gegen Gewährung von Gesellschaftsrechten auf die KG.

Prüfer: Gut! Notieren Sie sich bitte folgende Daten: Der Buchwert des Einzelunternehmens meines Kollegen betrug 200.000 €, der gemeine Wert 300.000 €. Worin besteht der Differenzbetrag zwischen den beiden Werten?

Student: Es handelt sich um die stillen Reserven der Aktiva.

Prüfer: Ich ergänze den Sachverhalt dahin gehend, dass die stillen Reserven der Aktiva 70.000 € betragen sollen. Worin besteht der Restbetrag in Höhe von 30.000 €?

Student: Es handelt sich wohl um den Firmenwert des Einzelunternehmens.

Prüfer: Gut! Mit welchem Wert erscheint das Einzelunternehmen in der Eröffnungsbilanz der KG?

Student: Die KG hat gem. § 24 UmwStG ein Wahlrecht zwischen dem Buchwert und dem gemeinen Wert.

Prüfer: Ja, in etwa, würden Sie Ihre Aussage bitte etwas präzisieren?

Student: Grundsätzlich ist das Einzelunternehmen mit dem gemeinen Wert anzusetzen. Auf Antrag ist auch der Ansatz des Buchwerts oder eines Zwischenwerts möglich.

Prüfer: Genau! Vorausgesetzt die KG möchte den Buchwert ausweisen, wie erfolgt der konkrete Ansatz in ihrer Steuerbilanz?

Student: Die KG könnte in der steuerlichen Hauptbilanz den gemeinen Wert ansetzen. In diesem Fall entspräche das Kapitalkonto des einbringenden Gesellschafters dem tatsächlichen Wert des eingebrachten Betriebs. Dann müssten die stillen Reserven einschließlich des Firmenwerts in einer negativen Ergänzungsbilanz des einbringenden Gesellschafters ausgewiesen werden, um den gewünschten Buchwertansatz zu erreichen.

Prüfer: Schön, das wäre eine Möglichkeit. Welche einkommensteuerlichen Folgen hat der Wertansatz durch die KG für den einbringenden Gesellschafter?

Student: Für den einbringenden Gesellschafter stellt der Wertansatz den Veräußerungspreis im Rahmen von § 16 EStG dar.

Prüfer: Wie hoch wäre der Veräußerungsgewinn im vorliegenden Fall beim Ansatz des gemeinen Werts und in welcher Höhe wäre dieser zu versteuern?

Student: Der Veräußerungsgewinn beträgt 100.000 €. Die weitere Versteuerung hängt davon ab, ob Ihr Kollege das 55. Lebensjahr vollendet hat oder ob er dauernd berufsunfähig ist. In diesem Fall käme der Freibetrag gem. § 16 Abs. 4 EStG in Höhe von 45.000 € zum Abzug.

Prüfer: Richtig! Das Alter meines Kollegen wollen wir nicht näher untersuchen. Zurück zu den möglichen Rechtsformen für unser Restaurant. Sie haben bisher die GbR und die KG vorgeschlagen. Sind weitere Möglichkeiten denkbar?

Student: Vielleicht eine GmbH, das hätte den Vorteil dass Sie beide Ihre Haftung beschränken könnten.

Prüfer: Wie kommt ein GmbH-Gesellschaftsvertrag zustande?

Student: GmbH-Gesellschaftsverträge bedürfen einer notariellen Beurkundung.

Prüfer: Das ist zutreffend! Welche Einlagen könnten wir im Rahmen der Gründung leisten?

Student: Geld oder Sachen.

Prüfer: Kommt auch eine Dienstleistung in Betracht?

Student: Nein, das geht nur bei Personengesellschaften.

Prüfer: Richtig! Welches Kapital ist für eine GmbH-Gründung erforderlich?

Student: Das Mindeststammkapital beträgt 25.000 €, davon müssen nach dem GmbHG ein Viertel, mindestens aber 12.500 € direkt erbracht werden.

Prüfer: Ist auch ein geringeres Stammkapital denkbar?

Student: Vielleicht wenn Sie sich für eine Unternehmergesellschaft haftungsbeschränkt entscheiden.

Prüfer: Gut! Mein Kollege möchte im Rahmen der GmbH-Gründung sein bisheriges Einzelunternehmen einbringen. Ist diese Einbringung zum Buchwert möglich?

Student: Ja, es handelt sich um einen Fall des § 20 UmwStG. Die Vorschrift sieht grundsätzlich den Ansatz des gemeinen Werts vor, allerdings ist auf Antrag auch ein Buchwertansatz möglich.

Prüfer: Schön! Welche einkommensteuerliche Bedeutung hat die Wahlrechtsausübung hier für den einbringenden Gesellschafter?

Student: Auch hier stellt der Wertansatz der Gesellschaft für den einbringenden Gesellschafter den Veräußerungspreis für sein Einzelunternehmen gem. § 16 EStG dar.

Prüfer: Richtig! Kennen Sie eine weitere einkommensteuerliche Folge?

Student: Der Wertansatz der GmbH entspricht den Anschaffungskosten des Gesellschafters für den neu erworbenen GmbH-Anteil.

Prüfer: Gut! Wann haben die Anschaffungskosten des Anteils eine steuerliche Bedeutung?

Student: Bei einer späteren Anteilsveräußerung werden die Anschaffungskosten im Rahmen von § 17 EStG dem Veräußerungspreis gegenübergestellt um zum Veräußerungsgewinn zu gelangen.

Prüfer: Richtig! Abschließende Frage: In welcher Höhe wirken sich die Anschaffungskosten auf die Höhe des Veräußerungsgewinns nach § 17 EStG aus?

Student: Nach § 3c EStG können die Anschaffungskosten nur zu 60 % berücksichtigt werden, da im Rahmen von § 17 EStG das Teileinkünfteverfahren zur Anwendung kommt.

Prüfer: Das ist zutreffend. Die Prüfung im Fach BdG ist damit beendet. Vielen Dank!

Schlusswort

Prüfungsvorsitzender: Vielen Dank für diese hervorragende Prüfung. Ohne das Prüfungsergebnis vorwegzunehmen, möchte ich Ihnen im Voraus schon einmal für das Bestehen der Laufbahnprüfung gratulieren. Der Prüfungsausschuss (die Autoren) wünschen Ihnen für die spätere Arbeit im Finanzamt viel Erfolg. Denken Sie immer daran, dass das Lernen mit dem Bestehen der Prüfung nicht vorbei ist. Die korrekte Anwendung der ständig sich ändernden Steuergesetze verlangt von Ihnen eine permanente Weiterbildung. Dass Sie dazu bereit und auch zum Selbststudium in der Lage sind, haben Sie schon damit bewiesen, dass Sie das Buch »Prüfungstraining zum Diplom-Finanzwirt« gekauft und, was noch wichtiger ist, auch durchgearbeitet haben. Für Kritik, Anregungen und auch Lob sind die Prüfer, sprich Autoren; jederzeit dankbar.

Vielen Dank für Ihr Interesse und noch einmal viel Erfolg für das Bestehen Ihrer Laufbahnprüfung und im Berufsleben wünschen zum Schluss die Autoren:

Martin Durm
Thomas Kremer
Gerhard Lenhoff
Jörg Ramb
Silke Sager

Stichwortverzeichnis